本书系国家社科基金重点项目《植物遗传资源知识产权保护视阈下农民权问题研究》（课题号：14AFX022）成果

粮农植物遗传资源保护视阈下农民权的法律分析

乔宜梦／著

宁波大学东海研究院
法治宁波研究中心
浙江省十三五优势专业
宁波大学校级国际化专业建设项目（法学）资助
国家一流本科专业建设试点

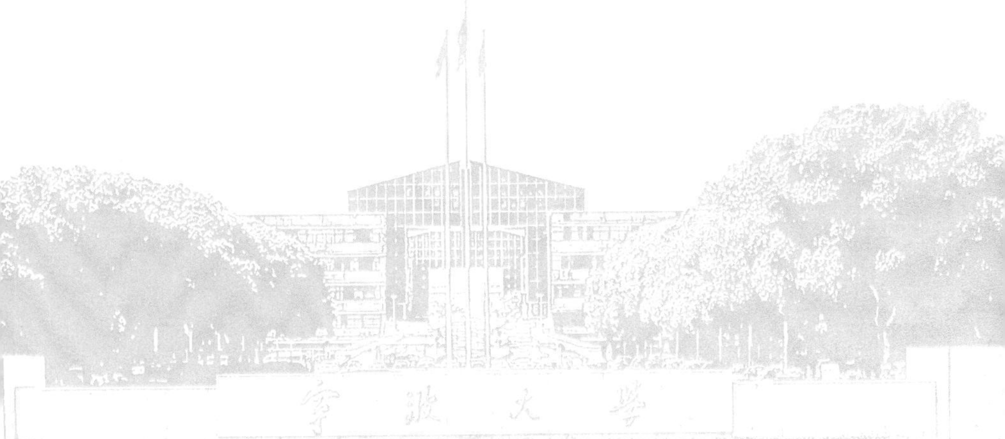

法律出版社 | LAW PRESS

宁波大学东海文库总序

21世纪正面临一个从“黄土时代到蓝土时代”的转型大变局。从“面朝黄土、背向海洋”到“面向海洋、海陆统筹、谋新蓝图”,后者已成为当今世界发展的大趋势。毋庸置疑,宁波作为“面向海洋、海陆统筹、以海定陆、谋新蓝图”趋势下向海而生的重要节点城市,面对上述转型大变局,其本土所生发的系列先行先试治理及法治实践,正进一步被推向前台。

宁波作为计划单列市、副省级城市,是“一带一路”重要节点城市,有着诸多先行先试的商、海、港等先试资源,正承担“全面展示中国特色社会主义优越性、全国生态文明先行示范、高质量发展建设共同富裕示范”等10余项国家级先行示范区的时势之责。就宁波港而言,其历史可追溯到数千年之前,唐朝建立明州港,元朝更名为庆元港,明朝更名为宁波港。宁波舟山港位于中国大陆海岸线中部、“长江经济带”的南翼,为中国对外开放一类口岸,中国沿海主要港口和中国国家综合运输体系的重要枢纽，中国国内重要的铁矿石中转基地、原油转运基地、液体化工储运基地和华东地区重要的煤炭、粮食储运基地。宁波舟山港作为上海国际航运中心的重要组成部分，该港由北仑、洋山、六横、衢山、穿山等19个港区组成，共有生产泊位620多座，其中万吨级以上大型泊位近160座，5万吨级以上的大型、特大型深水泊位90多座，是服务长江经济带、建设舟山江海联运服务中心的核心载体。2020年，宁波舟山港完成货物吞吐量11.72亿吨，同比增长4.7%，连续12年保持全球第一；完成集装箱吞吐量2872万标箱，同比增长4.3%，继续位列全球第三。

宁波大学面朝东海、根系内陆，于二十世纪八十年代由北京大学、浙江大学、复旦大学等五校对口援建而成。正如同其校训"实事求是、经世致用"一样，宁波大学扮演着地方与国家、本土与海外、理论与实践相对话与沟通的重要桥梁。宁波大学法律系于1986年在北京大学法律系对口援建下创办，是宁波大学最早设立的八个系之一。法学专业先后获国家综合改革专业、国家特色专业、浙江省"十二五"和"十三五"优势特色专业，2019年入选首批国家一流本科专业建设点。2020年法学专业排名"5星级"，全国第53位，排名全国前8.69%；2021年的邱均平本科专业法学专业排名列全国前8.38%；行政管理专业为浙江省重点建设专业，入选首批浙江省一流本科专业建设点，2021年行政管理专业排名列全国前29.04%。法学学科为浙江省一流学科（A类），2020年在中国软科学排名中法学学科位列全国第50名，公共管理学科是浙江省重点建设学科。宁波大学法学院已形成民营经济与中小企业法治服务、法治政府与地方治理、生态文明与海洋法治等特色学科建设领域。法学院拥有浙江省高校人文社科重点研究基地——法学、省重点学科——民商法学，获得法学浙江省首届高等学校省级教学团队、“滨海湾区建设及其法治保障”浙江省高校高水平创新团队，拥有浙江省高校人文社科重点研究基地、浙江省首批重点专业智库——东海研究院、国家首批知识产权信息服务中心等系列学科科研建设平台。

宁波大学东海研究院有着15余年的建设积淀。2006年4月，宁波大学东海研究院的前身（浙江省海洋文化与经济研究中心）以扎实的竞争实力，获评浙江省首批哲学社会科学重点研究基地。2016年11月浙江省海洋文化与经济研究中心进一步提升发展为宁波大学东海研究院。2017年被晋升与遴选为浙江省教育厅首批高校智库。2018年被晋升与遴选为浙江省首批重点专业智库，其后先后入选中国CTTI来源智库，成为中日韩黄东海战略联盟核心支撑平台之一。东黄海研究智库联盟是为落实李克强总理在2014年第九届东亚峰会上提出的建设东亚海洋合作平台的倡议，由自然资源部海洋发展战略研究所2017年发起成立的我国首个专门研究东黄海涉海问题的智库合作机构。宁波大学东海研究院从“环境”与“海洋”两大领域跨学科推进系统深入研究，尤其重点关注“生态文明及法治基础理论及重点实践，海洋法治、海洋经济、海洋环境和海洋教育”等领域的重大前沿理论与现实问题。通过积极开展厚实的积淀建设与广泛国内国际交流合作，东海研究院已建立了一支专业优势突出、研究视野宽广、决策能力突出、结构合理的研究团队；形成“高端东海智库论坛、东海沙龙、东海讲坛、东海通讯、海洋教育研究通讯”等系列有影响力的智库品牌与交流载体；刊发诸多深层次的前沿真知灼见和有价值的论著；获得了国家社科重大招标项目，以及重要国家领导人、国家生态环境部部长、浙江省委书记及省长等省部级领导的肯定性批示等系列高端标志性成果;在国内外形成充分影响力与知名度,积极发挥国家战略及地方治理先行先试的理论研究与资政智囊团作用。

伴随着人类人口剧增,人类对海洋这一“最后空间”进一步涉足,人类的“活动半径”正进一步从“内陆”延展至“海洋”,陆地资源因大规模开发利用而日趋短缺,海洋也已成为人类在地球上进一步拓展足迹的“最后空间”。伴随着党中央全面推进依法治国、推进国家治理体系与治理能力现代化等系列重大战略举措的大力推进,我们正面临坚定不移走中国特色社会主义法治道路,在法治轨道上推进国家治理体系和治理能力现代化,为全面建设社会主义现代化国家、实现中华民族伟大复兴的中国梦提供有力法治保障,探索地方治理体系与治理能力现代化先行先试经验等时代要求。面对时势,对于宁波、宁波大学、宁波大学法学院及东海研究院等而言,无疑需要在“前沿理论问题研究、先行制度机制创新先试、先行先试经验提炼推广、国家及地方政府治理战略咨政建言、高层次地方治理及法治人才培养”等方面,对转型大变局下的系列新诉求予以积极回应,以及积极回应“全面展示中国特色社会主义优越性、全国生态文明先行示范、高质量发展建设共同富裕示范”等时代重责,积极扮演“示范先行区、发展引领区、改革试验区、展示探索者”等时代角色诉求。

也正基于此,促就了“东海文库”的共同谋划与系统生发。本文库旨宣传先行先试区域、宁波大学、宁波大学法学院及东海研究院等在积极回应转型大变局及时势使命诉求中,所涌现的系列优秀理论与实证研究成果。成果入选本文库,不论作者职称、地位和亲疏,一切以学术性为唯一考量,以求立足“顶天立地”以力承时势之责,为推进国家治理体系与治理能力现代化贡献绵薄之力！面对转型大变局，秉承“国家战略、区域先行、国际视野、中国立场”，立足“海陆统筹、以海定陆、谋新蓝图”视角，基于“根植于本土、归属于全国、面向新时局”的逻辑主线，“东海文库”正走在新征程，敬请大家批评指正！

钭晓东

2021 年 6 月

序

自1979年联合国粮农组织提出农民权的概念以来,不少政府与非政府组织及学者即投入积极研究。国际上,农民权已进入《生物多样性公约》《粮食和农业植物遗传资源国际条约》等国际条约,一些国家的国内法甚至将其确定为一项法定权利。无论是发展中国家还是发达国家在尊重和促进农民权的问题上逐步达成共识,学者们也认同农民权保护的合理性和必要性。然而在涉及农民权的具体问题,如农民权的性质、权利主体、客体、内容以及农民权的实现具体方式等方面分歧仍然很大,至于农民权保护中的国际合作,其成果主要体现在相关国际组织和条约的文本交流,要成为国家和地区间有效合作措施并化为农民可触摸得到了实益,可谓路漫漫其修远兮。

农民权的性质是首要问题。农民权的理念虽得到国际社会的认同,但至今难以实现,究其实,农民权性质的难以确定为要因。有人以为农民权乃抽象性权利,甚至认为仅道义上或政治上之权利。如欧盟认为“从广义上讲,农民权并未直接涉及知识产权的保护主题,知识产权的主要目标是鼓励创新,而农民权更多地是对农业社区一种回溯性的补偿,是基于其过去在培育农业生物多样性过程中所扮演的角色而产生的。虽在某些方面涉及传统知识,但农民权的外延太过宽泛,TRIPs 协议理事会难以处理,它更应该由其他组织,特别是联合国粮农组织加以解决。”Stephen B Brush 也认为:“农民权不应当用作使作物遗传资源商业化或产生排他性许可的工具。与既存的知识产权相对立,农民权未被授权针对某一特定的植物品种或某类植物或者对特定的农民提供报酬。””是一种道义上的权利,且很大程度上是对世界遗传资源所在地农民贡献的一种口头承认。”少数人认为农民权应作为一种知识产权加以保护,如 Green grass 认为:“如果农民权不被认为是一种知识产权的话,那么无法想象这一体系将如何实现。”Miges Baumann 指出:“农民权要求缔结关于生物技术和知识产权的新的国际协议,以明确地考虑农民的创新努力。因此包含了来自于发展中国家创新的专利不仅应当被禁止,而且应当建立一种新的机制来补偿这些穷人们的努力。”

对农民权性质的分歧,导致农民权保护方式上的不同主张。有两种保护方式交锋甚烈,一是所有权保护说,认为农民有权利在基于商业育种的基因获取中获得回报或得到知识产权法的保护,这种回馈性保护体制对于粮农植物利用过程中利益的公平分享和粮农植物多样性的维持是必要的,为实现此目的,惠益分享立法和对农民权的知识产权法保护是所有权保护说的中心话题。二是管理人保护说,认为农民应被授予充当生物多样性维护管理人的权利。此方式要求给与农民一定的法律空间以继续担当这样的角色，因管理人的角色有益于生物多样性的维护和人类的可持续发展利益，故农民基于过去、现在、将来的贡献应当获得回报。这种保护方法反对法律的强保护，主张可以通过建立国际基金来实现农民权，但基金的来源并非是强制性的。

相较于国际社会对农民权讨论之热烈，国内学者则保持着相当的“冷静”，至今未有专门研究农民权的学术著作。检索中国知网，涉及本书意义上农民权相关的研究成果也不多。当然也有一些学者在论及遗传资源和传统知识保护时，农民权被附带论及（如严永和先生在《论传统知识的知识产权保护》一书中对农民权有所涉及），但农民权问题在国内仍不失为一个新颖的课题，说现有成果基本处在资料的翻译和介绍起步阶段，缺乏系统性、全面性，尚未达到“深入”的地步，应当不是一个苛刻的评价。

但是，农民权所涉及的植物遗传资源和传统知识，对相关农民社群和国家来说都具有非常重要的意义。通过法律手段来保护农民权是发展中国家的普遍愿望，《生物多样性公约》和《粮食和农业植物遗传资源国际条约》等国际条约反映了国际社会在此问题上的呼吁和努力。无疑，农民权性质的证成、农民权范围的廓清和农民权实现方式的确定，能够有力保障植物遗传资源原生境农民的生存、发展中公平权利，有效地激励农民社群，特别是发展中国家的农民社群在保存和发展植物遗传资源上的积极性，为便利获取和交流植物遗传资源、植物遗传资源的开发、利用、传播扫清道德伦理和法律障碍，更重要的是，为构建公平、互惠、促进文明进步的植物遗传资源保护、开发的和谐生态环境提供范型。中国作为一个发展中国家和传统的农业大国,拥有悠久且丰富的植物遗传资源,尤其是粮农植物遗传资源的开发、利用和保护,对于中国有特别重要的意义,对回答粮农植物遗传资源的可持续利用、粮食安全、农业发展和生物多样性的种种重大复杂问题提供答案或方向。中国是全球植物多样性最丰富的国家之一,近年来,中国在水稻育种、基因组学、进化生物学、生物技术等领域取得举世瞩目的成果。开展农民权问题的学术研究,是中国学者参与植物遗传资源保护国际规则制定的重要方式,也是作出中国贡献的重大机会,因此,开展植物遗传资源中的农民权问题研究应是中国学者的使命与担当。

乔宜梦博士撰写的《粮农植物遗传资源保护视阈下农民权的法律分析》是我国学者对农民权问题进行系统性梳理和考察的填补空白之作,本成果从粮农植物遗传资源视阈下农民权问题切入,梳理了研究粮农植物遗传资源视阈下农民权的原因,并阐明了农民权中的现实与理论问题。通过法哲学以及契合性视角对农民权的知识产权法律属性进行分析。因为农民权的法律属性不仅影响着农民权的权利构造,也影响着粮农植物遗传资源保护、利用与惠益分享,因此确认农民权的法律属性至关重要。事实上,农民权的提出标志着发展中国家在知识产权国际秩序与制度上开始勇敢地提出自己的权利诉求,发展中国家可以利用农民权与以发达国家需要为核心而建立的国际知识产权秩序与制度相抗衡。作者认为无论从法哲学视角下抑或是契合性视角下,都能为农民权的知识产权属性找到合理的理论支撑,并着力分析了农民权的权利结构,详细论述农民权的权利客体、权利主体与权利内容。农民权实现的开源模式的引入和探索,无疑是作者最为努力的部分。对于农民权的实现,《粮食和农业植物遗传资源国际条约》将农民权相关立法责任推给了各缔约国,印度、非洲、泰国、赞比亚等地区和国家相继出台了一些针对农民权的具体法规。在国际社会关于农民权的立法中没有明确农民权的知识产权属性或对农民权的主体、客体和内容等权利构成未有实质性的立法规定,因此,相关国家与地区对农民权的立法规定仅仅起到了宣示作用,实际操作性并不强,没有对原生境粮农植物遗传资源起到真正的保护作用。作者认为开源模式不失为一种实现农民权的有效方式。通过对软件领域的GPL开源许可协议以及生物资源领域的BIOS相关开源许可协议内容的阐述与分析,为农民权开源模式的建构提供了诸多借鉴与启示,因此可以通过这些借鉴与启示在国家范围内对农民权开源模式进行建构,建议扩大《粮食和农业植物遗传资源国际条约》附件一的范围,建立相关激励机制;扩张遗传材料范畴,纳入农民直接使用;摒弃知识产权限制,寻求条约协调支持;建立国内开源组织,落实惠益货币分享。

乔宜梦博士的这一研究成果,论证了粮农植物遗传资源下的农民权何以成为一种新型知识产权,以及这种新型知识产权的特殊性问题,回答了农民权的权利结构和权利范围问题,提出了农民权实现的可能方式或者路径问题,同时还指出了涉粮农植物遗传资源农民权相关国际条约的局限性问题,这些问题的回答和提出并非都是新的发现,但无疑是新的努力,而且是很有建树的努力,无疑为中国学者参与农民权问题的国际交流,植物遗传资源保护的国际合作增加了话语力量,对此领域学术研究的深入和繁荣添枝加叶。

毋庸讳言,乔宜梦博士的这一成果相对于浩大复杂的研究领域而言,无论是内容的厚度还是观点的深度,仍然是初步的。粮农植物遗传资源的保护与国际合作问题，实益性搏弈更胜理论性说明，因此囿于见诸条约文本的内容进行分析是远远不够的；另一方面，在未有广泛田野考察和深入实际调查基础上的研究，难免陷于坐而论道的空泛。

马克斯·韦伯说，一切知识上的进步都是由专业人士推动的。诚如是，对于粮农植物遗传资源保护下的农民权问题研究的进步与突破，有待更多如乔博士这样的一批专家投身于此，钻研于斯，推陈出新，方致繁荣。

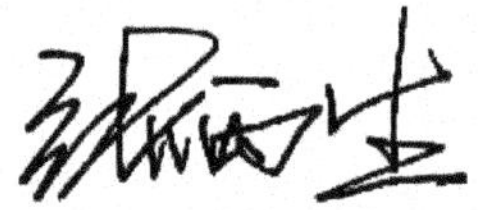

二〇二一年七月十七日

目录

绪　论 / 001

第一章　粮农植物遗传资源视阈下农民权问题的缘起 / 015

第一节　粮农植物遗传资源特性及开发利用中的问题 / 016

一、粮农植物遗传资源的特殊属性与价值 / 016

（一）粮农植物遗传资源的概念界定 / 016

（二）粮农植物遗传资源的特殊属性 / 019

（三）粮农植物遗传资源的特殊价值 / 023

二、粮农植物遗传资源在生物开发中所面临的现实问题 / 026

（一）“生物剽窃”的概念与特征 / 026

（二）粮农植物遗传资源“生物剽窃”现象出现的原因 / 032

第二节 粮农植物遗传资源保护呼吁下的农民权及其问题 / 034
一、粮农植物遗传资源保护呼吁下农民权的产生及发展 / 034
(一)农民权理论的萌芽 / 035
(二)农民权理论的发展 / 037
(三)农民权理论的演进 / 039
二、农民权理论中的法律问题 / 040
(一)有关农民权权利属性的争议 / 041
(二)农民权权利构成中的问题 / 043
(三)农民权实现的现实障碍 / 046

第二章 农民权的法律属性分析 / 048
第一节 农民权法律属性的理论争议与分析 / 049
一、农民权法律属性的争议 / 049
(一)农民权政治回应说 / 049
(二)农民权物权本质说 / 051
(三)农民权人权本质说 / 052
(四)农民权特别权利说 / 053
二、农民权法律属性相关学说的分析 / 056
(一)农民权并非道义政治权利 / 056
(二)农民权物权本质说不能保护粮农植物遗传资源信息 / 059
(三)人权只是农民权的一种法律属性 / 062
(四)特别权利体系尚不成熟 / 063
第二节 法哲学视角下农民权知识产权属性的分析 / 065
一、社会契约理论对农民权知识产权属性的支持 / 065
(一)自然法下的社会契约理论 / 066
(二)社会契约理论在国际知识产权秩序上的适用 / 068
二、财产工具主义理论对农民权知识产权属性的支持 / 069

（一）彼得·德霍斯的财产工具主义理论 / 070
（二）财产工具主义理论对农民权非知识产权属性的反驳 / 071
（三）财产工具主义理论下农民权知识产权属性的分析 / 073
三、马克思主义理论对农民权知识产权属性的支持 / 074
（一）辩证唯物主义对农民权知识产权属性的支持 / 075
（二）历史唯物主义对农民权知识产权属性的支持 / 076
四、公平正义理论对农民权知识产权属性的支持 / 077
（一）公平正义理论下对现有知识产权制度的检视 / 077
（二）公平正义理论下知识产权制度对农民权的接纳 / 078
第三节　契合性视角下农民权知识产权属性的分析 / 079
一、农民权客体与知识产权客体属性的契合 / 079
（一）知识产权客体的非物质性属性 / 080
（二）粮农植物遗传资源信息与知识产权客体的契合 / 081
二、农民权与知识产权制度价值的契合性 / 081
（一）知识产权制度对利益平衡的重视 / 081
（二）农民权内在的利益平衡价值 / 083
三、农民权在知识产权制度中的应有归属 / 083
（一）农民权不属于文学产权 / 084
（二）农民权不属于工业产权 / 084
（三）农民权属于新型知识财产专有权 / 087

第三章　农民权的权利结构分析 / 088
第一节　农民权的权利客体分析 / 089
一、农民权客体的横向范畴 / 089
（一）农民权客体仅包含原生境粮农植物遗传资源 / 091
（二）农民权客体应包含粮农遗传植物衍生物 / 095

二、农民权客体的纵向分析 / 101
（一）粮农植物遗传资源信息的本质 / 102
（二）粮农植物遗传资源信息载体与粮农植物遗传资源无形信息的特殊关系 / 105
第二节　农民权的权利主体分析 / 109
一、关于遗传资源法律地位的争论 / 109
（一）遗传资源属于人类共同遗产 / 109
（二）遗传资源国家主权说 / 111
二、农民权的主体定位 / 112
（一）多元主体说 / 112
（二）单一主体说 / 118
第三节　农民权的权利内容分析 / 127
一、保护与粮农植物遗传资源有关的传统知识 / 128
（一）传统知识的概念与特征 / 128
（二）与粮农植物遗传资源有关的传统知识在农民权中的定位 / 131
（三）粮农植物遗传资源使用权与排除权 / 133
二、公平参与分享因利用粮农植物遗传资源而产生利益的权利 / 135
（一）粮农植物遗传资源披露许可权 / 136
（二）粮农植物遗传资源惠益分享权 / 138
三、参与在国家一级就粮农植物遗传资源保存及可持续利用事项决策的权利 / 142
（一）资格抑或权利：ITPGR 粮农植物遗传资源决策参与要求的分析 / 142
（二）粮农植物遗传资源决策参与资格的范围分析 / 144

第四章　农民权实现模式的开源探索及路径 / 147
第一节　农民权保护的制度反思与开源优势 / 148
一、对农民权现有保护制度的考察与反思 / 148
（一）农民权立法保护考察与分析 / 148
（二）对农民权知识产权制度保护的反思 / 152
二、适用开源模式实现农民权的优势 / 154
（一）农民权得以真正实现 / 155
（二）粮农植物遗传资源相关主体间的利益得以平衡 / 156
（三）实现了知识产权与人权的平衡 / 157
（四）提供了新型知识财产权权利实现模式的范式 / 158
第二节　现有开源模式与农民权适用性探索 / 159
一、软件领域开源模式探索及对农民权开源模式的借鉴意义 / 159
（一）从 copyright 到 copyleft：软件创新保护与开发利用的新模式 / 159
（二） GPL3.0 版本开源许可协议概况及分析 / 161
（三）GPL 开源许可协议对农民权开源模式的借鉴意义与启示 / 167
二、生物资源开源模式探索及对农民权开源实现的借鉴意义 / 172
（一）从 patent 到 patentleft：生物技术创新保护与资源利用新模式 / 173
（二）BIOS 相关开源协议主要内容及分析 / 178
（三）BIOS 相关开源协议对农民权开源模式的借鉴与启示 / 182
第三节　粮农植物遗传资源多边系统中的开源困境与出路 / 186
一、SMTA 与农民权开源系统的选择 / 187

(一)SMTA 的主要内容与分析 / 187
(二)农民权开源模式的选择 / 190
二、比较分析下粮农植物遗传资源多边系统中的开源困境 / 192
(一)ITPGR 粮农植物遗传资源多边系统范围的封闭性 / 193
(二)ITPGR 粮农植物遗传资源多边系统便利获取使用方式上存在缺失 / 195
(三)ITPGR 粮农植物遗传资源多边系统对知识产权申请限制过多 / 197
(四)ITPGR 粮农植物遗传资源多边系统惠益货币式分享方式落实困难 / 199
三、农民权适用粮农植物遗传资源多边系统实现的路径 / 200
(一)扩大附件一范围,建立相关激励机制 / 200
(二)扩张遗传材料范畴,纳入农民直接使用 / 202
(三)摒弃知识产权限制,寻求条约协调支持 / 204
(四)建立国内开源组织,落实惠益货币分享 / 205

结　语 / 207

参考文献 / 209

绪　论

鉴于粮食和农业植物遗传资源(以下简称粮农植物遗传资源)本身的独特属性与经济价值,发达国家在全球范围掀起针对粮农植物遗传资源的“圈地运动”,《粮食和农业植物遗传资源国际条约》(International Treaty on Plant Genetic Resources for Food and Agriculture,以下简称 ITPGR)虽明确地提出了农民权以及建立了粮农植物遗传资源多边系统,在实践中却囿于农民权相关理论的缺失而致使农民权处于“权虽立,利未至”的法律状态。因此,本书通过对现有农民权相关理论的审视与探讨,力求廓清农民权相关理论的争议,弥补粮农植物遗传资源多边系统的不足,健全农民权基础理论体系,以保障原生境粮农植物遗传资源的可持续发展,真正实现农民权。本书由四章构成,第一章为粮农植物遗传资源视阈下农民权问题的缘起,第二章为农民权的法律属性分析,第三章为农民权的权利结构分析,第四章为农民权实现模式的开源探索及路径。各章节具体内容如下：

（一）

第一章主要内容为粮农植物遗传资源视阈下农民权问题的缘起。在其中阐释了粮农植物遗传资源视阈下研究农民权的原因所在，阐明了农民权中的现实与理论问题。第一章包含两个部分，分别为粮农植物遗传资源特性与开发利用中的问题和粮农植物遗传资源保护呼吁下的农民权及其问题。

第一部分粮农植物遗传资源特性及开发利用中的问题，首先从粮农植物遗传资源的概念入手，对粮农植物遗传资源的特殊属性与特殊价值进行了揭示，同时指出了粮农植物遗传资源在生物开发中所面临的现实问题。根据 ITPGR 第 2 条的规定，粮农植物遗传资源系指对粮食和农业有潜在或实际价值的任何植物遗传材料，其中“遗传材料”系指任何包含遗传功能单位的有性以及无性繁殖的植物材料。尽管粮农植物遗传资源隶属于生物资源范畴，但仔细考究，IT-PGR 与生物《多样性公约》（Convention on Biological Diversity，以下简称 CBD）在粮农植物遗传资源和生物资源的界定上还是存在一定区别的，主要表现为：在遗传材料的范畴方面，ITPGR 将遗传材料的范畴限定为粮食和农业领域，而 CBD 对遗传材料的范围限定为来自植物、动物、微生物或其他来源的任何含有遗传功能单位的材料；在遗传材料的范围方面，ITPGR 将遗传材料的范围限定在粮农植物遗传资源，且仅包含粮农植物遗传材料而不包括其遗传部分或成分，但 CBD 没有规定严格限定，任何具有实际或潜在价值的遗传材料皆属 CBD 管辖范围。ITPGR 对粮农植物遗传资源概念的界定进一步揭示出粮农植物遗传资源的特殊属性，即粮农植物遗传资源具有社会发展下的粮食安全性、区域间的种质高依存性、承继中的农民参与性。粮农植物遗传资源的特性是粮农植物遗传资源相关保护制度或理论构建中不可或缺的考量因素,同时也间接地宣示了对粮农植物遗传资源的保护不能仅仅依赖于现有的法律制度保护模式。与其他生物资源相比,粮农植物遗传资源还具有其特殊价值,具体表现在:粮农植物遗传资源具有环境生态价值、工业药用价值和国家战略价值。正是因为粮农植物遗传资源具备上述特性与价值,才使粮农植物遗传资源被称为当今社会的"绿色黄金"。于是,以发达国家为首的跨国生物公司以及相关生物研究机构开始以"生物剽窃"的方式在世界范围内遍地搜寻粮农植物遗传资源这一"绿色黄金",掀起了一场瓜分粮农植物遗传资源的"生物圈地运动"。部分发达国家在尚未经过原产地与生物多样性中心的农民事前知情同意的情况下,便将粮农植物遗传资源相关产品或技术申请为知识产权垄断权,并未与粮农植物遗传资源拥有者进行惠益分享。粮农植物遗传资源领域"生物剽窃"现象的出现不仅与粮农植物遗传资源本身的经济价值相关;同时,发展中国家和发达国家在粮农植物遗传资源上的认识差异、粮农植物遗传资源相关保护制度的缺失也是"生物剽窃"现象出现的原因之一。因此,构建粮农植物遗传资源保护制度迫在眉睫。

第二部分粮农植物遗传资源保护呼吁下的农民权及其问题,从粮农植物遗传资源保护呼吁下农民权的产生及发展入手,揭示了农民权理论中的法律问题。对于粮农植物遗传资源保护呼吁下农民权的产生及发展,本书以粮农植物遗传资源相关会议与事件为索引,对农民权概念及其理论发展的历史进行了呈现。并进一步指出,农民权之提出表达了发展中国家粮农植物遗传资源相关主体迫切要求对粮农植物遗传资源进行保护的强烈呼吁;农民权之确立,正是国际社会对广大农民群体在粮农植物遗传资源保护和开发上所享有的权利处于缺失状态的确认;农民权的不断发展,则表达了其自身的合理性与适时性，以及国际社会对其的认可。但是农民权的性质、权利构成及实现模式等依旧模糊，需要进一步探究和确立。在农民权的性质上，有物权本质说、人权本质说、特别权利说等学说之争；在农民权的客体上，是否包含粮农植物遗传资源衍生物是一个尚处于争议的问题，同时，对作为农民权价值客体的粮农植物遗传资源信息的属性也存在争议；在农民权的主体上，又有分散的多元主体说、复合的多元主体说、遗传资源个人所有说、遗传资源国家所有说以及遗传资源社区所有说之争；对于农民权的内容，ITPGR 规定了三项内容要素，包括保护与粮农植物遗传资源有关的传统知识、公平参与因利用粮农植物遗传资源所产生惠益以及国家一级制定粮农植物遗传资源相关决策参与权，而并没有细化农民权应有的权能。诸如上述农民权权利构成中的争议都会导致农民权在相关立法实践中难以真正落实。开源模式不失为一种实现农民权的有效方式，但 ITPGR 所构建的粮农植物遗传资源多边系统是在粮农植物遗传资源国际利用与保护上的开源模式，同时 ITPGR 所构建的粮农植物遗传资源多边系统本身也存在诸多瑕疵。因此，如何克服 ITPGR 粮农植物遗传资源多边系统中的固有障碍，最终保障农民权的良好实现亦是农民权研究中不可忽视的问题。

（二）

第二章主要通过法哲学视角以及契合性视角对农民权的法律属性进行了分析。农民权理论的完善与权利的实现应以农民权法律属性的确定为前提。农民权的法律属性不仅影响着农民权的权利构造，也影响着粮农植物遗传资源的保护、利用与惠益分享，因此确认农民权的法律属性至关重要。自农民权被提出以来，农民权对粮农植物遗传资源所起到的保护作用并不尽如人意，其中的原因即农民权的法律属性存在争议。发展中国家与发达国家在农民权上的争执在于其究竟是一项道德权利还是法律权利。发达国家认为,农民权应当是对植物新品种权等知识产权的政治回应,而非一种法律权利创造。但发达国家的政治回应说产生于现代生物技术尚未成熟的阶段,其并没有意识到在当今粮农植物遗传资源除了其固有的生态价值之外,还因“稀缺”而具有了经济价值,从而在其上可以产生相关法律关系。学界在农民权上则有物权本质说、人权本质说、特别权利说的争议。但农民权物权本质说不能保护作为无形物的粮农植物遗传资源信息;人权虽然是农民权的一种法律属性,但却停留在法定人权层面,因此需要借助确定农民权的财产权利属性促使农民权从法定人权上升到实定人权;特别权利体系本身就尚未成熟,对特别权利体系的建构需要充足的理论积淀与巨大的制度成本,这本身与农民权亟待实现的现状不相符。因此,物权、人权、特别权利等都不是农民权权利属性的最佳选择。

事实上,发展中国家提出实现农民权的要求代表着其在现有国际知识产权制度与国际秩序上开始勇敢地提出自身的权利诉求。发展中国家可以利用农民权与以发达国家需要为核心建立的国际知识产权秩序和制度相抗衡。同时,无论从法哲学视角下抑或是契合性视角,都能为农民权的知识产权属性找到合理的理论支撑。在法哲学视角下,社会契约理论可以应用在国际知识产权秩序的建构上。国际环境下的国家可以被当作个体看待,每个国家的社会状况、经济水平以及法治建设程度都不相同,所有国家皆可以在国际环境中以公平公正为基,让渡自身所拥有的部分权利,以建立一个符合人类命运共同体需要和可持续发展需要的国际社会秩序。《TRIPS 协议》所保护的知识产权客体,明显被限定在发达国家发展成熟并占据优势地位的领域,因此有必要将农民权也纳入国际知识产权制度之中,以实现国际知识产权制度的公平与正义。自然法下的社会契约理论为农民权知识产权属性提供了法理上的支持,在知识产权法相关理论下,亦可以找到农民权知识产权属性的支撑,彼得·德霍斯的财产工具主义理论便是其中之一。财产工具主义理论不仅可以反驳发达国家关于农民权非知识产权属性的观点,同时亦为农民权的知识产权属性提供了理论支持。马克思主义理论中的辩证唯物主义与历史唯物主义为农民在粮农植物遗传资源上付出的智力性因素贡献提供了理论支持。以公平正义理论对现有的知识产权制度进行检视,可以发现现代知识产权制度对生物技术的青睐,已经使农民越来越没有可容身之地,现行的国际知识产权制度只注重保护专利权人的利益,却忽视了基因原材料提供者的在先权益,没有体现国际知识产权法律制度应有的公平与正义,因此知识产权制度应当对农民权进行接纳。法哲学视角为将农民权纳入知识产权制度架构提供了理论支撑;同时,从农民权的权利客体以及农民权的价值上来看,其与知识产权制度亦具有一定的契合性。知识产权客体的“智力性”属性随着知识产权制度的扩张而逐渐淡出历史舞台,而仅留下“非物质性”作为统一知识产权客体属性的唯一标准。粮农植物遗传资源信息本身作为无形物即具有“非物质性”特征,因此作为农民权客体的粮农植物遗传资源信息与知识产权客体具有一致性。知识产权制度之产生是为了给予相关作品、技术方案或商业标识创造者以激励,但在当代,随着知识产权限制制度的逐渐增多,知识产权制度的利益平衡价值日益凸显。农民权之产生本身即具有保障原产地与生物多样性中心的农民在粮农植物遗传资源之上继续创新与保护的制度价值,同时粮农植物遗传资源的惠益分享也实现了粮农植物遗传资源提供者与获得者之间的平衡利益,这又与知识产权制度的价值不谋而合。因而,农民权应当为知识产权之一种,但农民权并不属于传统知识产权体系下的文学产权或工业产权，而应当为广义知识产权体系下的新型知识产权专有权。

（三）

第三章主要内容为对农民权的权利结构的分析，详细论述了农民权的权利客体、权利主体与权利内容。在权利的结构要素中，权利客体的不同是权利区分的主要依据，亦是权利主体与权利内容的重要指向；同时，权利客体在一定程度上对权利之性质亦有决定作用。因此，本章首先对农民权的权利客体进行了分析。对农民权权利客体的分析可以从横向与纵向两个角度展开。在农民权客体的横向范畴分析中，根据粮农植物遗传资源保存方式的不同，可将其分为原生境保存的粮农植物遗传资源与非原生境保存的粮农植物遗传资源，但农民权的客体仅包含原生境下的粮农植物遗传资源。这是因为：第一，ITPGR 相关内容针对原生境粮农植物遗传与非原生境粮农植物遗传资源建立了不同的保护机制。对于非原生境下的粮农植物遗传资源保护，联合国粮食及农业组织（Food and Agriculture Organization of the United Nations，以下简称 FAO）与国际农业研究磋商组织等国际种质资源库意图建立一种粮农植物遗传资源多边系统；对于原生境下的粮农植物遗传资源，FAO 意图建立的是以农民权保护为主，并可以适当地辅以遗传资源保护区网络来对原生境粮农植物遗传资源进行保护。当然，鉴于原生境下的粮农植物遗传资源亦需要实现惠益分享，因此在惠益分享过程中也可以适用粮农植物遗传资源多边模式下的标准材料转让协议，但前提是原生境粮农植物遗传资源所有者应将其所持有的粮农植物遗传资源纳入粮农植物遗传资源多边系统之中。第二，非原生境下的粮农植物遗传资源多以种质资源库的方式被国际组织所占有，尽管少部分由私人种质资源库所占有,但从主体上而言,原产地与生物多样性中心的农民并不是非原生境粮农植物遗传资源的多数主体。如果将非原生境粮农植物遗传资源划归为农民权之客体,则会在非原生境粮农植物遗传资源之上产生在先权利冲突。第三,非原生境粮农植物遗传资源多由国际种质资源库收集而来,尽管其最初可能是自然环境或人类耕作环境下的原生境粮农植物遗传资源,但其在被相关种质资源库收集之后,随着时间的推移,已经较难追溯到其种质亲本资源。因此农民权客体应仅包含原生境下的粮农植物遗传资源。同时,农民权客体应包含粮农遗传植物衍生物。CBD 在对遗传资源进行界定时,其原文为“containing”(包含)遗传功能单位,即只要遗传资源包含遗传功能单位就可以构成 CBD 所界定的遗传资源。同理,ITPGR 在界定粮农植物遗传资源时也是用的“containing”遗传功能单位这一表述,那么只要相关粮农植物遗传资源包含了遗传功能单位,则无论是 DNA 还是含有遗传功能单位的生物化合物都应当属于粮农植物遗传资源的范畴。而且,ITPGR 真正欲保护的是粮农植物遗传资源携带的遗传信息,DNA、RNA、蛋白质、酶以及由细胞新陈代谢产生的天然生成的生物化合物当然属于植物之一部分,亦属于“繁殖材料”的范畴。因此,不含遗传功能单位但保留相关遗传信息的 RNA、蛋白质、酶以及不含有遗传功能单位的由细胞新陈代谢产生的天然生物化合物,只要其携带了生物的特定遗传信息,亦可以属于粮农植物遗传资源范畴。从农民权客体纵向分析的角度来看,粮农植物遗传资源所携带的粮农植物遗传资源信息才是现今生物科技所真正关注与争抢的核心,也是“绿色黄金”的真正价值所在。粮农植物遗传资源和其他遗传资源有着很大的差别,其在历史长河中可以得到保存、改良与发展,与农民世世代代的劳动和努力息息相关;同时,与粮农植物遗传资源信息载体相比,粮农植物遗传资源信息具有非物质性特征、可再现性特征,并且粮农植物遗传资源信息与粮农植物遗传资源信息载体具有不可分割性。因此粮农植物遗传资源信息应属于作为知识的信息,从根本上来说,粮农植物遗传资源是客观物质和主观智力二者相互作用的结晶。

在遗传资源的国际法定位上,尽管其从人类共同遗产演变为国家对其享有主权的资源,但在遗传资源相关权利的主体定位上,学界仍存有较大争议,主要有多元主体说与单一主体说两种学术观点。其中多元主体说又分为分散的多元主体说与复合的多元主体说,单一主体说又包括遗传资源个人所有说、遗传资源国家所有说和遗传资源社区所有说。学界对遗传资源相关权利主体的争议与学说为农民权权利主体的确认提供了借鉴和分析基础。第一,农民权并不具备分散的多元权利主体条件。这是因为,只有原生境下保存的粮农植物遗传资源属于农民权的客体范畴,而非原生境下保存的粮农植物遗传资源通常属于非原生境保护设施所有人,这即意味着在农民权体系下并不会存在多个不同属性的主体并存的情况。第二,遗传资源权的复合权利主体说难以在农民权上适用。从根源上来讲,粮农植物遗传资源并不是一般性自然资源,它是由原产地与生物多样性中心的农民世代培育的种质植物资源。从财产权特征上来讲,复合主体说不符合财产权的排他性特征,与农民权难以自洽;而且即使不将国家视为农民权之主体,国家对于粮农植物遗传资源依旧可以履行管理职能。第三,农民权也不适宜以农民个体作为权利主体。将农民权主体定位为农民个体并不利于保护粮农植物遗传资源及其传统知识,不利于实现粮农植物遗传资源利用活动中的惠益分享,也不利于实现农民在粮农植物遗传资源利用活动中的决策权。第四,农民权主体不应为国家。这是因为主权与财产权有本质的区别,国家在粮农植物遗传资源上拥有主权并不代表国家在粮农植物遗传资源上就享有财产权。综合分析而言,农民权的权利主体适宜定位为社区集体。首先,作为长期历史发展的结果,粮农植物遗传资源的形成虽与自然力量有关,但更重要的是与遗传资源所在部落、社区世代农民的辛勤劳作与经验累积息息相关,但我们很难去查证某一项粮农植物遗传资源是否为某一个或是某几个农民努力的结果,因此为了让全体农民利益的实现更为公平,也便于实施,把农民权主体定位为社区集体更为适宜。其次,将农民权主体视为集体社区能够保障粮农植物遗传资源利用上惠益分享的实现,将利益分享真正落实到农民身上。最后,结合 CBD 与 ITPGR 的有关规定来看,将农民权主体定位为社区集体对于农民无障碍使用与发展粮农植物遗传资源,保存与发展遗传资源都是十分有利的。

ITPGR 第 9.2 条规定了农民权权利内容的三大要素:保护与粮农植物遗传资源有关的传统知识、公平参与分享因利用粮农植物遗传资源所产生的惠益以及在国家一级制定粮农植物遗传资源相关决策参与权。其中,与粮农植物遗传资源有关的传统知识实质上并非如部分学者所言为农民权之客体,而应为农民权的权利内容。而且,为了更好地保护与粮农植物遗传资源有关的传统知识,应当赋予农民权主体粮农植物遗传资源使用权与排除权,即在国内的农民权立法中应当规定对相关粮农植物遗传资源享有农民权的主体可以对其粮农植物遗传资源自由使用、改造,且他人在未经农民权主体同意或不符合法律规定的情况下无权对此进行干涉或约束,他人也不得非法占有或垄断该种粮农植物遗传资源。ITPGR 对农民权赋予公平参与分享因利用粮农植物遗传资源产生的利益的权能隐含着两项与粮农植物遗传资源使用相关的行为,即事前知情同意与来源披露。因此,应赋予农民权主体粮农植物遗传资源披露许可权以及粮农植物遗传资源惠益分享权,即对粮农植物遗传资源的使用应事先征得农民权主体的知情同意许可并在相关植物垄断权申请中对所使用的粮农植物遗传资源来源进行披露。同时,粮农植物遗传资源惠益分享权中的惠益分享,并不仅仅意味着金钱或是货币形式的利益分享,其惠益分享形式也可以通过技术的获取与许可或其他利益的分享得到实现。至于参与在国家一级就粮农植物遗传资源保存及可持续利用事项决策的权利,在财产权语境下,其赋予原产地与生物多样性中心的农民更多的是一种“资格”而非“权利”。但这种“资格”范围却不应仅限于“保存”“可持续利用”,同时应当包含“商业化利用”等决策的参与;并且,在将农民权客体纳入 ITPGR 粮农植物遗传资源多边系统时,应为农民权主体参与国际中关于粮农植物遗传资源相关决策留下制度空间。

(四)

第四章主要内容为农民权实现模式的开源探索及路径。对于农民权的实现,ITPGR 将农民权相关立法责任推给了各缔约国,非洲联盟、印度、泰国、赞比亚等地区和国家相继出台了一些针对农民权的具体法规。关于农民权立法,在立法内容上应至少明晰以下内容:农民权的主体为以行政规划为界限或围绕某一粮农资源的农民群体或社区群体;农民权的客体应当至少包括原生境粮农植物遗传资源及其衍生物;关于农民权的具体权项,应当包括而不限于粮农植物遗传资源使用权、粮农植物遗传资源排除权、粮农植物遗传资源披露许可权、粮农植物遗传资源惠益分享权等;关于农民权的救济,应当确立一定的侵权救济方式,例如诉讼、调解等。但各缔约国在立法中或没有明确农民权的知识产权属性或对农民权的主体、客体和内容等权利构成未有实质性的立法规定。因此,相关国家与地区对农民权的立法规定仅仅起到了宣示作用,实际操作性并不强,没有对原生境粮农植物遗传资源起到真正的保护作用。对于农民权的实现,其实我们不必拘泥于法律制度,还可以通过其他模式来辅助农民权的实现,开源模式不失为一种实现农民权的有效方式。在农民权开源模式下,农民权得以真正实现,粮农植物遗传资源相关主体间的利益得以平衡,知识产权与人权得以平衡;并且,对农民权开源实现的探索也为新型知识财产权权利实现提供了新的范式。目前,在开源模式的构建与运行上,软件领域较为成熟,并且国际社会也已经在生物资源方面展开了相应的探索。那么,对于国内农民权开源模式的建构可以借鉴软件领域开源模式以及生物资源开源模式。计算机软件领域的通用公共许可证(General Public Licence,以下简称 GPL)开源许可协议为农民权开源模式的建构或完善提供以下制度借鉴:第一,在 GPL 开源许可协议下,允许商业软件与自由软件并存,因此农民权开源模式应允许对粮农植物遗传资源的商业化利用。第二,GPL 开源许可协议对不同的主体在软件的瑕疵担保责任上作出了区别性规定,因此农民权开源模式可以选择性免除相关主体的瑕疵担保责任。第三,GPL 开源许可协议拒绝对软件的绝对垄断,因此农民权开源模式应拒绝粮农植物遗传资源原材料上的后续垄断权。在计算机软件领域之外,国际社会对生物遗传资源开源模式的利用与保护也已展开探索,坎比亚生物开源组织(以下简称 CAMBIA)下的生物开源(Biological Open Source,以下简称 BIOS)相关开源许可协议为农民权开源模式的建构或完善提供以下制度借鉴:第一,无论是 BIOS 材料转让协议还是 BIOS 遗传资源索引技术许可协议,都将衍生物包含在协议或许可的生物资源范围之中,因此农民权开源模式下的粮农植物遗传资源范围应包括衍生物。第二,BIOS 材料转让协议在专有材料的委托部分为生物资源接受方设定了保密义务,设定该种保密义务是为了方便专有材料的提供方在将来具有将专有材料及其相关技术申请为知识产权的能力。因此，可以尝试在农民权开源系统中为粮农植物遗传资源材料接受方设置保密义务。第三，CAMBIA 开源系统中相关生物资源的惠益分享规定并不是特别清晰，鉴于粮农植物遗传资源有其特殊性，农民权开源系统应细化粮农植物遗传资源惠益分享条款。

对软件领域的 GPL 开源许可协议以及生物资源领域的 BIOS 相关开源许可协议内容的阐述与分析，为农民权开源模式的建构提供了诸多借鉴与启示。我们可以通过这些借鉴与启示在国家范围内对农民权开源模式进行建构。至于在国际范围开展对农民权开源模式的探索，可以通过完善粮农植物遗传资源多边系统将作为农民权客体的原生境粮农植物遗传资源纳入其中，以实现农民权的开源，这不仅可以节约农民权开源制度成本，也是 ITPGR 所倡导、鼓励与推动的。但是原生境粮农植物遗传资源纳入 ITPGR 粮农植物遗传资源多边系统却存在一些固有的制度障碍。第一，粮农植物遗传资源多边系统范围具有封闭性，其以附件一的 35 种作物和 29 种饲料为限，并不能包含大部分原生境粮农植物遗传资源种质。第二，粮农植物遗传资源多边系统在便利获取使用方式上存在缺失。出于农业种植的需要，农民对粮农植物遗传资源种质资源的使用与粮农植物遗传资源的可持续发展息息相关，却并没有被 ITPGR 粮农植物遗传资源多边系统便利获取使用方式所包含。第三，粮农植物遗传资源多边系统对知识产权申请限制过多。标准材料转让协议（Standard Material Transfer Agreement，以下简称 SMTA）对粮农植物遗传资源衍生品存在限制知识产权申请的嫌疑，这将使得粮农植物遗传资源上的相关主体对粮农植物遗传资源多边系统望而却步。第四，ITPGR 粮农植物遗传资源多边系统的惠益货币分享方式落实困难。在 ITPGR 规定下，粮农植物遗传资源惠益分享的货币利益流向 ITPGR 管理机构而非农民,如何最终落实到原产地与生物多样性中心的农民群体身上则是货币化惠益分享的关键。因此,应在补足 SMTA 相关规则的同时,对 ITPGR 中粮农植物遗传资源多边系统相关规定以及农民权相关内容作出协调性完善,以使粮农植物遗传资源多边系统更好地接纳原生境粮农植物遗传资源,实现农民权的开源模式保护。具体包括:其一,扩大附件一范围,建立相关激励机制;其二,扩张遗传材料范畴,纳入农民直接使用;其三,摒弃知识产权限制,寻求条约协调支持;其四,建立国内开源组织,落实惠益货币分享。

第一章　粮农植物遗传资源视阈下农民权问题的缘起

自20世纪80年代起,在新技术革命的推动与影响下,全球生产力得到进一步提升,推动人类文明进入全新的时代。其中,迅猛发展的生物科学与逐渐成熟的生物技术成为这一时代变革中的主要推动力。在生物科学技术的引领下,生物资源开发与利用也进入了空前的繁荣阶段。但作为“双刃剑”的生物科技也逐渐展现出其弊端与问题:在生物资源开发中,“生物海盗”“生物圈地”等现象频发;在生物资源利用下,生物资源过度消耗与环境恶化加剧。粮农植物遗传资源作为生物资源之一,亦在生物技术的开发与利用下面临诸多问题。与其他生物遗传资源不同,粮农植物遗传资源有其特殊属性,农民权的产生适时地规范了粮农植物遗传资源领域的生物技术开发行为,同时制约了粮农植物遗传资源领域的“生物海盗”现象,但又囿于农民权法律属性之争议、权利构成中的问题及实现途径的障碍,使得农民权对粮农植物遗传资源之保护又不尽完善。

第一节　粮农植物遗传资源特性及开发利用中的问题

一、粮农植物遗传资源的特殊属性与价值

掌握粮农植物遗传资源的概念,是我们探究粮农植物遗传资源视阈下农民权相关问题的前提。同时,粮农植物遗传资源所展现出的不同于一般生物遗传资源的特性,也是我们构建粮农植物遗传资源相关保护制度、完善农民权法律保护体系的重要考量因素。而粮农植物遗传资源所展现出的特殊价值,则是我们对粮农植物遗传资源建立相关保护制度,或完善农民权相关理论的主要原因与动力。

(一)粮农植物遗传资源的概念界定

根据 ITPGR 第 2 条的规定,粮农植物遗传资源系指对粮食和农业有潜在或实际价值的任何植物遗传材料,其中“遗传材料”系指任何包含遗传功能单位的有性以及无性繁殖的植物材料。“粮农植物遗传资源”是“遗传资源”的下属概念,ITPGR 与 CBD 对粮农植物遗传资源的界定趋于一致。CBD 第 2 条将遗传资源界定为:具有实际或潜在价值的遗传材料,其中遗传材料系指来自植物、动物、微生物或其他来源的任何含有遗传功能单位的材料。但仔细考究可发现,ITPGR 与 CBD 对相关概念的界定又有细微的不同,主要表现在以下几点:

第一,在遗传材料的范畴上,ITPGR 将遗传材料的范畴限定为粮食和农业领域。在当今生物技术相对成熟的条件下,不同的植物遗

传材料中含有的基因特性对于粮食与农业的发展都有一定的潜在价值。就实际而言，任何植物遗传资源对于粮食与农业都具有一定的促进作用。[1] ITPGR 本身为粮农植物遗传资源相关的国际条约，其在对相关基础概念进行界定时将范畴限定在粮食与农业领域，应是受条约本身的范畴所限，这无可厚非。但是 ITPGR 将遗传资源界定限制在粮食与农业领域应还有一层隐含的用意，即其为 ITPGR 条约附件所建立的多边系统中包含的作物清单做准备。虽然 ITPGR 针对粮农植物遗传资源的利用建立了粮农植物遗传资源获取与惠益分享多边系统（Multilateral System of Access and Benefit - sharing，以下简称粮农植物遗传资源多边系统），但为了保证粮农植物遗传资源多边系统的良好运作，并非所有的粮农植物遗传资源都可以被纳入粮农植物遗传资源多边系统之中。因此 ITPGR 针对粮农植物遗传资源多边系统建立了一个封闭式的种质作物清单，并以附件的形式出现在 ITPGR 条约之后。因此，在遗传材料的范畴界定上，ITPGR 将遗传材料的范畴限定在粮食和农业领域，不仅是出于条约本身限制的需要，亦有对粮农植物遗传资源多边系统运作的考量。

第二，在遗传材料的范围上，ITPGR 将遗传材料的范围限定在粮农植物遗传资源，且仅包含粮农植物遗传材料而不包括其遗传部分或成分。CBD 作为生物多样性领域的"宪法"性条约及生物多样性保护的重要里程碑，对生物资源的保护应具有全面性，因此其将植物、动物、微生物以及其他来源都规定在内。而 ITPGR 作为粮农植物遗传资源领域的重要国际条约，仅将其效力范畴限定在植物遗传资源领域，无可厚非且更具针对性。从这个意义上来说，ITPGR 对植

[1] ［英］杰罗德·莫尔、［加］维托尔德·提莫斯基：《〈粮食和农业植物遗传资源国际条约〉解释性指南》，王富有译，中国政法大学出版社 2011 年版，第 53 页。

物遗传资源尤其是粮农植物遗传资源领域的保护应比 CBD 更为全面细致，这从 ITPGR 的相关内容中也可见一斑。但 ITPGR 对粮农植物遗传资源的界定仅限于遗传材料却引起了极大的争论，有学者主张应扩大粮农植物遗传资源范围，将遗传材料的遗传部分或成分纳入其中，因为这与粮农植物遗传资源多边系统中粮农植物遗传资源获取与惠益分享息息相关。目前的妥协结果为在粮农植物遗传资源的界定中虽不提及遗传部分或成分，但是在 ITPGR 第 12.3 条(d)项中禁止以收到时的形态对粮农植物遗传资源多边系统中获得的粮农植物遗传资源提出相关知识产权要求。[1]

第三，在遗传功能单位的规定上，ITPGR 没有进一步界定遗传功能单位。CBD 对遗传资源的界定，重点在于对遗传功能单位的理解。而 ITPGR 对粮农植物遗传资源的界定延续了 CBD 的定义，但同时亦没有进一步说明什么是遗传功能单位及遗传功能单位的范畴。有学者认为，遗传功能单位应包含基因、脱氧核糖核酸(Deoxyribo Nucleic Acid，以下简称 DNA)片段、完整的活细胞与全部染色体，且遗传功能单位的重点在于对“功能性”的理解。[2] 在这样一种理解下，任何可以在有机物间传递的遗传信息载体都可以被视为“遗传功能单位”。[3] 因此，这便会造成条约理解上的瑕疵，即如果某一遗传功能单位，如单一基因或基因序列也是粮农植物遗传资源的遗传成分，但

---

〔1〕 [英]杰罗德·莫尔、[加]维托尔德·提莫斯基：《〈粮食和农业植物遗传资源国际条约〉解释性指南》，王富有译，中国政法大学出版社 2011 年版，第 52 页。

〔2〕 Kerry Ten Kate & Sarah A Laird, *The Commercial Use of Biodiversity: Access to Genetic Resources and Benefit - Sharing*, Earthscan Publications Ltd. ,1999, p. 18.

〔3〕 张小勇：《遗传资源的获取和惠益分享与知识产权》，载《环球法律评论》2005 年第 6 期。

该遗传资源本身并不属于粮农植物遗传资源。[1] 对于这一点,有待ITPGR 管理机构进一步澄清。

(二)粮农植物遗传资源的特殊属性

与其他生物遗传资源相比,粮农植物遗传资源具有社会发展下的粮食安全性、区域间的种质高依存性以及承继中的农民参与性等特征。这些粮农植物遗传资源所固有的特征决定了其保护方式与受保护程度应不同于其他一般性生物遗传资源。

1. 社会发展下的粮食安全性

尽管粮农植物遗传资源作为遗传资源之一,但其却表现出与其他生物遗传资源所不同的特性,其中最为重要的即粮农植物遗传资源具有社会发展下的粮食安全性。世界人口正以迅猛的速度增长,粮农植物遗传资源对于满足人们的营养需求至关重要,[2] 粮农植物遗传资源的脆弱性甚至威胁到全球粮食安全。[3] 中国自古有谚语:"民以食为天。"农业的健康发展与粮食的充足,关系到一国人民的安定幸福与社会经济的良性发展,如果粮食资源匮乏、饿殍遍野,何谈社会发展,国家经济指标亦会止步不前;农业的健康发展与粮食的充足与国际社会的安定亦息息相关,粮食的短缺或可引起国际局势动

---

〔1〕 [英]杰罗德·莫尔、[加]维托尔德·提莫斯基:《〈粮食和农业植物遗传资源国际条约〉解释性指南》,王富有译,中国政法大学出版社 2011 年版,第 53 页。

〔2〕 Commission on Genetic Resources for Food and Agriculture, *The International Treaty on Plant Genetic Resources for Food and Agriculture*, (Aug. 14, 2020), http://www.fao.org/ag/cgrfa/itpgr.htm.

〔3〕 United Nations Conference on Trade and Development, *New Treaty Preserves Global Food Security and Strengthens Farmers' Rights: UNCTAD Meeting Discusses Implications*, (Aug. 14, 2020), http://r0.unctad.org/trade_env/test1/meetings/plants/pressrelease2itpgrfa.doc.

荡不安。同时,保障人民的基本温饱不仅是政府的基本职责,亦是国家长治久安的基础;保证人类的健康与生命安全同时也是国际人权保护的基本要求。而农业健康发展和粮食充足与否与粮农植物遗传资源的利用和可持续发展又紧密相连,因此,粮农植物遗传资源表现出其他生物遗传资源所不具有的粮食安全性。历史上,与粮农植物遗传资源粮食安全性特性相关的事例屡见不鲜,其中受灾程度最严重、波及面最广的是发生于 1845 年的爱尔兰大饥荒事件,[1]除却政府不作为及相关社会原因,其主要原因是作为爱尔兰主要粮食来源的马铃薯品种单一。同样,黄豆是墨西哥农民世代培育的粮食作物,也是墨西哥的主要粮食来源之一,但在 Enola 黄豆案中却因拉里·普罗克特二次育种后所申请的知识产权而造成相关农民在种植黄豆时不得不付出额外的成本,威胁到全体墨西哥人民的生命与粮食安全。在国际社会上,类似这种因粮农种植资源单一而出现粮食安全性问题的事例并不在少数。因此,与其他遗传资源相比,粮农植物遗传资源具有社会发展下的粮食安全性。

2. 区域间的种质高依存性

与其他生物遗传资源相比,粮农植物遗传资源亦表现出区域间的种质高依存性特征。在生物链的基本结构中,生物遗传资源或多

---

〔1〕 爱尔兰大饥荒,又称“马铃薯饥荒”,发生于 1845 ~ 1850 年,五年间,爱尔兰因此饿死、病死且迁移的人口不下一百万,占爱尔兰人口的四分之一。主要是由于爱尔兰人赖以生存的马铃薯作物产生了致病疫霉菌的卵菌而造成马铃薯大量腐烂,政府的不作为及种种社会与经济因素的叠加,使得马铃薯产量锐减,农民全无生计可言。在马铃薯的原产地南美地区,当地的印第安土著农民会刻意在同一田地中种植多种马铃薯,保证同田马铃薯的生物多样性以避免相关灾害的发生。但欧洲为了保证马铃薯的产量,在引进时单一地引进了产量最高的马铃薯品种,造成当地对单一品种马铃薯的过度依赖,以至于在相关灾害发生时无替代品种产量的保障。

或少展现出不同的依存性特征，但与其他生物遗传资源相比，粮农植物遗传资源区域间依存性更高，相关地区的粮农植物遗传资源依存度更是高达100%。粮农植物遗传资源委员会秘书阿尔·卡萨教授曾言，粮农植物遗传资源多样性不同于其他生物多样性，因为在当今世界，没有哪个国家能够完全实现粮农植物遗传资源的自给自足，各国间的重要农作物平均依存度为70%。[1] 相关数据显示，大多数地区的粮农植物遗传资源的依存度超过了50%，而中非达到了94%，印度洋国际粮农植物遗传资源的依存性高达近100%。[2] 相关机构调查发现，非洲撒哈拉相关地区对红薯、花生、玉米及豆类的区域依存性为50%，朝鲜、日本、韩国等东亚国家对稻谷、大豆等外来粮农植物遗传作物的依存性为30%，而我国更是高达55%。[3] 粮农植物遗传资源所展现出的高依存性特征，不仅意味着其对农业发展与粮食安全具有潜在影响，也说明粮农植物遗传资源相关遗传特性在原始亲本上具有难以追溯性。

3. 承继中的农民参与性

与其他生物遗传资源相比，农民参与性应是粮农植物遗传资源所展现出的最为核心的特征。在人类发展的历史进程中，多数优质

---

〔1〕 United Nations Conference on Trade and Development, *New Treaty Preserves Global Food Security and Strengthens Farmers' Rights: UNCTAD Meeting Discusses Implications*, (Aug. 14, 2020), http://r0.unctad.org/trade_env/test1/meetings/plants/pressrelease2itpgrfa.doc.

〔2〕 Chidi Oguamanam, *Agro – biodiversity and food security: Biotechnology and Traditional Agricultural Practices at the Periphery of International Intellectual Property Regime Complex*, 2007 Michigan State Law Review 215.

〔3〕 Ximena Flores Palacios, *Contribution to the Estimation of Countries/Interdependence in the Area of Plant Genetic Resources*, Background Study Paper *No.* 7, *Rev.* 1, in FAO (Aug. 14, 2020), https://agris.fao.org/agris – search.do? recordID = XF1998080691.

的粮农植物遗传资源得以延续与传承这离不开农民世世代代的辛苦培育与保存。长期以来,原产地中心与生物多样性中心的农民会对其种植的粮食种质进行精心挑选,在育种的过程中舍弃产量低的种质,并留下产量高的种质再次种植,以此完成对相关粮农植物遗传资源种质的遴选。或言之,农民在世世代代种质的培育过程中,会依据生态环境的反映对种质进行谨慎的选择,这是在自然界种质突变下作出的精心选择与安排。[1] 甚至可以说,失去了世代农民的选择与干预,大多数农作物与粮农植物遗传资源就无法生存并流传至今。[2] 在粮农植物遗传资源长期的育种过程中,农民群体势必会加入自己的体力以及脑力劳动,使相关粮农植物遗传种质在原有的遗传特性上产生出新型遗传特性,如抗涝、抗旱等。这些粮农植物遗传资源新型遗传特性的注入与农民长期以来的积极管理和挑选密不可分。这种在粮农植物遗传资源中注入农民群体脑力与体力劳动的筛选早在新石器时代便已有之。例如,大麦和小麦在近东地区被驯化,大米在东南亚被驯化,马铃薯在安第斯山脉被驯化,高粱在非洲被驯化,玉米在中美洲被驯化,这些曾经被视为有害的野外植物资源,相关地区的农民对其进行遴选以致其性质发生了实质性的改变。[3]

---

〔1〕 Chidi Oguamanam, *Agro – biodiversity and food security*: *Biotechnology and Traditional Agricultural Practices at the Periphery of International Intellectual Property Regime Complex*, 2007 Michigan State Law Review 215.

〔2〕 Michael Halewood & Kent Nnadozie, *Giving Priority to the Commons*, *The International Treaty on Plant Genetic Resources for Food and Agriculture*, in Geoff Tansey & Tasmin Rajotte, *The Future Control of Food*: *A Guide to International Negotiations and Rules on Intellectual Property*, *Biodiversity and Food Securit*, Earthscan, 2012.

〔3〕 Clive Stannard, *Agricultural Biological Diversity for Food Security*: *Shaping International Initiatives to Help Agriculture and The Environment*, 48 Howard Law Journal ,p. 397.

因此，与其他生物遗传资源相比，粮农植物遗传资源又表现出承继中的农民参与性这一特征。

综上而言，粮农植物遗传资源所展现出的不同于一般生物遗传资源的显著特征，是粮农植物遗传资源相关保护制度或理论构建中不可或缺的考量因素；同时，粮农植物遗传资源所展现出的这些特征，也间接宣示了对粮农植物遗传资源的保护不能仅仅依赖现有的法律制度保护模式。

（三）粮农植物遗传资源的特殊价值

粮农植物遗传资源不仅具有社会发展下的粮食安全性、区域间的种质高依存性、承继中的农民参与性等特殊属性，还具有一般生物资源所不具有的特殊价值，具体表现在：

1. 粮农植物遗传资源具有环境生态价值

生态价值是指生命现象与环境间相互满足与依赖的关系，[1]是人类社会发展客观需要在生态系统的主观价值反映。[2] 随着科技的发展，人类生存与发展的环境逐渐恶化，人们越来越关注环境的保护与环境可持续发展问题。与其他生物资源不同的是，粮农植物遗传资源具有较高的生态价值，且该生态价值不仅与生物多样性发展休戚相关，亦与人类社会可持续发展密不可分。粮农植物遗传资源作为生物多样性资源中的一种，对于生态环境的多样性保护亦有重要的意义，其生态价值不容忽视。关注粮农植物遗传资源的环境生态价值即关注粮农植物遗传资源与生物多样性间的关系。生态环境的良好与否决定了粮农植物遗传资源是丰富还是短缺，而粮农植物

---

〔1〕 胡安水：《生态价值的含义及其分类》，载《东岳论丛》2006年第2期。

〔2〕 程宝良、高丽：《论生态价值的实质》，载《生态经济》2006年第4期。

遗传资源的繁荣与多样又可以促进生物多样性与生态环境的可持续发展。相关生物多样性数据显示，人类已经发现的存在于全球的高等植物农作物为30余万种，但其中仅仅有150余种可被人类大面积耕作与栽培养殖，而在这150余种粮农作物中，全世界人类生存与发展赖以食用的作物仅有20余种。[1] 因此，粮农植物遗传资源的环境生态价值不仅关系到全球生物多样性，更是决定了人类社会的可持续发展脉络以及人类未来命运走向。

2. 粮农植物遗传资源具有工业药用价值

在生物遗传资源中，部分生物遗传资源是人类工业发展与医学技术进步的重要原料与来源。例如，相关植物遗传资源可以满足人类生产生活所需的原材料等，相关动物遗传资源可以为人类生产生活提供油脂、皮革、燃料等。从一般意义上来讲，粮农植物遗传资源确实关系到粮食的产量进而决定了人类的生存与发展命运，但是粮农植物遗传资源除却可以促进农业发展与保证粮食产量之外，还具有一定的工业与药用价值。例如，椰子虽然为人类日常的食物来源之一种，但是其也是工业纤维的重要来源；大蒜既为日常家用的辅味材料，同时也具有药用价值。[2] 相关统计数据显示，在全球15亿~150亿美元的药物市场规模中，植物性药物占据约20亿~61亿美元，而目前全世界临床使用的大部分药物，例如阿司匹林、可卡因、内洋地黄素等皆来自相关生物遗传资源。[3] 如果说粮农植物遗传资

---

〔1〕 戴陆园、游承俐等主编：《土著知识与农业生物多样性》，科学出版社2008年版，第99页。

〔2〕 Gregory Rose, *International Law of Sustainable Agriculture in The 21st Century: The International Treaty on Plant Genetic Resources for Food and Agriculture*, 15 Georgetown International Environmental Law Review, p. 583.

〔3〕 Dutfield G., *intellectual Property, Biogenetic Resources and Traditional Knowledge*, Earthscan, 2004.

源的生态环境价值为其直接价值，那么其工业与药用价值可被视为间接价值。

3. 粮农植物遗传资源具有国家战略价值

粮农植物遗传资源不仅具有重要的生态环境价值、工业药用价值，其与国家粮食战略亦息息相关。粮农植物遗传资源的丰富与多样，在一定程度上亦影响着国家粮食战略的走向。目前，我国粮食生产与供需正面临着严峻的挑战：城镇化发展促使农业劳动力向非农业劳动力的转换造成粮食生产劳动力短缺现象频发；随着人口数量逐渐增长，粮食产品的刚性需求与土地资源约束和短缺存在难以调和的结构性矛盾。国家主席习近平亦言，总体看，我国粮食安全基础仍不稳固，粮食安全形势依然险峻，什么时候都不能轻言粮食过关了。[1] 为了缓解粮食生产压力，促进我国社会主义建设的稳步发展，国家主席习近平提出了"以我为主、立足国内、确保产能、适度进口、科技支撑"的国家粮食战略方针。[2] 在国家粮食战略方针的背后，粮农植物遗传资源的作用不可小觑。其中，维护我国粮农植物遗传资源的多样性保存有利于"以我为主"国家粮食战略方针目标的实现，有利于实现掌握粮食生产主动权；保护我国粮农植物遗传资源的多样性发展，有利于"立足国内"国家粮食战略方针目标的实现，即把握粮食生产安全要求的实现；良好的利用我国粮农植物遗传资源的多样性，有利于我国粮食生产"确保产能"国家粮食战略方针目标的实现，并且在"适度进口"中增加谈判筹码；而开发我国粮农植物遗传资源多样性，则是我国粮食战略实现"科技支撑"的重要保障。就此

---

〔1〕参见中共中央文献研究室编：《十八大以来重要文献选编》（上），中央文献出版社 2014 年版，第 661 页。

〔2〕参见中共中央文献研究室编：《十八大以来重要文献选编》（上），中央文献出版社 2014 年版，第 660 页。

而言，粮农植物遗传资源的国家战略性价值对于我国粮食安全与粮食自主供应等方面亦具有重要意义。

二、粮农植物遗传资源在生物开发中所面临的现实问题

从粮农植物遗传资源的特殊属性上而言，其具有社会发展下的粮食安全性、区域间的种质高依存性、承继中的农民参与性；而从粮农植物遗传资源的特殊价值上来看，其又具有环境生态价值、工业药用价值、国家战略价值。从一定意义上说，粮农植物遗传资源可谓当今的“绿色黄金”。面对粮农植物遗传资源这一稀缺资源，资本嗅到了利益的气味，以发达国家为首的跨国生物公司以及相关生物研究机构开始以“生物剽窃”的方式在世界范围遍地搜寻粮农植物遗传资源这一“绿色黄金”，掀起一场粮农植物遗传资源的“生物圈地运动”。发达国家的跨国生物公司和相关机构采用研究合作、购买粮农植物遗传资源甚至是“偷窃”的方式，以廉价或者近乎无偿的方式获取发展中国家丰富的粮农植物遗传资源以完成其“圈地运动”，而后利用自己先进的生物技术开发出新的作物或药物，再申请育种者权等知识产权对其成果进行垄断性保护，并将此垄断性成果以专利技术以及专利产品的方式向发展中国家高价出售以获取高额利润。诸如此类“生物海盗”现象，在粮农植物遗传资源领域已屡见不鲜。

（一）“生物剽窃”的概念与特征

“生物剽窃”通常是指个人或者机构通过获取专利或者其他知识

产权的方式对农业和土著社区的遗传资源和传统知识进行垄断与挪用。[1] 这种生物遗传资源挪用与垄断行为也被称为"生物海盗""生物掠夺""生物盗版""生物勘探"等。根据学者们的定义,"生物海盗"是指未经许可从发展中国家提取生物资源以及与该资源相关的传统知识,或者指获得了以这些知识或资源为基础的"发明"的专利权但未给予补偿;[2]"生物掠夺"是指未加补偿的商业化利用发展中国家的生物资源或者相关的传统知识,以及为基于这些知识或者资源的所谓发明办理专利这类行为;[3]"生物盗版"是指某些公司在未经传统知识持有人同意的前提下,利用先进技术开发传统知识并从中谋取利润的行为;[4]"生物勘探"主要是指为了科学研究或者农业化工、医药等领域产品的开发、采集、筛选植物或者其他生物原材料以及相关传统知识,实验分离出有用基因的行为。[5] 其中,除却"生物勘探"的界定更近乎一种合法行为外,"生物海盗""生物剽窃""生物掠夺""生物盗版"概念的界定要素几乎一致,基本涉及遗传资源与传统知识、未经同意、垄断行为等。因此,这些概念间的最大差异仅仅是名词称呼上的差异。现在已有学者对上述名词称呼的差异进行了分析,并得出"生物剽窃"是表达"最为贴切的一种称呼",[6]笔

---

〔1〕 ETC Group, *Patents & Biopiracy*, (Aug. 15, 2020), http://www.etcgroup.org/issues/patents-biopiracy.

〔2〕 Graham Dutfield, *Intellectual Property, Biogenetic Resourcesand Traditional Knowledge*, Earthscan, 2004.

〔3〕 姚维保、韦景竹:《中国生物多样性非原生境保护问题与对策研究》,载《科学管理研究》2006 年第 5 期。

〔4〕 甄思圆、李海燕、刘扬:《国际传统知识保护模式分析及对我国中医药传统知识保护的启示》,载《中国中医药图书情报杂志》2018 年第 4 期。

〔5〕 胡婧:《印度传统医药知识产权保护对我国的启示》,载《中华中医药杂志》2016 年第 11 期。

〔6〕 钭晓东等:《遗传资源知识产权法律问题研究》,法律出版社 2016 年版,第 18 页。

者对此表示赞同。毕竟,“海盗”与“掠夺”政治意味强烈,而“盗版”以版权为前提。[1] 反观“剽窃”,其政治意味并不强烈,并且“并非所有的剽窃都是侵犯了版权,也并非所有侵犯版权的行为都是剽窃”,[2]“剽窃”一词既具有一定法律属性,又不拘泥于以版权存在为前提。因此,未经原产地与生物多样性中心的农民同意,将相关个人抑或机构对粮农植物遗传资源及传统知识的不正当获取与利用行为称为“生物剽窃”更为合适。粮农植物遗传资源下的“生物剽窃”行为有以下几个特征:

首先,“生物剽窃”行为未经粮农植物遗传资源所属国与原产地中心及生物多样性中心的农民同意。我们之所以将相关使用人对粮农植物遗传资源的获取行为称为“剽窃”,其根本原因即在于相关使用人对粮农植物遗传资源的开发、使用与研究未经原产地中心与生物多样性中心粮农植物遗传资源持有者的同意。这种“生物剽窃”行为至少对粮农植物遗传资源之上的两项权利视而不见:其一,国家对粮农植物遗传资源的主权。国家对其范围内的粮农植物遗传资源享有主权是由 CBD 与 ITPGR 所一致确认的,[3] 由此则“生物剽窃”行为未经粮农植物遗传资源所属国同意。其二,原产地与生物多样性中心及其农民对粮农植物遗传资源的所有权或产权。在粮农植物遗传资源的产权归属上尚存争议,尽管学界对于遗传资源主体的争论

---

〔1〕 钭晓东等:《遗传资源知识产权法律问题研究》,法律出版社 2016 年版,第 18 页。

〔2〕 [美]理查德·波斯纳:《论剽窃》,沈明译,北京大学出版社 2010 年版,第 16 页。

〔3〕 其中 CBD 在其序言中明确写道,重申各国对它自己的生物资源拥有主权权利,而 ITPGR 则在其序言中对国家对粮农植物遗传资源主权进行再次确认,即认识到各国在行使对其粮食和农业植物遗传资源的主权时,可以从建立一个有效多边系统中共同受益,该系统便于商定资源的获取,以及公平合理分享因其利用而产生的利益。

有复合主体说与单一主体说之争，但从 ITPGR 条约对“农民权”的确认与强调来看，[1]在粮农植物遗传资源之上，农民群体至少对其所持有的粮农植物遗传资源具有获得某种产权的可能性。当然，ITPGR 第 9.1 条与第 9.2 条的规定并不能全然解释为农民对粮农植物遗传资源享有所有权（下文将会作出进一步分析），但“生物剽窃”行为至少表现出未经原产地中心与生物多样性中心的农民同意这一行为特征。

其次，“生物剽窃”行为多以申请垄断权为主要手段。粮农植物遗传资源使用人在“剽窃”相关粮农植物遗传资源之后，一般会以相关知识产权申请的方式对粮农植物遗传资源进行垄断。其所申请的知识产权主要为两种：专利权和植物新品种权，而具体申请为专利权抑或是植物新品种权则由于国家间不同的知识产权立法制度而存在差别。但无论是以专利权还是以植物新品种权对粮农植物遗传资源进行垄断，都会对原产地与生物多样性中心的农民后续保存与利用粮农植物遗传资源产生限制。在国际社会中，这样的例子屡见不鲜。印度香米作为市场中常见的长粒米品种，以其独特的香气和口味闻名于世，其也是印度重要的粮农植物遗传资源之一。而在众多的印度香米中，产量最高、米质最好的要数巴斯马缇地区。印度香米，尤其是巴斯马缇米在全球范围内的热销，引起了相关生物科技公司的注意。1997 年，开发商利塞泰克公司在巴斯马缇米的基础上培育出了相关稻米品种，该品种可以具有巴斯马缇米的独特香味与特征却不必在巴斯马缇地区进行种植，并且利塞泰克公司还就该品种在美

[1] 即各缔约方承认世界各地区的当地社区和农民以及土著社区和农民，尤其是原产地中心和生物多样性中心的农民，对构成全世界粮食和农业生产基础的植物遗传资源的保存及开发已经作出并将继续作出的巨大贡献。

国进行了专利申请并获批。[1] 利塞泰克公司声称，其所开发的水稻品种在遗传基因上要优于印度香米菌株，具体表现在其水稻品种不仅产量更高，而且还具有光周期不敏感性以及优良的淀粉着色特性。[2] 尽管印度政府认为利塞泰克公司的专利特性涵盖了印度香米的所有特征，对该专利提出了质疑，美国专利商标局也对利塞泰克公司的专利范围作出了一定的限制，但利塞泰克公司仍对其已经开发的部分新品种享有一定的专利权。[3] 前文所提及的墨西哥黄豆也是“生物海盗”掠夺的典型案例之一。墨西哥当地农民经常种植一种咖啡豆质类农作物，并用于自己的日常食用以及商业销售。为了保护这种豆质类农产品，当地农民于 1978 年在墨西哥锡那罗亚进行注册，并命名为“玛雅科巴”。科罗拉多州的拉里·普罗科特在偶然的机会下遇到了玛雅科巴咖啡豆，他对该种咖啡豆进行了改良，使豆子常年呈现出黄色。随后拉里·普罗科特将其改良的豆类品种以自己妻子的名字“伊诺拉”命名。[4] 拉里·普罗科特在美国对其改良的 Enola 豆申请了专利，并最终获得了专利授权。拉里·普罗科特在获得 Enola 豆的专利后，试图阻止墨西哥农民在未付专利费的情况下将 Mayacoba 豆进口到美国。于是，墨西哥当地的农业协会以缺乏新颖性为由，向美国专利商标局提出重新审查拉里·普罗科特 Enola

---

〔1〕 U. S. Patent No. 5,663,484.

〔2〕 Philip Schuler, *Biopiracy and Commercialization of Ethnobotanical Knowledge*, in J. Michael Finger & Philip Schuler eds, Poor People's Knowledge: Promoting Intellectual Property in Developing Countries, World Bank, 2004, p. 172.

〔3〕 Philip Schuler, Biopiracy and Commercialization of Ethnobotanical Knowledge, in J. Michael Finger & Philip Schuler eds, Poor People's Knowledge: Promoting Intellectual Property in Developing Countries, World Bank, 2004, p. 175.

〔4〕 Philip Schuler, Biopiracy and Commercialization of Ethnobotanical Knowledge, in J. Michael Finger & Philip Schuler eds, Poor People's Knowledge: Promoting Intellectual Property in Developing Countries, World Bank, 2004, p. 172.

豆的专利申请。尽管美国专利商标局最终重新审查了 Enola 豆专利，并由美国联邦巡回上诉法院裁定该专利无效，但这一过程长达九年，严重影响了墨西哥当地农民的生产与销售。[1]

最后，"生物剽窃"行为下的商业化利用未与粮农植物遗传资源拥有者进行惠益分享。在未经原产地与生物多样性中心的农民同意的情况下，粮农植物遗传资源使用者对粮农植物遗传资源的使用已然是一种"剽窃"行为，但这种"剽窃"行为的根本目的在于追逐粮农植物遗传资源所带来的经济价值。粮农植物遗传资源被资本视为"绿色黄金"，原因就在于对其开发利用可以带来巨大的资本财富。然而，在无利而不往的资本角逐中，"生物剽窃"行为下的粮农植物遗传资源使用者并不会为原产地与生物多样性中心的农民分一杯羹。典型的案例，如美国礼来制药公司案。研究人员在马达加斯加地区的热带雨林中发现了一种具有独特遗传性状的长春花植物，其具有治疗癌症的药用效果。于是礼来制药公司便将这种长春花植物开发成药物，并获得了巨额利润。然而事后礼来制药公司却并未将其获得的巨大利润与马达加斯加地区的相关遗传资源输出者进行惠益分享。[2] "生物剽窃"行为下的商业化利用者未与粮农植物遗传资源拥有者惠益分享的这一状况已经受到国际社会的关注，ITPGR 即是

---

〔1〕 Philip Schuler, Biopiracy and Commercialization of Ethnobotanical Knowledge, in J. Michael Finger & Philip Schuler eds, Poor People's Knowledge: Promoting Intellectual Property in Developing Countries, 2004, p. 159, p. 175.

〔2〕 J. Rifkin, *The Biotecb Century: Harnessing the Gene and Remarking the World*, BigApple Tuttle – Mori Agency, Inc. 转引自钭晓东等：《遗传资源知识产权法律问题研究》，法律出版社 2016 年版，第 25 页。

对这一行为最有利的反击。[1] ITPGR 虽然创立了多边系统对商业化利用粮农植物遗传资源所带来的惠益进行分享,但是其所创制的多边系统也存在一定的不足之处,这将在后文展开探讨。

(二)粮农植物遗传资源"生物剽窃"现象出现的原因

粮农植物遗传资源领域"生物剽窃"现象的出现,不仅与粮农植物遗传资源本身的经济价值相关,亦与发展中国家和发达国家对粮农植物遗传资源的文化认识差异以及粮农植物遗传资源相关理论与制度缺失有关。

1. 发展中国家与发达国家对粮农植物遗传资源的文化认识差异

在现代生物技术开发中,我们之所以将个人或者机构通过获取专利或者其他知识产权的方式对农业和土著社区的遗传资源和传统知识进行垄断与挪用的行为称为"剽窃",一方面是因为发展中国家与发达国家对粮农植物遗传资源及传统知识的认识差异。西方专利制度认为遗传资源包括粮农植物遗传资源及其传统文化知识是在公共领域发生的,因此公众可以自由使用;而对于发展中国家来说,遗传资源与其传统文化知识则更具共同遗产属性。[2] 发达国家的相关垄断制度更加剧了粮农植物遗传资源之上的矛盾,这也是发达国

---

〔1〕 ITPGR 序言中提到,还确认本条约中承认的保存、利用、交换及出售农场保存的种子和其他繁殖材料的权利和参与利用粮食和农业植物遗传资源的决策及参与公平合理分享这种利用所产生利益的权利,是实现农民权利的根本,也是在国家和国际一级促进农民权利的根本;并且 ITPGR 以其所创立的粮农植物遗传资源多边系统对这种商业化利用粮农植物遗传资源所产生的惠益进行分享,即可以从建立一个有效多边系统中共同受益,该系统便于商定资源的获取,以及公平合理分享因其利用而产生的利益。

〔2〕 Ryann Beck, *Farmers' Rights and Open Source Licensing*, 1 Arizona Journal of Environmental Law & Policy 167, 173 (2010).

家与发展中国家在粮农植物遗传资源领域产生冲突的根源所在。相关个人或机构利用现代生物技术对原产地的粮农植物遗传资源进行开发后，以专利等垄断权利对其开发成果进行保护，但却并未考虑发展中国家对其境内粮农植物遗传资源的主权，也干扰了发展中国家相关原产地的农民对自己作物进行保存与改良。从一定意义上来说，文化认知差异下对粮农植物遗传资源的不同态度，一定程度上造成"生物剽窃"现象的产生。

2. 粮农植物遗传资源权属界定不清

发展中国家与发达国家在粮农植物遗传资源上产生文化认知的差异，深层次的原因在于，目前并未对粮农植物遗传资源相关产权主体进行明确的界定。尽管 CBD 与 ITPGR 确认了粮农植物遗传资源的国家主权属性，但是在具体的市场交易中，国家却不能成为普遍的市场交易主体对粮农植物遗传资源的获取与交易进行当然的干涉。这就一如领土与领空同样具有国家主权属性，但是国家却无权阻止个体去踩踏土地或呼吸空气。因此，在市场经济体制下，粮农植物遗传资源的国家主权属性对于市场交易行为实际上仅仅具有宣示效果，只有进一步确定粮农植物遗传资源产权主体，方能在市场交易中落实粮农植物遗传资源利用上的事前知情同意与事后获益分享。

3. 粮农植物遗传资源保护制度的缺失

在现代生物技术开发利用中，之所以在粮农植物遗传资源之上产生大量的"生物剽窃"现象，最核心的原因应是粮农植物遗传资源保护制度的缺失。尽管 ITPGR 的缔结为原生境粮农植物遗传资源之上建立了农民权进行保护，但"农民权"本身就是一个模糊概念，而且其相应的理论体系与权利体系也并不完善，这也造成农民权权虽立，但并不能对原生境粮农植物遗传资源提供有效保护；同时，ITPGR 也创新地为粮农植物遗传资源构建了粮农植物遗传资源多边保护系统,但是粮农植物遗传资源多边保护系统的范围却仅仅限于 ITPPGR 附件一中缔约国所控制或处于公有领域的粮农植物遗传资源,而造成其他粮农植物遗传资源,比如原生境粮农植物遗传资源保护的不能。综合而言,粮农植物遗传资源保护制度的不健全、不完善,使得现代生物技术开发利用中的"生物剽窃"现象日益猖獗。

第二节　粮农植物遗传资源保护呼吁下的农民权及其问题

上文已述,粮农植物遗传资源具有特殊的属性与价值,但是囿于发展中国家与发达国家对粮农植物遗传资源的文化认识差异、粮农植物遗传资源权属界定不清以及粮农植物遗传资源保护制度的缺失,粮农植物遗传资源领域的"生物剽窃"活动日益加剧,因此国际上对粮农植物遗传资源保护的呼吁声越来越强烈。FAO 适时地组织国际社会各个国家在粮农植物遗传资源之上所缔结的 ITPGR 就是对粮农植物遗传资源保护呼吁的回应。ITPGR 提出的农民权是承认原产地与生物多样性中心的农民在粮农植物遗传资源之上的贡献并保障其继续贡献的权利,但农民权理论本身却存在诸多的法律问题,包括但不限于在农民权的权利属性上存在争议、对农民权的权利构成并未有清晰的规定,并未建立起实现农民权的法律框架,而使农民权流于形式。

一、粮农植物遗传资源保护呼吁下农民权的产生及发展

所谓农民权,并非民法意义上农民的权利,亦非宪法范畴中农民的特权,而特指对原产地与生物多样性中心的农民在粮农植物遗传资源上所做出的体力劳动与脑力劳动的肯定以及其在粮农植物遗传

资源上的相关权利。概念的形成是一个长期积淀的过程，同样，农民权的概念也非一蹴而就的，而是在多方面因素的综合作用下形成的。“在法律概念的形成中，历史分析是必不可少的，概念作为一个独立物形成之后，人们的使用会成为一种传统，久而久之，便忘却了其形成背景。”〔1〕因此，要清楚农民权的概念，彻析农民权理论，知晓农民权理论根本矛盾所在，就需要对农民权的概念、理论发展及历史发展有所了解。在农民权概念的形成过程中，联合国环境规划署、FAO 等联合国相关组织发挥了巨大推动作用，在这些组织的推动下，在一次次剑拔弩张的利益谈判与智慧交锋中，农民权概念的不断扩充，农民权理论逐渐成型。因此，笔者将以粮农植物遗传资源相关会议与事件为索引，对农民权概念及其理论发展的历史进行呈现。

（一）农民权理论的萌芽

1979 年，在 FAO 内部一场围绕植物遗传资源的投入和产出双方所获利益不对称的争论中，农民权被首次提出。印度学者斯瓦米纳坦认为，要采取有效措施以保障对曾为粮食遗传资源保存与发展做出过贡献的农民与社区的利益。借此发展中国家首次提出了对抗发达国家生物技术提供者在惠益分享上的优势和保护本国植物遗传资源的农民权主张，〔2〕农民权“初露头角”。但是本次会中发展中国家只表达了一种关于农民权的诉求，对农民权的概念、内容、性质等都未提及。此后，FAO 组织召开的几次会议对农民权都有所提及，这个阶段是农民权迅速萌芽的阶段。尤其是 1987 年联合国相关部门的

---

〔1〕 李琛：《论知识产权法的体系化》，北京大学出版社 2005 年版，第 52 页。

〔2〕 史学瀛、胡熙龙：《国际公约背景下我国农民权实现的对策分析》，载《农业环境与发展》2012 年第 4 期。

几次会议对于农民权的讨论及重视奠定了农民权概念及理论迅速发展的步调。[1] 1989 年 FAO 第二十五届大会通过的第 4/89 号决议明确提出了农民权,并承认各个地区的种植者在植物遗传资源保护与开发方面做出的巨大贡献构成了全球植物生产的基础;[2]第 5/89 号决议对农民权进行初步界定,即农民权一方面来自农民,尤其是原产地中心和生物多样性中心的农民,需要保留对植物遗传资源进行改善的权利,这些权利应当由国际共同体进行保护,确保所有农民的合法利益不受侵犯,并且为农民做出贡献提供支持。[3] 从 FAO 的第 4/89、5/89 号决议中我们可以初步看出,其将农民权的权利主体定位为国际共同体,而将农民权的权利客体定位为粮农植物遗传资源。可以说 FAO 第二十五届大会是具有里程碑意义的会议,但是发达国家出于保护自己既得利益的考虑,最终形成的决议仅仅是没有实质性价值的关于农民权的框架性的定义,对农民权的性质、主体、客体和实现等要素都未达成一致,也未能写进决议,但是仍然不能否认这次会议具有里程碑意义;随后,FAO 第二十六届大会第 3/91 号

---

[1] 粮农组织植物遗传资源委员会工作组第一次会议主要讨论了建立植物遗传资源国际基金的可行性,并在强调育种权利实现时顺带提及农民权问题,但对农民权的讨论深度仍然停留在 1979 年内部讨论层面。1987 年的第二次委员会议将"农民权"作为三大讨论项目之一,在报告第 37 ~ 42 段展现了对农民权讨论之激烈。报告第三章专门针对农民权,首次以文本形式承认了农民在现代商业化植物品种繁殖中对于植物品种的改良和贡献,然而这次会议工作组却没有给农民权作出明确的定义,但各国代表团及工作组都积极推动秘书处尽快对其进行明确定义。这两次会议详情参见联合国粮食及农业组织官网,http://www.fao.org/cgrfa/meetings/detail/en/c/1111323/。

[2] 第 4/98 号决议提出,植物遗传资源是人类的共同遗产,但应当考虑子孙后代的利益,一些国家并未遵守这一原则,但是承认农民权和育种者权将会克服这些不足。同时,在解释中也承认农民的巨大贡献。参见联合国粮食及农业组织官网,http://www.fao.org/cgrfa/meetings/detail/en/c/1111366/。

[3] FAO, *Report of the Conference of FAO Twenty - Fifth Session*, (Aug. 20,2020), http://www.fao.org/3/x5588E/x5588E00.htm.

决议中,超过170个国家一致赞同国家享有自己植物基因资源的主权权利,并认为农民权应通过建立国际植物遗传资源专项基金加以实现,[1]这为CBD中植物遗传资源国家主权原则的确立作了良好的铺垫。由此,对农民权已经从概念层面的讨论上升到了对权利主体和实现方式层面的探究。

(二)农民权理论的发展

1992年在巴西首都里约热内卢签订了CBD,这是世界上关于生物资源保护与可持续利用的第一个具有约束力的国际协定。CBD确认了遗传资源的国家主权原则并同时强调需迫切解决农民权问题,[2]此为首次以法律条约的形式对遗传资源国家主权原则进行肯定,为后来农民权的实现提供了坚实的保障和前提。农民权概念及理论已经从萌芽逐渐走向发展。1992年联合国环境与发展大会通过的《21世纪议程》(Agenda 21)对农民权实现的强调更进一步加快了农民权实现的步伐。[3] 此后,FAO对CBD和《21世纪议程》积极作出回应,1993年FAO组织召开了第二十七届大会并通过了第7/93号决议。第7/93号决议请求联合国粮农组织总干事搭建一个政府间谈判的论坛,以供各国政府就下列问题展开谈判:(1)为寻求与

---

〔1〕在粮农组织大会第二十六届会议期间,有超过170个国家一致赞成国家对自己的植物遗传资源有主权权利;育种线和农民育种材料只有在开发者细致考虑后才能决定是否应用;国际基金和其他资金机制资源应建立在公正和透明的基础上等内容。参见联合国粮食及农业组织官网,http://www.fao.org/docrep/X0255E/x0255e03.htm#P29_4338。

〔2〕王镥权、赵富伟、臧春鑫:《我国履行〈名古屋议定书〉的挑战与对策——兼谈对农业遗传资源获取和利用的影响》,载《农林经济管理学报》2017年第4期。

〔3〕FAO, *Agenda 21*, (Aug. 20, 2020), http//www.fao.org/docs/eims/upload/230148/WSSD01_en.pdf.

CBD 的协调而修改《植物遗传资源国际约定》(International Undertaking on Plant Genetie Resourees,以下简称 IUPGR);(2) 考虑在共同商定条件下获取植物遗传资源，包括 CBD 未解决的非原生境收集品的问题；(3)农民权的实现问题。[1] 1996 年,FAO 在德国莱比锡召开植物遗传资源技术大会,与会的 158 个国家的代表共同签署了《莱比锡宣言》,把在国际、区域和国家层面上实现农民权,促进植物遗传资源利益的公平分享作为一个长期目标。[2] 由此可见,农民权已经从稚嫩逐渐走向成熟,并越来越受到国际社会和各个国家的重视。

在 FAO 的组织下,发展中国家与发达国家又经历了漫长的国际谈判,最终于 2001 年达成了 ITPGR。ITPGR 替代了原来的 IUPGR 明确承认并强调保护农民在植物遗传资源方面的贡献。ITPGR 序言对农民在粮农植物遗传资源上所做出的贡献进行了确认,[3]并且于第 9.1 条进一步进行强调;[4]同时,ITPGR 第 9.2 条也首次明确了农民权的权利内容要素。[5] 与 FAO 第二十五届大会第 5/89 号决议相比,ITPGR 更加明确地阐述了农民权的权利要素,同时,亦没有将国际共同体视作农民权的权利主体。这主要是因为国际共同体的权

---

[1] 张小勇:《论遗传资源的获取和惠益分享的产生》,载《中国青年政治学院学报》2007 年第 2 期。

[2] FAO, *Draft of the "Leipzig Declaration"*, (Aug. 20, 2020), http://www.fao.org/cgrfa/meetings/detail/en/c/1111687/.

[3] 即签署协议的各方应当对农民在植物遗传资源开发与保护过程中所做出的巨大贡献予以承认和认可。

[4] ITPGR 第 9.1 条规定,各缔约方承认世界各地区的当地社区和农民以及土著社区和农民,尤其是原产地中心和作物多样性中心的农民,对构成全世界粮食和农业生产基础的植物遗传资源的保存及开发已经做出并将继续做出的巨大贡献。

[5] 农民权的权利内容要素包含三个方面:保护与粮农植物遗传资源相关的传统知识的权利,公平地惠益分享粮农植物遗传资源所带来的利益的权利,以及在国家范围内参与和粮农植物遗传资源保存及可持续发展相关事项决策的权利。

利主体地位并没有在世界范围内得到认可，而且与遗传资源国家主权属性相对立。然而 ITPGR 仍然没有明确农民权的权利属性，而是放归国内立法进一步加以处理。即"所有签署协议的国家都同意将粮农植物遗传资源有关的落实责任下放至各国政府，各国政府根据国家法律的规定对农民权利进行保护"。[1]

（三）农民权理论的演进

2009 年 FAO 通过第 18/2009 号决议，决议强调在 CBD 的获取和惠益分享制度谈判的背景下，粮农植物遗传资源具有特殊性质，同时强调了包括农民、牧民、土著居民与相关利益者合作对实现植物遗传资源可以持续利用和贡献的重要性。[2] 该决议，对农民权客体即粮农植物遗传资源的属性有所提及，但是对农民权的性质却未提及，只是强调粮农植物遗传资源的可持续利用与发展需要多方主体的共同努力。此后的会议及报告的争论焦点往往在于农民权的实现和发展，对农民权的性质却一直未明确提及和界定。例如，2011 年粮农组织理事会通过的第二份《世界粮食及农业植物遗传状况》报告，在不断肯定农民权的同时，更多的是倡导各国对农民权的落实和实现，以更好地公平且可持续地利用粮农植物遗传资源。[3] 2013 年，FAO 在 CGRFA - 14/13 报告中继续强调了农民在植物遗传资源保护和开

---

〔1〕 FAO, *International Treaty on Plant Genetic Resources for Food and Agriculture*, (Aug. 20, 2020), http://www.fao.org/3/i0510e/i0510e00.htm.

〔2〕 FAO, *Policies and arrangements for Access and Benefit - sharing for Genetic Resources for Food and Agriculture*, (Aug. 20, 2020), http://www.fao.org/tempref/docrep/fao/meeting/017/k6123e.pdf.

〔3〕 FAO, *Second Global Plan of Action for Plant Genetic Resources for Food and Agriculture*, (Aug. 20, 2020), http://www.fao.org/docrep/015/i2624e/i2624e00.pdf.

发中的重要作用,呼吁各国为农民保护和开发粮农植物遗传资源这一权利的行使提供保障。[1] 而 2019 年 FAO 第十七届例会中,FAO 委员会批准了《保护和可持续利用农民品种和地方品种自愿准则草案》,并进一步强调与完善了粮农植物遗传资源基因库标准,这也代表着在多边系统下实现农民权又向前迈进了一步。[2]

利益争执中不断更新的条约与协定史似乎是农民权历史的真实写照。农民权之提出,无疑表达了发展中国家要求保护粮农植物遗传资源所产生的惠益的强烈愿望;农民权之确立,正是国际社会对广大农民群体在粮农植物遗传资源保护和开发上所享有的权利处于缺失状态的呼吁;农民权的不断发展,则表达了其自身的合理性与适时性,以及国际社会对其的认可。时至今日,农民权已经从最初的设想,具化为了具有概念和内容要素的实体权利,在被广泛认可的同时,也因规制于条约中而具有一定约束力。但是农民权的性质,权利构成及实现模式等依旧模糊,需要作进一步的探究。

二、农民权理论中的法律问题

在粮农植物遗传资源之上,尽管 ITPGR 提出和承认了农民权,但是却将农民权的立法任务交付给了各缔约国。虽然相关国家对农民权进行了一定的立法实践,但至今,对于农民权的法律属性、农民权权利构成却一直存在争议,这也一直制约着农民权的发展和实现。

---

〔1〕 FAO, *CGRFA - 14/13/Report*, (Aug. 20, 2020), http://www.fao.org/cgrfa/meetings/detail/en/c/1113272/.

〔2〕 FAO, *Seventeenth Regular Session*, (Aug. 20, 2020), http://www.fao.org/cgrfa/meetings/detail/en/c/1153541/.

(一)有关农民权权利属性的争议

对农民权权利属性的确定涉及原生境下的粮农植物遗传资源该处于何种法律关系之中,以及应由何种法律体系保护。最初,发达国家甚至并不认为农民权可以被称为权利,而仅仅为ITPGR的一种政治回应。但事实并非如此。一方面,现代生物技术尚未成熟,人类并没有认识到粮农植物遗传资源的真正价值所在,仅仅认为其具有一定的生态价值,此时国际社会上各个国家或者生物科技公司并未将粮农植物遗传资源视为具有经济价值的物品,其上并不存在利益博弈。而随着现代生物技术逐渐成熟,粮农植物遗传资源之上的经济价值逐渐被发掘出来,甚至超越了其本身的生态价值,而具有了"稀有"属性。而稀缺性与价值性的兼具使得粮农植物遗传资源天然地满足了权利客体的基本要求。另一方面,ITPGR作为一项国际公约本身即具有国际法律属性,其提出农民权,是为了肯定农民在保护和开发粮农植物遗传资源上所做出的贡献,根本目的是保护原产地中心与生物多样性中心的农民的利益。粮农植物遗传资源在其本身的稀缺性、价值性基础上又负载了原产地中心与生物多样性中心农民的利益,同时鉴于ITPGR的国际法属性,ITPGR所提出的以粮农植物遗传资源为客体的农民权应当是一种法律权利。

随着粮农植物遗传资源自身经济价值以及对世界粮食安全重要性的不断凸显,学界对农民权的权利属性的探究逐渐从政治道义说转向法律属性说的视角,进而提出农民权的物权本质说、人权本质说、特别权利说等相关学说。其中,物权本质说认为,应将粮农植物遗传资源视为一种民法意义上的有形物,从而适用物权理论保护遗传资源和传统知识的物权利益,故农民权实际上为一种物权。人权本质说认为"生物剽窃"行为使农民的基本人权得不到维护,应当保障原产地中心和生物多样性中心农民的生产生活条件不受侵犯，维持他们的正常生存环境及生产方式，将土地资源合理予以分配和利用，保障农民社区的聚居自由和留种的权利等，因而从本质上说农民权应当是一种人权。特别权利说的提出，是为了解决与土著居民相关的历史遗留问题和科技发展带来的问题而作出的制度变革。在特别权利体系下，农民权主体既可以以“原子式”的个人为权利主体，又可以以“整体式”的社区为权利主体，农民权是农民群体智慧的结晶，是一种集体性权利，符合特别权利可以调整的主体范围；同时，就权利客体而言，特别权利包括具有创造性的智力劳动成果（如植物新品种）和不具有创造性的非知识产品（如非独创性数据库），无论农民权客体是否具有创造性，都不会成为将农民权视为特别权利的障碍；且特别权利的权利内容包含事前知情同意等，符合农民权的需要。因而，农民权应当是一种特别权利。这些争议与学说都反映了农民权急需保护的现实，但这些学说并不能适应农民权之特性或者说不能对农民权进行有效的保护。农民权的物权本质说并不能对粮农植物遗传信息进行有效的保护，粮农植物遗传信息实质上是农民权真正的权利客体。人权具有普遍性，粮农植物遗传资源及相关传统知识的保存及可持续发展与人类社会的发展息息相关，牵涉到全人类共同的利益；分享与粮农植物遗传资源相关惠益以及参与粮农植物遗传资源相关决策，体现了人权中共同道德理念下的公平公正以及对农民群体人格利益的尊重。从一定意义上来说，ITPGR 对农民权的确立确实具有的一定的人权意义，促使农民相关的权利从应有人权迈向了法定人权，然而仅仅将农民权限定为人权并不能促使农民权最终走向现实人权。而农民权特别权利说本身就是一个处于争议的权利体系构架学说，学说在学理上尚不成熟，又怎么可能为农民权的实现提供良好的法律供给与保障？因此，有关农民权权利属性的争议在一定程度上制约着农民权的实现,对农民权权利属性的探究迫在眉睫。

(二)农民权权利构成中的问题

权利的结构要素包括权利客体、权利主体、权利内容三个部分。其中,权利客体是权利最为重要之要素,权利客体是区分权利的主要依据,亦是权利主体与权利内容的重要指向;同时,权利客体在一定程度上对权利之性质亦有决定作用。目前,对农民权的权利客体尚未有清晰的界定。根据粮农植物遗传资源保存方式的不同,ITPGR 第 2 条术语界定中,对粮农植物遗传资源的原生境保存和非原生境保存进行了区分。其中,原生境保存的粮农植物遗传资源,是指处于自然生态环境与生态原境保存状态的粮农植物遗传资源以及粮农植物遗传物种可存活群在自然环境中的保持与复原;非原生境保存的粮农植物遗传资源,是指粮农植物遗传资源除自然生态环境外的保存。原生境下粮农植物遗传资源当然属于农民权之客体,但对非原生境保存下的粮农植物遗传资源是否属于农民权的客体范畴则一直存有争议。同时,根据 ITPGR 第 2 条的界定,粮农植物遗传资源系指对粮食和农业具有实际价值或潜在价值的植物遗传材料。ITPGR 将对遗传资源的界定停留在"遗传功能单位"上。发展中国家与发达国家的利益立场不同,因此在"遗传功能单位"材料的范畴界定上存在不同的主张。发达国家通常认为遗传功能单位材料仅指基因;而发展中国家则认为遗传功能单位材料除了包含基因之外,还应包括含有遗传功能单位的生物化合物,虽不含遗传功能单位但保留相关遗传信息的核糖核酸(Ribonucleic Acid,以下简称 RNA)、蛋白质、酶,以及不含有遗传功能单位的由细胞新陈代谢产生的天然的生物化合物,发展中国家的遗传资源范畴类别主张常被统称为"衍生物"。因此农民权客体是否包含粮农植物遗传资源衍生物是一个尚存争议的问题。同时,作为农民权客体的粮农植物遗传资源实质上是一项"一体两面"的双属性资源,即粮农植物遗传资源既是有形的物质材料,同时又包含无形的遗传信息。从横向范畴来看,农民权客体包括原生境下的粮农植物遗传资源及其衍生物,这是对有形粮农植物遗传资源范畴的界定;但从纵向分析来看,粮农植物资源所携带的粮农植物遗传信息才是现今生物科技所真正关注与争抢的核心,也是"绿色黄金"的真正价值所在。但对粮农植物遗传资源信息的属性争议一直存在,其属于事物性信息还是属于知识性信息对粮农植物遗传资源的法律调整部门归属以及农民权的权利属性具有重要的决定作用。

国际法对遗传资源的定位,已经从最初的人类共同遗产说逐步过渡到国家主权说。粮农植物遗传资源作为遗传资源之一种,在国际法上亦得到了国家主权说的认可。但国家对粮农植物遗传资源享有主权只是粮农植物遗传资源的国际法定位,并不能决定国内立法中以粮农植物遗传资源为客体的农民权的主体判断。因此,对于农民权的主体定位仍处于争议中。目前,学界对遗传资源相关权利主体的定位可以为农民权主体归属的判断提供参考。关于遗传资源相关权利的主体归属判断,学界目前主要有多元主体说与单一主体说两种观点。其中多元主体说又分为分散的多元主体说、复合的多元主体说。分散多元主体说认为,在将来关于遗传资源的相关立法中应规定三种类型的遗传和生物资源所有权,包括生物遗传资源国家所有权、生物遗传资源集体所有权以及生物遗传资源个人所有权;复合的多元主体说以构建利益分享为中心,是在遗传资源之上确立的复合式权利主体,即遗传资源所有人是国家,遗传资源权利支配人是社区共有人。单一主体说主要包括遗传资源个人所有说、遗传资源国家所有说以及遗传资源社区所有说。遗传资源个人所有说认为，遗传资源应归属于对遗传资源的保存与传承有突出贡献的个体；遗传资源国家所有说主要是基于国家对遗传资源享有主权，从而衍生出在民法上国家对遗传资源也享有所有权与占有权；遗传资源社区所有说认为，遗传资源应当归属于原产地中心和生物多样性中心的社区集体所有。上述关于遗传资源相关权利主体归属的学说都为农民权的主体判断提供了借鉴，但农民权主体究竟应是多元主体抑或是国家、个人、社区，需要更为深入细致的研究。

依照 ITPGR 第 9.2 条的规定，农民权的权利内容应当包含三项：(1)对与粮农植物遗传资源有关传统知识的保护；(2)公平参与因利用粮农植物遗传资源而产生的利益分享；(3)参与国家一级在粮农植物遗传资源保存与可持续利用事项的决策。ITPGR 对农民权内容的规定一直被视为"一揽子权利"，并没有细化农民权应有的权能，ITPGR第 9.2 条的规定仅可以视为从宏观层面对农民权权利要素的规定。但在农民权的立法过程中，应当对农民权的权能作出明确规定。同时，ITPGR 第 9.2 条对农民权权利要素的规定也存在一定的问题。ITPGR 对于与粮农植物遗传资源有关传统知识的保护，容易使人误以为与粮农植物遗传资源有关的传统知识也是农民权的权利客体之一。在公平参与因利用粮农植物遗传资源而产生的利益分享上，其实并没有明确究竟什么样的利益才是需要分享的，也没有规定如何对利用粮农植物遗传资源产生的利益进行分享。在参与国国家一级，对粮农植物遗传资源保存与可持续利用事项的决策就更令人疑惑，决策参与权并不是农民权所特有的，类似股权也有决策参与权的权能，但是对国家决策的参与则超出了私权的范畴。其实 ITPGR 第 9.2 条(c)项要求在国家一级，农民权主体应拥有参与与粮农植物遗传资源有关的决策的资格，实际上是在保障原产地中心和生物多样性中心的农民在粮农植物遗传资源之上的相关利益，而这种利益的实现不需要将农民的国家决策参与定位为农民权权能。与粮农植物遗传资源相关决策的参与权为什么仅限定在粮农植物遗传资源保存与可持续利用上？商业化利用粮农植物遗传资源的决策就不需要农民权主体参与了吗？这都是需要深入探讨的问题。

（三）农民权实现的现实障碍

已经对农民权进行立法实践的国家，对于农民权的立法规定多沿用了 ITPGR 第 9 条的相关规定，这实际上并不能良好地保护原生境下的粮农植物遗传资源，也不利于农民权的实现。诚然，法律制度可以有效地保护农民权，但对于农民权的实现，我们不必拘泥于法律制度，还可以通过其他模式来辅助农民权的实现。开源模式不失为一种实现农民权的有效方式。在农民权的开源实现模式下，不仅农民权得到真正的实现，而且平衡了多方主体间的利益，为新兴权利提供了权利实现途径的范式。目前，ITPGR 针对粮农植物遗传资源建立了粮农植物遗传资源多边系统对粮农植物遗传资源进行保护、利用与利益分享。但是 ITPGR 所建立的粮农植物遗传资源多边系统却并不包含农民权的客体；同时，农民权的保护与实现是缔约国的责任，但 ITPGR 所构建的粮农植物遗传资源多边系统仅仅是在粮农植物遗传资源国际利用与保护上的开源模式。农民权适于采用开源模式实现，但同时，农民权与 ITPGR 的粮农植物遗传资源多边系统又有天然的不适应性。因此，为了保障农民权的实现，有必要对现有的开源模式进行探究，为各缔约国在国内建立 农民权开源系统提供建议。当然，ITPGR 所建立的粮农植物遗传资源多边系统具有国家参与保障、法律约束力等先天优势，即使缔约国在国内建立起粮农植物遗传资源开源系统，最终都要与 ITPGR 的粮农植物遗传资源多边系统对接。但 ITPGR 粮农植物遗传资源多边系统对农民权的适用又存在多边系统范围封闭性、粮农植物遗传资源获取使用方式缺失、知识产权申请限制不明、创新式货币分享方式落实困难等障碍，如何克服这些障碍，最终保障农民权的良好实现亦是农民权研究中不可忽视的内容。

第二章　农民权的法律属性分析

农民权理论的完善与权利的实现应以农民权法律属性的确定为前提。农民权的法律属性不仅影响着农民权的权利构造，也影响着粮农植物遗传资源保护、利用与惠益分享。发展中国家试图突出农民权，目的是分享粮农植物遗传资源而产生的利益，但是发达国家角度则不希望农民权具有产权属性。学界对农民权属性亦有物权、人权、特殊权利之争。由于利益分配不平衡，发展中国家的创新与发展往往受制于现有国际知识产权制度与秩序，当发达国家企图再次利用知识产权制度这一工具掠夺发展中国家粮农植物遗传资源时，如果发展中国家不注意保护自己的遗传资源，就会在知识产权制度保护中处于更加不利的地位，利益失衡问题会更加严重。事实上，农民权的提出标志着发展中国家在知识产权国际秩序与制度上开始勇敢地提出自己的权利诉求，发展中国家可以利用农民权与以发达国家需要为核心建立的国际知识产权秩序和制度相抗衡。同时，无论在法哲学视角下还是契合性视角下，都能为农民权的知识产权属性找到合理的理论支撑，因此农民权应是一种新型知识财产专有权。

第一节　农民权法律属性的理论争议与分析

自 FAO 于 1987 年提出农民权以来，农民权对粮农植物遗传资源所起到的保护作用并不尽如人意，其中一方面原因在于对农民权的法律属性存在争议。发展中国家与发达国家在农民权上的争执在于，其究竟是一项道德权利还是一项法律权利，学界则在农民权属性上存在物权本质说、人权本质说、特别权利说的争议。但仔细考究下来，无论是农民权物权本质说、人权本质说抑或是特别权利说，都不能恰当地概括农民权所应有的法律属性。

一、农民权法律属性的争议

农民权最初被视为政治回应下的一项道德权利，而非法律权利。在 ITPGR 的推动下，随着对粮农植物遗传资源国家主权的确认以及相关国家对农民权的立法实践，学界关于农民权的政治回应说逐渐被淘汰从而回归到农民权法律属性的探讨上。但对农民权的法律属性仍存在物权本质说、人权本质说、特别权利说等争议。

（一）农民权政治回应说

发达国家认为，自然资源与生物多样性丰富的发展中国家虽然拥有大量的粮农植物遗传资源，但囿于资金与生物技术水平，发展中国家并不能够充分地利用粮农植物遗传资源。但是，发达国家却具有充足的资金与成熟的生物技术，故而，一些跨国公司与生物科技公司利用发展中国家粮农植物遗传资源时,都会出于道义给予发展中国家农民一定的免费使用种子的权利,并将此视为农民权的全部内涵。正如曾任英国知识产权国际委员会委员的卡洛斯·科雷亚所言:农民权是发展中国家针对植物垄断权而确立的一种利益平衡选择。[1]另有学者认为,目前世界粮食供给需求失衡与粮食生产面临巨大压力,国际社会越来越多地关注并参与到农民权问题的讨论之中,应当是出于政治与道义目的给予发展中国家农民留种并再播种的权利,以刺激农民对粮农植物遗传资源的保存与开发,而并不能授予农民权知识产权性质的权利;农民权应当是对植物新品种权等知识产权的政治回应,而非一种法律权利创造。[2] 此外,欧盟代表在对《TRIPS 协议》第 27.3 条(b)项进行审议时也坚持认为,尽管农民权承认农民对于粮农植物遗传资源所做的贡献,但从根本上来讲,农民权应是农民在栽培粮农作物、保护粮农生物多样性过程中的一种回溯性权利。[3] 上述观点都将农民权视作一种道义上的权利或政治回应。其中,就道义方面而言,是指承认农民世世代代为保护粮农植物遗传资源而做出的相关贡献并进行"补偿";就政治方面来讲,即对农民权的承认与保护对于缓解国际社会的粮食压力与危机具有重要意义,有利于世界的粮食安全。[4] 尽管农民权的政治道义说在一定程度上反映发达国家对粮农植物遗传资源保护与可持续发展的重

---

[1] Carlos M. Correa, *Biological resources and intellectual property rights*, European Intellectual Property Review, 14(5), p. 154 - 157, (1992).

[2] Tansey G. & Rajotte T., *The Future Control of Food: Aguide to International Negotiations and Rules on Intellectual Property, Biodiversity and Food Security*, Routledge, 2008.

[3] 詹映、朱雪忠:《国际法视野下的农民权问题初探》,载《法学》2003 年第 8 期。

[4] 史学瀛、胡熙龙:《国际公约背景下我国农民权实现的对策分析》,载《农业环境与发展》2012 年第 4 期。

视，但是农民权的政治道义说并不能为粮农植物遗传资源的惠益分享制度与知情同意制度提供法律支撑。

（二）农民权物权本质说

部分学者认为，根据CBD相关规定，CBD将遗传资源及相关传统知识视为一种民法意义上的有形物，而适用物权理论保护遗传资源和传统知识的物权利益。理由在于：(1)CBD认可各国及其传统部族对其遗传资源及相关传统知识享有主权和所有权，那么在此基础上的事前同意许可机制则体现了所有人对遗传资源与传统知识的处分权；(2)CBD所确立的事后惠益分享机制也确保了所有人的收益权。[1] 按照现行财产权制度规定，生物体具有特定生物体所有权，"从物理学的角度分析，遗传资源是特定生物体其中的一个部分，遗传资源所有权包含在特定生物体所有权之内"。[2] 农民权是基于把粮农植物遗传资源作为对其开发过程中的"物"进行投资而享有的权利。[3] 遗传资源可以被视作民法上的物，因而有关生物遗传资源的获取、处理、使用、收益的权利安排应当适用民法上有关物权的规定。[4] 持此观点的学者同时认为，生物遗传资源也可以设置知识产权，但是此种知识产权"只能是在生物遗传资源使用权下的一种特殊的、给予以生物遗传资源为载体的智力成果的保护方式，即给予主导

[1] 严永和：《目前遗传资源和传统知识法律保护机制国际探索的成就与不足——评CBD事先知情同意机制和FAO农民权机制》，载《贵州大学学报(社会科学版)》2006年第3期。

[2] 严永和：《"遗传资源利益分享权"的法律性质诠释》，载《知识产权》2010年第5期。

[3] 彭颖：《论农民权及其实现》，中国政法大学2007年硕士学位论文，第30页。

[4] 张海燕：《遗传资源知识产权保护法律问题研究》，法律出版社2012年版，第401页。

研究人员或者研发单位对于符合知识产权要求的生物遗传资源在使用权上的有时限与局限的产权保护。"[1] 简单来说,该观点认为遗传资源即物权之客体"物",且对于该物上衍生的智力成果可以设置知识产权进行保护。

(三)农民权人权本质说

1996 年世界粮食首脑会议重申了"人人有权获得安全而富有营养的食物,人人有权享有免于饥饿的权利"。2000 年 8 月 17 日,联合国人权委员会为保护和促进人权的发展,指出:"履行《与贸易有关的知识产权协议》和真正实现经济、社会以及文化权利的发展之间是具有实际的或者潜在的冲突的,特别是阻碍了技术向发展中国家的转移。由此,植物品种权和转基因生物体的专利权得以产生,'生物剽窃'行为导致削减社区(尤其是土著社区)控制自己的自然遗传资源以及文化成果,专利药品受到准入限制,人们的健康权也因此受到影响。"[2] 该委员会通过了一项决议,主要针对《TRIPS 协议》中与国际人权法之间存在明显矛盾的规定,特别是"TRIPS 协议的执行情况并不能充分反映所有人权的根本性质和不可分割性,包括人人享有因科学进步产生的利益的权利,健康权,食物权和独立自主权"。[3] 虽

[1] 张海燕:《遗传资源知识产权保护法律问题研究》,法律出版社 2012 年版,第 405 页。

[2] U. N. Commission on Human Rights, Sub – Commission on the Promotion and Protection of Human Rights, Fifty – second session, Agenda item 4, The Realization of Economic, Social And Cultural Rights, Intellectual Property Rights and Human Rights, Doc. E/CN. 4/Sub. 2/2000/7.

[3] U. N. Commission on Human Rights, Sub – Commission on the Promotion and Protection of Human Rights, Fifty – second session, Agenda item 4, *The Realization of Economic, Social and Cultural Rights, Intellectual Property Rights and Human Rights*, Doc. E/CN. 4/Sub. 2/2000/7.

然该决议并没有直接针对粮食安全和农民权，但是有成员提出有关专利的一些具体技术，违背道德、文化或宗教标准，应限制或者拒绝通过知识产权进行保护，而农民权的提出对“生物剽窃”行为有一定的限制作用。因此，部分学者认为，对农民权的保护实际上就是维护人权的一个方面，即“生物海盗”行为使农民的基本人权得不到维护，应当保障原产地中心和生物多样性中心农民的生产生活条件不受侵犯，维持他们的正常生存环境及生产方式，合理分配和利用土地资源，保障农民社区的聚居自由和留种的权利等。[1] “农民权的本质是人权，即对农民的劳动成果的保护就是对人类劳动的尊重，体现了对农民群体的人格利益的保障。”[2] 持此观点的学者将农民权视为世界人权保护的重点，认为农民对其所拥有与管理的粮农植物遗传资源赋予农民权并进行保护应是人权保护的应有之义。

（四）农民权特别权利说

CBD 序言强调，所有公约缔约国应当采取适当的立法、行政或政策性举措，与遗传资源提供国公平分享开发成果以及在商业化使用中所获得的利益。2001 年，在 FAO 推动下出台的 ITPGR 在粮农植物遗传资源领域的规定与 CBD 保持了一致，其中农民权的核心内容即保护传统知识、参与分享惠益以及参与事项决策。一些国家，如哥斯达黎加、印度以及南非等都依照 CBD 的原则制定了相关法律，赋予粮农植物遗传资源所有者排除权、取得报酬权及防止盗用权等相

---

〔1〕 史学瀛、胡熙龙：《国际公约背景下我国农民权实现的对策分析》，载《农业环境与发展》2012 年第 4 期。

〔2〕 周作斌、张云：《论知识产权与人权的冲突及协调——以植物新品种权与农民权关系为视角》，载《陕西行政学院学报》2012 年第 2 期。

关的财产权利。[1] 学者詹姆斯认为，发达国家的理念是假设粮农植物遗传资源没有任何价值，直到工业国家的个人在其中加入了他们的个人智慧，遗传资源才拥有价值；发达国家的论据是依靠财产欧洲中心主义、个人主义的理解，忽略了几代人的集体劳动，而粮农植物遗传资源不应当被扣上人类共同遗产的“帽子”。对于拥有 30 亿人的世界农场而言，也许财产权利应该被用于奖励农民在收集、改善和保护这些粮农植物遗传资源方面做出的努力。土著居民还可以通过他们对粮农植物遗传资源拥有的知识声明产权。[2] 国内部分学者认为，粮农植物遗传资源没有包含人类智慧，不具有创造性，农民权中的参与分享惠益权是一种非创造性的特别权利，其主要特征在于以非创造性客体获得类似知识产权的财产权利。[3] 也有学者建议，将生物遗传资源权纳入财产权体系，并把生物遗传资源权看作“农民权”的上位概念。[4] 即在遗传资源之上建立一种遗传资源利益分享权，并将其划归为新的特别的权利。[5]

特别权利的提出是为了解决与土著居民相关的历史遗留问题和科技发展带来的问题而作出的制度变革。部分学者认为遗传资源、民间文学艺术、传统知识等传统资源都属于历史遗留的法律保护问题；非独创性数据库、植物新品种则属于科技发展带来的法律保护问

---

〔1〕 杨明：《浅析遗传资源权的制度构建》，载《华中科技大学学报（社会科学版）》2006 年第 1 期。

〔2〕 James O. Odek, *Bio - piracy: Creating Proprietary Rights In Plant Genetic Resources*, 2 Journal of Intellectual Property Law 141.

〔3〕 严永和：《“遗传资源利益分享权”的法律性质诠释》，载《知识产权》2010 年第 5 期。

〔4〕 薛达元主编：《中国生物遗传资源现状与保护》，中国环境科学出版社 2005 年版，第 478 - 483 页。

〔5〕 严永和：《“遗传资源利益分享权”的法律性质诠释》，载《知识产权》2010 年第 5 期。

题，而这些都应当由特别权利来调整。[1] 学者将农民权归于特别权利的理由有以下几点：（1）就权利主体而言，特别权利既可以以“原子式”的个人为权利主体，又可以以“整体式”的社区为权利主体。农民权是农民群体智慧的结晶，是一种集体性权利，符合特别权利可以调整的主体范围。（2）就权利客体而言，特别权利包括具有创造性的智力劳动成果（如植物新品种）和不具有创造性的非知识产品（如非独创性数据库）。目前对农民权客体是否具有创造性存在争议，但不管是否具有创造性，都不是能否将其视为特别权利的决定因素。（3）就权利内容而言，非创造性特别权利，如非独创性数据库，也可以享有类似知识产权的权利。[2] 农民权也可以享有类似专有性特征的权利，如要求使用者获取相关遗传资源前事先告知有关权利主体并获其同意。

特别权利既不属于财产所有权体系也不属于知识产权体系。上文已述，特别权利是主要针对与原产地居民相关的历史遗留问题以及与新技术发展相关的新兴问题而建立起来的权利体系。根据权利客体是否为智力成果，特别权利体系又可以分为非创造性特别权利与创造性特别权利。例如遗传资源权、传统知识权、植物新品种权等包含智力创造的属于创造性特别权利；而无独创性数据库之类的不包含智力因素的则属于非创造性特别权利。[3] 特别权利的提出其实是在财产权之外对权利体系作出的创新，对于粮农植物遗传资源

〔1〕 严永和：《“遗传资源利益分享权”的法律性质诠释》，载《知识产权》2010年第5期。

〔2〕 严永和：《“遗传资源利益分享权”的法律性质诠释》，载《知识产权》2010年第5期。

〔3〕 严永和：《“遗传资源利益分享权”的法律性质诠释》，载《知识产权》2010年第5期。

之保护与农民权之实现具有一定的制度价值与现实意义，虽不失为一种保护粮农植物遗传资源的思路，但是新的权利体系的构建无疑也是具有巨大的制度成本的，这是其难点与障碍所在。

二、农民权法律属性相关学说的分析

通过上文的分析可以看出，目前国际社会与理论界对农民权之性质认识不一，道义、政治回应、物权、人权、特别权利等法律属性的争议充斥其中。以至于虽然 ITPGR 明确提出了农民权，但却因对农民权法律属性存在争议而使得农民权在实践中流于形式。

（一）农民权并非道义政治权利

上文已述，发达国家与发展中国家在农民权性质上的分歧在于，发达国家认为农民权仅仅是一种道义或政治性回应，发展中国家则坚称农民权应为一项法律权利。这种分歧存在的实质，是发展中国家与发达国家基于各自所占有的生物遗传资源多寡与生物技术高低不同而作出的利益博弈。但就理论分析而言，农民权并非一种道义或政治性回应，而应为一项法律上的权利。

有学者提出，发达国家将农民权视为一种道义或政治性回应，实质上是将农民权视为一种政治上和道义上的权利。[1] 那么，我们首先应了解什么是道义权利与政治权利。道义性权利应始于康德的道义论，具体包括四个方面，分别为价值主体、依据、行为与目标。价值主体，是指每一个理性人都是摹本世界和本体世界的统一。摹本世界中的主体行为不具有道德价值，但本体世界中的人们由于受到定言命名约束，因而其行为是道德的。主体的道德行为只有受到道德

---

〔1〕 詹映、朱雪忠：《国际法视野下的农民权问题初探》，载《法学》2003 年第 8 期。

法则与绝对命令的约束，才能获得自由，从而享有一定的权利。[1]在康德道义论的基础上，德沃金进行了深化，形成了道义论理论流派，即以道德哲学为权利基础理论流派。道义权利的基础为人的尊严，人的尊严使权利本身具有道义的力量。[2] 由此可以推断出，所谓的道义权利应是以人的尊严作为其权利内核，这与西方国家所认为的农民权具有道义性显然不同。发达国家所认为的农民权道义属性，是指其跨国公司或生物科技公司在使用原产地与生物多样中心的相关粮农遗传资源时，可以给予当地农民相应的“补偿”，而这种“补偿”并不牵涉人之尊严，更上升不到道义权利的高度。显然，发达国家所指的农民权的提出仅仅是道义性的并非指农民权是一种道义权利。既然农民权并非一种道义性权利，其也不是一种政治权利。在社会学与法学理论中，政治权利常见于宪法或与人权相关联。“人是群居性的，他需要和别人共同生活，只有在这个意义上，我们才可以说人类社会是自然的社会。政治社会就是这样组成的社会：承认人在本质上既是政治动物又是自然动物，也就是承认人类在本质上倾向于生活在政治社会中并参与政治活动…… 这就是人类按照自然权利要求政治自由的权利基础。”[3]阿德勒的这一论断表明，政治权利是一种“天赋人权”，是公民参与国家政治活动的基础，发达国家所界定的农民权应为一种政治性“权利”显然不属于此意。发达国家认为，农民权的提出应是对粮农植物遗传资源的政治性回应，一方面

[1] 丁雪枫：《道义论、正义论、权利论——西方实践理性的一种变迁》，载《南京政治学院学报》2009 年第 4 期。

[2] 张伟涛：《论德沃金的道义权利理论及其社会学价值》，载《求索》2013 年第 12 期。

[3] [美]摩狄更·J. 阿德勒：《六大观念——真善美、自由、平等、正义》，陈珠泉、杨建国译，团结出版社 1989 年版，第 158－159 页。转引自郭道晖：《政治权利与人权观念》，载《法学》2003 年第 9 期。

是指出于保护国际粮食安全与农业健康发展的需要，提出农民权保护粮农植物遗传资源对于缓解国际粮食压力具有一定的意义；[1] 另一方面则是指发达国家与发展中国家在粮农植物遗传资源利用与保护上的利益博弈的政治反映。因此，从严格意义上来说，并不存在发达国家将农民权定义为一种道义性权利或政治性权利，而仅仅应看作是一种道义性回应或政治性回应。

农民权的提出并非仅仅是一种道义性回应或政治性回应，而应当是一种法律权利。一方面，在现代生物技术尚未成熟的阶段，人们并没有认识到粮农植物遗传资源的真正价值所在，仅仅认为其具有一定的生态价值，此时国际社会各个国家或者生物科技公司并未将粮农植物遗传资源视为具有经济价值的物品，其上并不存在利益博弈。而随着现代生物技术逐渐成熟，粮农植物遗传资源之上的经济价值逐渐被发掘出来，甚至超越了其本身的生态价值，而具有了“稀有”属性。而稀缺性与价值性的兼具使得粮农植物遗传资源天然地满足权利客体的基本要求。另一方面，ITPGR 作为一项国际公约本身即具有国际法律属性，其提出农民权，是为了肯定农民在保护和开发粮农植物遗传资源上所做出的贡献，根本目的是保护原产地与生物多样性中心的农民的利益。粮农植物遗传资源在其本身的稀缺性、价值性基础上又负载了原产地与生物多样性中心的农民的利益，又鉴于 ITPGR 的国际法属性，ITPGR 所提出的以粮农植物遗传资源为客体的农民权应当是一种法律权利。

---

[1] 史学瀛、胡熙龙：《国际公约背景下我国农民权实现的对策分析》，载《农业环境与发展》2012 年第 4 期。

（二）农民权物权本质说不能保护粮农植物遗传资源信息

CBD作为首个保护与公平利用生物遗传资源的国际公约，将遗传资源视为一种"物"，进而从物权的角度出发，通过双边模式对遗传资源及相关传统知识进行保护。CBD将遗传资源与相关传统知识视为物的观点，也得到了部分学者的支持，即认为遗传资源为物权的客体，对于遗传资源物上的衍生性智力成果可以设置知识产权进行保护。"遗传资源"是一特殊称谓，其中文意思既可指无形信息资源也可指有形物质资源，笔者并不否定遗传资源有形客体的物权保护，即遗传资源中作为有形物的生物物种和人体器官等生命体形式的遗传资源应该属于物的范畴而受到物权法的保护。[1] 因此，笔者建议将遗传信息的外化载体统称为"遗传资源物"，而遗传信息则被统称为资源信息，这样可以防止产生理解上的歧义，有利于建立统一的研究对话平台。但农民权所欲保护的实质客体应是遗传资源所携带的遗传资源信息，并非遗传资源物本身。对粮农植物遗传资源物的物权保护并不能涵盖对无形的遗传资源信息的保护，因为物权的保护对象并未延伸至遗传资源信息。遗传资源信息一旦从遗传资源物中被抽出，物权对遗传资源的保护将土崩瓦解。可能存在的质疑是：作为无形物的遗传资源信息是否也可以成为物权调整的客体？但从根本上来说，作为无形物的遗传资源信息无法成为物权调整的客体，具体原因如下：

1. 既然CBD将粮农植物遗传资源界定为物，那么我们首先需要对"物"进行清晰的界定。物以客观存在为要件，而不以形、体的存在

---

〔1〕浦莉：《遗传资源与相关传统知识的民法保护研究》，人民法院出版社2009年版，第93页。

为前提。“物”是由结构和材质加以表现,没有结构和有材质的东西是为物,称之为“无构有质物”,也可根据其所具有的区别性特征称之为“无体物”,例如光、电、磁、气等;有结构与无材质者也是物,称为“有构无质物”,也可根据其所具有的区别性特征称之为“无质物”或“无形物”,例如技术方案、作品、商标等。[1] 由此可见,从一般意义上而言“物”可以具分为有形物、无形物与无体物。以德国民法和日本民法为代表的传统民法将物限定于有体物,近代各国在民法立法上对于物的界定都有所拓展。但立法以及物权理论对物的扩展,也仅仅是将无体物纳入物权客体的范畴。粮农植物遗传资源包括粮农植物遗传资源载体与粮农植物遗传资源信息两部分。换言之,粮农植物遗传资源应当区分为有体资源与无形资源两部分。其中,粮农植物遗传资源的有体资源因为本身即为有结构且具有质地,所以其作为有体物当然为物权的客体;但是粮农植物遗传信息作为基因之一部分,本身具有结构,却不存在质地,应为无形物。粮农植物遗传资源中的有体形态部分确实可以通过物权进行保护,尽管粮农植物遗传资源信息的获取必须以获得粮农植物遗传资源物为前提,但农民权所欲保护的实质客体应是粮农植物遗传资源所携带的粮农植物遗传资源遗传信息,而并非粮农植物遗传物本身。

2. 有学者指出:“物,是能为特定主体所直接支配的财产利益。”[2] 虽然按照财产利益之意思和学者的观点,物包含了有形财产和无体财产,然而这仍然不能说明作为无形财产的遗传资源属于物权之调整范围,因为并非所有的财产利益都属于物之调整范围,是否

[1] 何敏:《知识产权客体新论》,载《中国法学》2014 年第 6 期。

[2] 孟勤国:《物权二元结构论——中国物权制度的理论重构》(第 2 版),人民法院出版社 2004 年版,第 294 页。

属于物权调整范围的关键在于能否“直接支配”。所谓直接支配是指“特定民事主体的意志能够直达并作用于一定的财产利益的事实或状态。其第一要义是直达，即特定民事主体的支配意志不经过中间环节，不征求他人同意，不需要复杂方式，直接到达所要支配的财产利益之上；第二要义是支配意志对所要支配的财产利益发生一定的作用。”[1]反观粮农植物遗传资源，对于粮农植物遗传资源之外在实体，相关主体可以对粮农植物遗传资源物进行直接支配而无须其他器械的协助。但是对遗传信息之支配，谁也不能“空手套白狼”，不借助一定的科学仪器，不采用一定的生物科学技术恐难以提取出遗传信息。会有人称：农民不提取粮农植物遗传信息而将具有优秀遗传信息的种子直接种在土地里，次年结出了丰硕的果实，这并未借助任何仪器设备，依旧实现了对粮农植物遗传信息的利用。然而这一观点忽略的是此种利用方式虽未借用专业仪器设备，但是仍然借用了粮农植物遗传物质载体作为介体实现了遗传信息的支配，而非“直达”。相反，知识产权的实现并不以对权利客体的支配为要件，在粮农植物遗传资源上设立知识产权并不是要达到对粮农植物遗传信息的支配，而只是“排除”对粮农植物遗传资源信息不合理的使用以及相关侵权。故而，从支配角度来说，粮农植物遗传资源信息并非物权支配之客体，不能简单地将农民权定性为物权。

总之，在物权理论下对粮农植物遗传资源物质客体的保护并不能实现对无形的粮农植物遗传资源信息的保护，粮农植物遗传信息具有非实体性和可复制性的特点，一旦将粮农植物遗传信息从粮农植物遗传资源物中抽离，物权的保护将力所而不能及。

---

[1] 孟勤国：《物权二元结构论——中国物权制度的理论重构》（第2版），人民法院出版社2004年版，第295页。

（三）人权只是农民权的一种法律属性

人权的发展经历了一个漫长的过程。在历史长河的社会形态变更中，人权从古代朴素人权，发展到资本主义人权，再发展到马克思主义人权，人权涉及了多种社会学科。人权从政治领域进入法学领域，一般体现在宪法或宪法性文件中。普遍性是人权的主要表现，体现在以下三个方面：(1)人类共同的人格。人权源自人格、尊严以及价值。任何人都应享有不可侵犯的尊严，都应当受到平等的对待。(2)人类共同的利益。人权保障利益，而利益为人权指明方向。人类具有共同利益，这使人们能够制定和实施共同的人权标准。(3)人类共同的道德。例如公正、诚信、平等等伦理道德都是全人类的价值衡量标准，是人权产生的道德基础。此外，根据理论与立法的不同，人权有不同的分类。理论上的人权可以划分为应有人权、法律人权和现实人权；[1]其中，应有人权是对法律人权的理性与道德说明，法律人权是立法规范所确定的人权保护范畴，现实人权则指能够被人意识到并享有的人权。[2]

ITPGR 提出农民权，是为了肯定原产地以及生物多样性中心的农民在粮农植物遗传资源上所做出的贡献，并进一步保护原产地以及生物多样性中心的农民在粮农植物遗传资源之上所应当拥有的利益。农民权的提出，在一定程度上体现了对农民体力与智力劳动成果的尊重，并且农民权对粮农植物遗传资源的保护实现了保障人类可持续发展等共同利益的价值目标，这在人权的普遍表现上确有一定程度的体现，但农民权可以就此简单界定为一项人权吗？这还要

---

〔1〕 李步云：《论人权的三种存在形态》，载《法学研究》1991 年第 4 期。
〔2〕 徐显明：《人权的体系与分类》，载《中国社会科学》2000 年第 6 期。

从农民权的基本内容要素来分析。ITPGR 第 9.2 条[1]所规定的三项权利可以简单归纳为保护与粮农植物遗传资源相关传统知识、分享与粮农植物遗传资源相关惠益以及参与粮农植物遗传资源决策。上文已述，人权具有普遍性，粮农植物遗传资源及相关传统知识的保存与可持续发展及人类社会的发展息息相关，牵涉到全人类共同的利益；分享与粮农植物遗传资源相关惠益以及参与粮农植物遗传资源相关决策，又体现了人权中共同道德理念下的公平公正以及对农民群体人格利益的尊重。从一定意义上来说，ITPGR 对农民权的确立确实具有的一定的人权意义，促使农民的相关权利从应有人权迈向了法定人权，然而仅仅将农民权限定为人权并不能促使农民权最终走向现实人权。首先，作为农民权客体的粮农植物遗传资源具有无形财产权属性，在人权属性下并不能对财产利益作出周延性保护。其次，农民权中的保护传统知识、参与惠益分享以及参与国家决策等权项内容需要具体权利制度的支持，仅仅将农民权归纳为人权属性而缺乏具体的法制度安排并不能保证农民权下各个权能的实现。最后，农民权属于人权并不排斥其同时具有其他财产权属性，一如知识产权本身属于财产权，但同时知识产权亦是一种“天赋人权”。因此，我们可以说农民权具有人权属性，但农民权又不仅仅具有人权属性。在农民权人权属性的指导下，农民权亦具有一定的财产权属性才能促使农民权从法定人权走向现实人权。

（四）特别权利体系尚不成熟

将农民权归入特别权利的范畴有一定的可行性，也符合 CBD 规

[1] 保护粮农植物遗传资源有关的传统知识、公平参与并分享因利用粮农植物遗传资源而产生的相关惠益以及参与在国家一级就粮农植物遗传资源保存与可持续利用有关的决策事项。

定的有关遗传资源取得的原则。但确立农民权特别权利的属性其实是在现有财产权体系之外建立新的权利体系。本书认为,在现有财产权之外另立特别权利体系,而将遗传资源上的权利(包括农民权)划归在特别权利体系之下是不妥的。

首先,特别权利体系的构建需要丰厚的理论积淀与巨大的制度成本。任何权利体系的构建都并非一蹴而就的,自罗马时代以降,现有财产权体系经历数世纪的洗礼与蜕变,经历多少理论学派之争议与现实社会之磨合才有今天相对完善之体系,其发展道路之艰辛不言自明。在现有财产权体系之外额外建立起特别权利体系的法律大厦无疑是困难的。知识产权权利体系作为当下财产权体系中最为年轻的权利体系,产生几百年有余,对基本范畴却仍是争议不断,可知特别权利体系力图扎根立论形成完善的体系,需要付出巨大的时间成本,这与农民权的亟待保护及实现相悖。其次,法之建立需要充足的理论根基,先有理论法而后有实在法。20 世纪末特别权利才被提出并受到关注,被学者们认为适用于解决原住民及相关传统部落对其相关传统知识、民间文学艺术以及遗传资源等相关财产保护的历史遗留问题,以及非独创性数据库、植物新品种等科技发展下新技术成果的保护问题。[1] 特别权利理论发展之短不过数十载,理论法尚未形成,何以能转化为实在法并对粮农植物遗传资源形成充分保护?再次,知识产权是当下财产权体系中最年轻也是最富争议的权利体系,存在争议的原因一部分是其具有一定的开放性。作为无形财产权体系的领导者、信息产权的先锋,知识产权制度体系以其开放性兼容并包了许多新型权利客体,例如地理标志、商业秘密、计算机软件

---

〔1〕 严永和:《遗传资源财产权法律逻辑诠释——以〈生物多样性公约〉为中心》,载《暨南学报(哲学社会科学版)》2010 年第 1 期。

等。在当代信息社会，知识产权的范围甚有向“信息产权”扩充之趋势，[1]从某种意义上来说，知识产权法也被称为信息保护法。[2] 而农民权作为在无形财产粮农植物遗传信息之上建立的权利，可以且能够在与知识产权经历磨合之后被纳入其中。最后，农民权被用于保护粮农植物遗传资源并且有其独特的权能，我们可以说农民权是一项比较特别的权利，也赞成农民权是一种“新型的特别专有权”[3]之说法，但却没有必要为此专门建立一项特别权利体系并将其纳入其中。将农民权定性为知识产权完全可以对抗已经存在的植物垄断权，从而实现在粮农植物遗传资源之上的利益保护以及相关惠益分享。

第二节　法哲学视角下农民权知识产权属性的分析

法哲学是用哲学的方法从哲学的角度来思考和研究法学问题的理论思维。现代社会是一个包含种种规则制度的理性社会，政治领域、经济领域、法律领域等都接受着哲学家的理性检验，只有公平和正义的规则制度才能被广泛认可。法哲学是一个广泛的概念，不同的法学流派创设了诸多的法哲学理论。其中，自然法下的社会契约理论，知识产权领域的财产工具主义理论、马克思主义理论以及公平正义理论都可以为农民权的知识产权属性提供理论正当性。

一、社会契约理论对农民权知识产权属性的支持

社会契约理论作为自然法理论的主要代表之一，不仅重新阐释

---

〔1〕 吴汉东主编：《知识产权法》（第4版），法律出版社2011年版，第5页。

〔2〕 ［日］中山信宏：《多媒体与著作权》，载《电子知识产权》1997年第5期。转引自吴汉东主编：《知识产权法》（第4版），法律出版社2011年版，第6页。

〔3〕 吴汉东：《知识产权多维度解读》，北京大学出版社2008年版，第315页。

了自由与平等的关系，亦为国家权力的存在提供了法理支撑。自然法下的社会契约理论同样可以适用于国际关系以及国际秩序，这也为农民权的知识产权属性提供了理论支持。

（一）自然法下的社会契约理论

17 世纪以后，随着经院主义法学的没落与瓦解，古典自然主义法学兴起，法哲学的发展态势呈现出新的变化：法律由神的意志产生转变为基于人的理性产生，即与神学割裂到自然法的转变。这使得法哲学从中世纪经院哲学下的自然法思想蜕变为古典自然法思想。在古典自然法哲学的历史发展脉络中，其理论重点大致可以归纳为三个：首先，随着文艺复兴运动，自然法从中世纪神学与封建主义中得到解放，古典自然法将理性的人视为法哲学展开的核心；其次，随着清教改革的完成，古典自然法自由主义倾向愈加明显；最后，古典自然法哲学思想中主张人民主权与民主的思想态势更加强烈。基于此，古典自然法对自由与平等等基本法理念进行了详尽的阐述。古典自然法理论对自由与平等的阐释至少包含以下两个层次：其一，法律与平等自由之间存在某种联系，这种联系至少表明，那些压迫性的、专横的规则与法律之本意格格不入。其二，法律规制所现实的自由与平等意志需要人民与国家之间通过一定的手段进行，而这种手段往往表现为契约。[1] 由此可见，古典自然法思想为以粮农植物遗传资源为标的的国际法制度提供了以下启示：国际秩序的建立亦可以看作“社会契约”在国家个体之间践行，而这种国际社会契约并非压迫与专横性质的，需体现法制度的自由与公平。

---

〔1〕［美］E. 博登海默：《法理学：法律哲学与法律方法》，邓正来译，中国人民大学出版社 2017 年版，第 1－50 页。

伊壁鸠鲁继承了德漠克里特以“原子”为基础的哲学思想，认为原子构成了世界万物，人民通过制定契约建立国家。人类从事某种行为就是为了求得快乐与幸福。为了实现快乐和幸福，人类行为的自由可能会与社会正义产生矛盾。这样一来，人与人之间必然会相互伤害而致对方于危险境地，这与人类实现快乐主义的目的是背道而驰的。唯一的解决办法就是相互妥协，这就是伊壁鸠鲁强调的个体意志之间的约定。在个人与国家的关系中，要将国家的利益放在第一位。“通过契约的方式成立国家，组建政府，制定法规，调整人们之间的利益平衡”是最早的社会契约理论。伊壁鸠鲁的社会契约论强调的是原子间不存在隶属关系，每一个原子都是独立的个体，是自由自在的，而人在社会中也是自由的、平等的。〔1〕 雨果·格劳秀斯是近代社会契约论国家观的倡导者，他将社会契约论的观点向前推进了一步。格劳秀斯更多地吸纳了斯多葛派的自然法理论，持有人类理性是自然法的基础的观点。他认为所谓的“国家”就是“一群自由的人为了享受公共权利和公共利益而结合起来的完美团体”，即建立国家的根本目的是要求得公正正义和维护社会公共安全。但是格劳秀斯认为，在国家中，公民应绝对服从君主。也就是说，人们将主权让渡给了统治者，而统治者的行为却不受法律控制。〔2〕 这是格劳秀斯的思想中较为保守的一面。与格劳秀斯相比，霍布斯和斯宾诺莎更重视对个人权利的安全保障以及对国家利益的维护。他们持悲观主义观点，坚持把人看作自私自利的、不合作的，所以为了维护大多数人的安全与便利，主权者充分尽职责，其权利是不受法律限制

---

〔1〕 ［苏］涅尔谢相茨：《古希腊政治学说》，蔡拓译，商务印书馆1991年版，第210页。

〔2〕 潘云华：《“社会契约论”的历史演变》，载《南京师大学报（社会科学版）》2003年第1期。

的，是至高无上的，这是人们自愿放弃自身利益进行权利交换的结果。[1] 洛克、孟德斯鸠等人将社会契约论重点转向了利用法律制度起到保护个人权利作用的因素，他们试图通过反对政府独裁与专制，反对其违反自然法的举措，凸显个人自由的价值。洛克主张天赋人权，即人享有的平等的权利是与生俱来的。人类必须通过同其他人制定契约成为一个共同体，以追求彼此间平等、和平的生活。作为治理国家的工具，如果政府不能服从自然法的要求，人们可以废除与政府制定的原有契约。康德将社会契约论建立在"人民享有主权"与国家治理的"三权分立"的基础上。另外，他把社会契约看作一种治国合理性的道德标准和价值准则。[2]

（二）社会契约理论在国际知识产权秩序上的适用

社会契约论为当今存在差距的世界各国提供了有效的合作途径。国际环境下的国家可以被当作个体看待，每个国家的社会状况、经济水平以及法治建设程度都不相同，所有国家皆可以在国际环境中以公平公正为基，让渡自身所拥有的部分权利，以建立一个符合人类命运共同体需要和可持续发展需要的国际社会秩序。社会契约不单是为了保障个人利益最大实现，还是一个平等认可订立契约相对方的承诺，是为了达到双赢的目的，实现所有人的利益。检验国际知识产权领域国家间的合作是否合理的重要标准就是能否使合作的国家之间达到双赢的目标，能否兼顾各国的利益。然而，在知识产权国际合作中，凸显出的是非正义和各国利益的严重失衡。发展中国家

---

〔1〕［英］霍布斯：《利维坦》，黎思复、黎廷弼译，商务印书馆1985年版，第38页。

〔2〕［英］迈克尔·莱斯诺夫等：《社会契约论》，刘训练、李丽红、张红梅译，江苏人民出版社2005年版，第21页。

在经济、技术落后的情况下，被灌输的是发达国家发展了二三百年的强知识产权保护理念，所达成的《TRIPS 协议》也是倾向保护发达国家的利益。《TRIPS 协议》所保护的知识产权客体，明显被限定在发达国家发展成熟并占据优势地位的领域，生物技术领域正是其纳入保护范围的对象。国际知识产权制度在激发技术创新的同时，对与创新有关的不同国家利益失衡的现象视而不见。面对发展中国家所拥有的粮农植物遗传资源，发展中国家提出来源地披露作为粮农植物遗传资源专利申请的必要前置条件即遭到发达国家反对，更不要说以知识产权制度保护粮农植物遗传资源了。社会契约一旦无法体现正义，社会契约本身及社会协作体系就没有了存在的必要性，自由和利益的失衡也必然导致契约被撕毁。[1]

在现有知识产权制度下，发展中国家在地理标志、生物多样性以及传统知识三方面具有可作为的空间，而与这三方面息息相关的粮农植物遗传资源也成为发展中国家捍卫平等"社会契约"的有利契机。将农民权纳入知识产权范畴，既可以对抗同为知识产权属性的植物新品种权，以使原产地与生物多样性中心的农民所获得的分享惠益获得制度支撑，亦是发展中国家向传统国际知识产权制度发出挑战、重新塑造生物技术领域科学研究和开发的国际社会新秩序的契机，在此基础上形成更为公平公正的新国际社会契约秩序。

二、财产工具主义理论对农民权知识产权属性的支持

自然法下的社会契约理论为农民权知识产权属性提供了法理上的支持，但在知识产权法相关理论下，亦可以找到农民权知识产权属性的支撑，彼得·德霍斯的财产工具主义理论便是其中之一。财产

〔1〕 赵迅:《弱势群体保护的社会契约分析》，载《政法论坛》2007 年第 4 期。

工具主义理论不仅可以用来反驳发达国家关于农民权非知识产权属性的观点，同时亦为农民权知识产权属性提供了理论支持。

（一）彼得·德霍斯的财产工具主义理论

彼得·德霍斯在其撰著的《知识财产法哲学》一书中提到了早期自然法理论学家关于财产权产生依据的一些观点。自然法哲学为财产的正当性提供了一个重要学说，约翰·洛克的财产权劳动学说是最具有代表性的。[1] 按照洛克财产劳动理论来论证知识产权的正当性，可以说传统的知识产权具有相当的合理性。因此只需将“劳动”的范围扩充到“创造性劳动”，将劳动产品扩充到“创造性劳动产品”即可。财产权劳动学说在传统知识产权转化到现代知识产权过程中发挥了极大作用，但对于现代知识产权发展的趋势而言，特别是知识产权保护在全球化趋势的推动下需要重新作出利益衡平的环境下，财产权劳动理论强调的是个人对其劳动果实享有自然权利。对于个人利益和社会利益的选择，它更倾向个人利益。如果将一个国家视为财产权劳动理论中的个人的话，在国际知识产权制度中，财产权劳动理论很容易被发达国家利用，更加不利于世界各国之间利益的平衡。因此，财产权劳动理论无法为知识产权的正当性提供全面合理的理论论证，还需借助于其他理论的支持。彼得·德霍斯提出用财产工具论来建立均衡的知识产权方法论。工具主义与法律相结合，是指法律作为一种工具的思想。财产工具论借鉴了法经济学的

---

〔1〕 洛克认为，首先，人能够享有财产权是源于自己身体的劳动。每一个人对自己的身体享有财产权，除了他自己之外，其他任何人都不能享有。其次，不是源于对物施与全部的劳动而是对于一个未曾被他人占有的物的占有能够产生所有权，即将自己的劳动施加于未被他人占有的物可以获得此物的财产权。参见冯晓青：《知识产权法哲学》，中国人民公安大学出版社 2003 年版，第 15 页。

成本与效益分析，却不仅仅以对成本与效益的衡量来决定财产是否达到工具目的的要求；财产工具论服务于道德价值却又认为财产并非道德价值的基础；总而言之，财产工具论思想是关于财产的经验主义的人本主义与自然主义相结合的形式。[1] 其中，财产工具论下的人本主义原则要求理论的发展获得人类环境和体验的改善；财产工具论下的自然主义原则则认为主观权利对自由模式的效果影响并不是通过先验哲学即可解决的问题，其最终依赖具体权利在社会体系中的演变与运作方式。[2] 同时，财产工具论亦赋予财产工具义务，"知识财产权是抑制自由的特权，我们的主张是，建立在工具论基础上的特权伴随着特权拥有者的义务"。[3] 财产工具主义论在论证财产之义务存在与传统权利义务相结合的观点不同，其认为义务是建立在手段与目标的理性基础之上，即"财产特权的持有人受制于某些义务，这些义务能够将实现最初财产设立该特权的目的的可能性最大化"。[4] 也就是说，知识产权是被创设出来以实现目标的一种工具，当这种特权实施到一定程度后，特权所有人应当被一定的义务所限制，但这种义务限制应以实现最初权利设立之目标为目的。

（二）财产工具主义理论对农民权非知识产权属性的反驳

目前，发达国家意图按照自己的标准建立国际知识产权秩序。

---

〔1〕［澳］彼得·德霍斯：《知识财产法哲学》，周林译，商务印书馆 2017 年版，第 223 页。

〔2〕［澳］彼得·德霍斯：《知识财产法哲学》，周林译，商务印书馆 2017 年版，第 223 - 224 页。

〔3〕［澳］彼得·德霍斯：《知识财产法哲学》，周林译，商务印书馆 2017 年版，第 227 页。

〔4〕［澳］彼得·德霍斯：《知识财产法哲学》，周林译，商务印书馆 2017 年版，第 228 页。

大多数发达国家认为,农民权与现代知识产权制度相差甚远,其主要原因如下:第一,从权利主体来看,农民权的权利主体涉及某个原产地或生物多样性中心的世世代代的农民,具有群体性,这超越了传统知识产权保护的个人智力成果的范围。第二,从资源控制状态来看,有很多植物遗传资源和相关传统知识已经进入了公有领域,将公有领域的东西纳入专有领域调整的范围势必会阻碍知识的传播和发展,不利于整个社会的进步。第三,农民权是为了认可农民世代的贡献,尽管在植物遗传资源和相关传统知识保存与使用的过程中包含了农民的创造,但是这种创造并不符合传统知识产权制度中的"创造性"。结合财产工具主义理论来看,这些发达国家反对农民权的理由或许不堪一击。根据财产工具主义理论,权利之创设始为实现一定目标之工具,同时其应符合人本主义与自然主义的基本要求。知识产权权利创设之初,确有"智力成果"与"个体性"要求,但是随着知识产权在社会体系中的演变与运作,其工具价值的实现已经迫使其在权利要求方面作出了一定的改变:不再仅仅以"智力成果"为限,群体性权利亦可作为知识财产权利。1996 年欧盟突破了传统知识产权的制度框架,提出了保护无独创性的数据库的立法理念,1994 年签署的《TRIPS 协议》将地理标志纳入知识产权的保护范围之内,农民权作为一个主体不确定的权利也受到了知识产权保护的青睐。将类似无独创性数据库与地理标志等相关权利客体纳入知识财产之范畴,皆明确地反映了知识产权工具主义理论下自然主义的主张。同理,农民权的主体群体性要求与薄弱的智力成果体现的客观现实亦不应成为其纳入知识产权范畴的制度障碍。同时,农民权设立之隐含目的即发展中国家意在对抗现有的植物新品种权对粮农遗传资源的垄断,根据财产工具主义理论的要求,农民权在知识产权法体系中必须作为在先权利,才能对抗现有的植物新品种权,实现其工具主义价值。学者关于农民权之设立会阻碍社会进步的理由，则更为荒唐。前文已述，粮农植物遗传资源本身即关系到粮食安全性、国际社会稳定性，而且农民权的设立本身也是为了粮农植物遗传资源的可持续发展。如果农民权之设立是对知识传播的阻碍的话，那么知识产权制度之设立更是与知识传播本性相悖的，却也得到法哲学的正当性证成，不加分析的妄断本身就是非理性的表现。农民权之设立可以实现粮农植物遗传资源的可持续发展，其环境价值本身即可改善人类环境体验，符合财产工具主义中的最低人本主义要求；同时农民权之设立亦可保障国家粮食安全与国际社会之稳定，亦是社会进步与人类发展的保障，又何来阻碍社会进步之说？

（三）财产工具主义理论下农民权知识产权属性的分析

需要进一步强调的是，根据财产工具主义理论，为何要将农民权纳入知识产权范畴。植物新品种权的设立目的，除了保护与鼓励植物新品种的培育外，一般还有促进农业、林业发展之要求，这从我国《植物新品种保护条例》的规定中可见一斑。[1] 植物新品种权的创设具有保护与鼓励植物新品种培育的目的，这是其第一性工具价值的体现；同时亦有促进农业、林业发展的要求，这是其第二性工具价值的体现。财产工具主义理论认为财产权利实施到一定程度后，权利所有人应当被一定的义务所限制，但这种义务限制应以实现最初权利设立之目标为目的。由此可见，在财产工具主义理论下，植物新品种权亦应负担一定的义务。其中，植物新品种权促进农业、林业发展的要求，即植物新品种权第二性工具价值的实现，则隐含着保护农

---

〔1〕《植物新品种保护条例》第1条规定："为了保护植物新品种权，鼓励培育和使用植物新品种，促进农业、林业的发展，制定本条例。"

业、林业资源之义务要求。农民权的设立即是赋予原产地与生物多样性中心的农民在粮农植物遗传资源上获取一定权益的权利，亦是附加在育种者权之上的义务，这二者的基础逻辑都是保护粮农植物遗传资源的可持续发展。[1]《TRIPS 协议》原文将植物品种纳入知识产权保护范畴，并没有具体规定植物品种的范畴，但受制于知识产权的智力性要求，自然界已存在的植物品种并不能受到知识产权保护，而只有植物新品种才能受到知识产权的青睐。但《TRIPS 协议》第 27.3 条(b)项也为农民权的纳入留下了一定的制度空间，其中的特别权利即"sui generis"已得到学者们的论证；发展中国家也在《TRIPS 协议》第 27.3 条(b)项添加申请与生物物质或者传统知识有关的专利时，以披露生物资源和相关传统知识的来源和来源国为前提条件做出努力。

三、马克思主义理论对农民权知识产权属性的支持

作为先进的哲学家与政治学家，马克思在批判地继承法国空想社会主义理论、德国古典哲学思想、英国古典政治经济学理论的基础上，创立了崭新而具有时代意义的无产阶级思想科学体系。在马克思理论的哲学体系中，其所秉持的辩证唯物主义哲学与历史唯物主义哲学不仅为其政治经济学提供了理论基础，更是为科学社会主义理论以及社会主义的发展指明了方向。尽管在马克思时代，知识产权尚处于萌芽期，仅有版权和专利权形成了相对完善的制度体系，而

[1] 此外，《TRIPS 协议》第 27.3 条(b)项规定，除微生物外的植物和动物，以及除非生物和微生物外的生产植物和动物的主要生物方法亦可以成为知识产权的客体。同时，《TRIPS 协议》第 27.3 条(b)项也作出了但书性规定，即各成员应规定通过专利或一种有效的特殊制度或通过这两者的组合来保护植物品种(plant varieties)。

植物新品种、无独创性数据库等类似粮农植物遗传资源的新型财产尚未出现，但马克思主义的辩证唯物主义哲学与历史唯物主义哲学却依旧能为农民权提供理论支撑。

（一）辩证唯物主义对农民权知识产权属性的支持

辩证唯物主义认为，物质第一性而意识第二性，这反映到实践与认识的关系层面，即实践是认识的基础与发展动力，认识来源于实践，实践也是认识真理性检验的唯一标准。前文已述，部分发达国家或学者反对农民权知识产权属性的主要理由为：原产地或生物多样性中心的农民在粮农植物遗传资源之上并未有智力性贡献。这可以看作是部分发达国家和反对农民权知识产权属性的学者在粮农植物遗传资源之上对于农民创造性高低的一个“认识”。但这种认识却并非来源于实践，而是来自未考察实践的臆想。一些深入实践的田野调查报告显示，农民在世代的筛选中会留下优质种质，亦会通过插杆、搭棚、覆膜等方式促使种质性能发生改变，例如江南东阳红壳粟、青藏光核优质黄肉桃等都是农民世代筛选驯化的野生资源。[1] 当然，笔者亦非长期从事农业劳动，仅能从部分田野采访与调查中获取二手资源，虽不能以实践证明在粮农植物遗传资源之上农民所付出的智力性劳动之高低，却也不能在未考察实践的基础上就断言原产地或生物多样性中心的农民在粮农植物遗传资源上未有智力性贡献。这不符合辩证唯物主义之下实践与认识关系的基本逻辑，这种跳脱实践而谈的认识只能距真理越来越远。

---

〔1〕 祖祎祎：《发掘珍稀资源，传承优良种质——2019 年十大优异农作物种质资源保护与利用探析》，载《种子科技》2020 年第 15 期。

(二)历史唯物主义对农民权知识产权属性的支持

从马克思《政治经济学批评》对历史唯物主义精髓的概括中,[1]我们可以归纳出历史唯物主义的主要基本原理:社会存在决定社会意识,社会意识又会反作用于社会存在的发展。历史唯物主义不仅可以指导社会主义国家的科学发展,亦可以适用于国际社会法律体系。国际知识产权制度对地理标志、无独创性数据库等的吸收,皆为社会存在的变更迫使社会意识作出的制度革新。较为完备的国际知识产权制度体系形成于20世纪80年代,[2]《TRIPS协议》亦在其后几年缔结。这一时期,生物科技正处于萌发阶段,对粮农植物遗传资源的价值并未有深入的发掘与认识。在21世纪之后,作为物质生产力的生物科技出现突飞猛进的发展,与已存的生产关系发生"矛盾",突出反映到作为国际法律制度的上层建筑上来。面对社会存在的发展,国际法律制度作为社会意识之一部分,理应以社会存在为基不断更新并指导社会存在的进步。其中,粮农植物遗传资源保护的迫切需要即为社会存在发展的突出表现。与此相对应,国际知识产权法律制度应作出一定的制度更新,或承认粮农植物遗传资源的知识产

〔1〕关于历史唯物主义的精髓,正如马克思在其著作《政治经济学批判序言》一书中所言,人民在其生活的社会生产中发生的生产关系必然与其所在物质生产力的发展阶段相适应,这种客观存在并不以人们的意志为转移。而这些生产关系的总和构成了社会的经济结构,在这经济结构之上不仅有法律和政治的上层建筑,亦有一定的社会意识形式与之相适应的现实基础。所有的社会、政治、精神生活过程都受制于物质生活的生产方式。人们的存在并非由意识所决定,而是社会存在决定了人们的意识。社会的物质生产力发展到一定阶段,便同现存生产关系或财产关系发生矛盾。参见中共中央马克思恩格斯列宁斯大林著作编译局编译:《马克思恩格斯选集》(第2卷),人民出版社1995年版,第33页。

〔2〕马忠法:《国际知识产权法律制度的演变、本质与中国应对》,载《社会科学辑刊》2017年第6期。

品属性,将其纳入知识产权调整的客体;或于国际知识产权体系中承认农民权的知识产权属性。如此方能更好地指导国际知识产权秩序的建立与国际知识产权的发展。

四、公平正义理论对农民权知识产权属性的支持

公平正义不仅是法学哲学上的基本概念,亦是国际关系中的重要原则。公平正义有其丰富的哲学内涵,就法律层面而言,公平是法的形式与手段,正义则是法的本源与追求。通过公平正义理论对现有知识产权制度进行检视,可以发现知识产权制度应当对农民权进行接纳。

(一)公平正义理论下对现有知识产权制度的检视

亚里士多德认为,尽管正义不是理性社会的全部,但却可以调节理性社会道德中人与人之间的关系,能促进人类的发展和社会利益的获取,其包含守法与平等两层含义。法是为了促进社会群体利益的最大化,人人遵守才能实现社会安定有序,因此守法是总体性质上的"正义"。而为了城邦集体和全部公民的利益,应当使每个人的付出和收获相对等,平等地分配社会资源,对弱势群体奉行补偿原则,这是特殊性质上的"正义"。[1] 但如今,由于发达国家和发展中国家较大的贫富差距,看似公平的知识产权制度实质上并不公平。植物新品种权人使用农民培育的植物品种进行科研和育种,依靠种子公司销售,并利用植物新品种权加以保护。而农民们培育种子,创造价值,却无法获得任何补偿,甚至连世代留种的权利都可能被剥夺。2000 年,美国宣布了一项专利技术并使其商业化,这个发明通过特定

〔1〕［古希腊］亚里士多德:《尼可马各伦理学》,廖申白译,商务印书馆 2003 年版,第 128 页。

的化学剂对种子进行处理，当这些种子生长至结果时，外源基因毒素就会被激活，从而将种子杀死，导致农民无法继续利用这些种子繁殖，必须再次向种子公司进行购买。[1] 科技的发展使这个残酷的事实一次又一次地上演，现代知识产权制度对生物技术的青睐，已经使农民越来越没有可容身之地。现行的国际知识产权制度只注重保护专利权人的利益，却忽视了基因原材料提供者的在先权益，没有体现法律的公平与正义。粮农植物遗传资源所具有的知识产品性质，为知识产权对其进行保护提供了可能。

（二）公平正义理论下知识产权制度对农民权的接纳

为了实现法律上的公平正义，现在有两种实施途径供选择：一种途径是放弃对基因技术的专利权保护；另一种途径就是对农民权采取知识产权保护，以消除现行专利制度引起的利益不平衡。发达国家在基因专利技术领域具有领先地位，让其放弃对基因专利权的保护是不现实的，发展中国家只能选择第二种途径，重新对知识产权制度进行反思或调整，以实现法律领域最基本的公平正义。近几十年来，发达国家不断突破知识产权制度中固有的规则，将过去认为不能保护、不应当保护的对象也纳入知识产权保护的范围中来。发达国家往往凭借自身优势行业在全球处于领先地位，一步步扩大知识产权的保护范围，甚至不惜触及传统知识产权保护的禁区。

不公平的分配制度引起的国家之间利益分配不均衡，导致了人们对法律和社会制度的不信任。知识产权从其产生开始就在全球范围内引发了颇多争议，现植物遗传资源带来的财富分配不公又重新让一些发展中国家怀疑知识产权制度存在的合理性。一个理论无论

---

〔1〕 张海燕：《遗传资源知识产权保护法律问题研究》，法律出版社2012年版，第82页。

多么精致高雅，如果它不真实，就应当被修正或者被抛弃；一项法律制度无论规定得如何井然有序，只要法是非正义的，就应当被变革或者废除。[1] 在现如今的信息时代，知识产权制度不应当由少数人制定后向大多数人推广，其不能忽视其他种族对社会文化的重要贡献。

第三节　契合性视角下农民权知识产权属性的分析

法哲学视角为将农民权纳入知识产权制度架构提供了理论支撑。同时，从农民权的权利客体以及农民权的价值上来看，其与知识产权制度亦具有一定的契合性。农民权的实质客体为粮农植物遗传资源上所负载的粮农植物遗传资源信息，其本身具有“非物质性”特征而与知识产权客体属性相契合；农民权的提出也是为了平衡粮农植物遗传资源上相关主体间的利益，这与知识产权制度的价值又不谋而合。因而，农民权应当为知识产权之一种，但农民权并不属于传统知识产权体系下的文学产权或工业产权，而应当为广义知识产权体系下的新型知识产权专有权。

一、农民权客体与知识产权客体属性的契合

知识产权客体的“智力性”属性随着知识产权制度的扩张而逐渐淡出历史舞台，而仅留下“非物质性”作为统一知识产权客体属性的唯一标准。粮农植物遗传资源信息本身作为无形物即具有“非物质性”特征，因此，作为农民权客体的粮农植物遗传资源信息与知识产权客体具有一致性。

---

[1] [美]罗尔斯：《正义论》，何怀宏等译，中国社会科学出版社1988年版，第3页。

(一)知识产权客体的非物质性属性

产权的划分以客体同质性为基石。我们需先阐述知识产权客体的属性,在此基础之上再阐述农民权客体粮农植物遗传资源与知识产权客体之间的契合性。知识财产的合理性证成受益于洛克的劳动所有权说。洛克的劳动财产学说认为,脑力劳动、体力劳动都可以成为获得财产的依据,而并不仅仅是占有。洛克的劳动财产学说不仅使智力劳动成为知识产权的理论基础,也使知识产品强烈依赖它的“智力性”特征,以至于人们常常将具有“智力性”特征作为评判某一客体属于知识产权保护对象的最关键因素,智力成果说也成为知识产品的标志性特征。但社会存在对社会意识具有决定作用,物质世界的发展也将促进理论的进步,概念也随着时代的发展不断融入新的元素,并越来越接近客观真理。当前不断有新事物出现,人类不能再固守之前的思维方式,而是要根据社会现实,对之前的理论和观念进行反思。法学领域也是如此,应当重新审视之前的理论架构,并构建新的结构。随着时代的发展,知识产权客体会出现新的阐释,而“智力性”因素也会随着时代的发展逐渐退出历史舞台。19 世纪末,伴随着商标权的出现,“智力性”因素受到了极大的质疑,而明确无独创性数据库、地理标记的知识产权属性则彻底颠覆了“智力性”因素的地位。“知识产权”是否在当前和未来承担起权利体系的称谓并不重要,[1]重要的是知识产权调整的客体范围在扩大,通过分析长期形成的知识产权客体特征发现,非物质性是其保留下来的唯一共同属性。

---

[1] 有学者认为,“知识产权”的称谓并不合适,正确的称谓应当是“信息产权”;也有学者主张,随着知识产权的不断扩大,终有一天应更名为“无形财产权”。

(二)粮农植物遗传资源信息与知识产权客体的契合

农民权的客体即为粮农植物遗传资源,但从实质上来说,真正具有价值的是粮农植物遗传资源之上所负载的粮农植物遗传资源信息,只不过粮农植物遗传信息需以粮农植物遗传资源为载体。且无论粮农植物遗传资源之上是否包含原产地与生物多样性中心的农民的智力性劳动,单就粮农植物遗传信息而言,其即具备非物质性特征。随着社会与科技的发展,知识产权本身即有向信息产权扩张的趋势,同时上文已述,当今知识产权客体之特征也只有“非物质性”可以统一囊括。粮农植物遗传信息本身即为一种有价信息,同时粮农植物遗传信息亦具有非物质性特征,这符合也仅仅符合知识产权客体特征之要求。因此,从知识产权客体特征上而言,农民权应当划归知识产权权利体系范畴。

二、农民权与知识产权制度价值的契合性

知识产权制度之产生是为了给予相关作品、技术方案或商业标识创造者以激励。但在当代,随着知识产权限制制度的逐渐增多,知识产权制度的利益平衡价值日益凸显。农民权之产生具有保障原产地与生物多样性中心的农民在粮农植物遗传资源之上继续保存与改良的制度价值,同时满足了粮农植物遗传资源提供者与获得者之间的利益平衡,因此农民权与知识产权制度价值间具有天然的契合性。

(一)知识产权制度对利益平衡的重视

“部门法”或“法律部门”是在利用调整对象与调整方法之间的密切联系的基础上而划分出的各成体系的法律群。[1] 智力成果说

[1] 刘承韪:《娱乐法的规范意蕴与体系构建》,载《政法论坛》2019年第4期。

的范式地位对知识产权一直以来所遵循的价值理念具有决定作用。可是,随着知识产权制度的发展与变革,认定知识产权法保护对象时也并不完全以创造性作为判断标准,以至于当下的知识产权制度对利益分配给予很大的重视。知识产权属于私权范畴,私人利益与公共利益之间存在严重的矛盾冲突。[1] 当代知识产权制度具有分配信息财产利益的基本功能,参与分配的主体包括创造者、保存者、改良者,也包括传播者以及享用者等,而参与利益分配的各个主体要求协调各方利益,希望各主体之间保持利益相对平衡的状态。在智力成果说的范式下,如果说知识产权的价值目标是鼓励创作,那么从知识产权制度越来越关注信息财产分配这一角度来说,当下的知识产权法价值理念则更趋向于利益平衡。正如部分学者所言,知识产权属于法定私权范畴,它随信息所导致的利益冲突的出现而出现,知识产权的存在价值是为了协调利益,纵观知识产权法的每一次变革,都是为了满足平衡利益的需求,判断知识产权法好坏的关键在于它是否有助于平衡利益。[2] 知识产权法不仅具有保护知识产权的功能,而且还可以维护公共利益,因此价值平衡不仅是其核心价值内容,也是其所追求的终极目标。知识产权制度鼓励创造和平衡利益的两大功能正是法律公平、公正的价值体现。知识产权制度的鼓励创新功能必须建立在利益调整这一法价值之下。换言之,知识产权制度鼓励创造的法价值必须在平衡利益中才能实现。这与著作权的期限制度相似,公众利益与作者利益之间必须有一个平衡点,有一个时间限制,确保著作权人获得应有收益,而公众也能接受这一法律规定。假

---

〔1〕 杨明:《知识产权请求权研究——兼以反不正当竞争为考察对象》,北京大学出版社 2005 年版,第 141 页。

〔2〕 张海燕:《遗传资源知识产权保护法律问题研究》,法律出版社 2012 年版,第 135 页。

如没有时间限制，公众利益与作者利益存在不平衡，如此霸道的垄断权利不仅与法理基础理念不合，亦会制约社会的前进与发展。

（二）农民权内在的利益平衡价值

事实上，农民保存和改良粮农资源也属于物种基因的慢性创新。农民权的确立具有保障原产地与生物多样性中心的农民在粮农植物遗传资源之上继续保存与改良的制度价值，这本身即与知识产权鼓励创造的法价值与目标相契合。同时，粮农植物遗传资源的提供者、开发者，乃至利用者都与粮农植物遗传资源存在密切联系，而农民权的出现也正是为了满足粮农植物遗传资源提供者与获得者之间利益平衡的需求。原产地与生物多样性中心的农民世世代代通过辛勤劳作，不仅传承与保护粮农植物遗传资源，而且促使粮农植物遗传资源朝着更好的方向发展，但若相关使用者在未付出任何成本的情况下可以自由地使用粮农植物遗传资源，则将会造成粮农植物遗传资源之上利益失衡的局面，进而激化粮农植物遗传资源提供者与使用者之间的矛盾。农民权的确立不仅有助于平衡各相关主体利益，而且也有助于激发农民培育、改良植物遗传资源的积极性。由此可见，农民权与知识产权法的价值目标皆相契合，所以有必要将农民权纳入知识产权法体系。

三、农民权在知识产权制度中的应有归属

我们可以从狭义和广义两个角度分别理解知识产权权利体系。狭义上的知识权权利体系即传统知识产权权利体系，它由文学产权和工业产权两部分组成，前者由著作权、与著作权相关的邻接权组成，后者由商标权和专利权组成。受科学技术飞速发展的影响，知识产权权利体系加入了很多新的权利，例如地理标志权、商业秘密权、

集成电路布图设计权等，这些新型权利连同传统知识产权共同构成广义的知识产权权利体系。在笔者看来，农民权属于新型权利的一种，因此它理应被纳入广义的知识产权权利范畴之中。

（一）农民权不属于文学产权

农民权不属于文学产权。换句话说，农民权既非著作权，也不是邻接权。文学作品、艺术作品的创作者以及传播者都可以享有文学产权。文学产权之设立目的在于促进文化的传播与繁荣，但设立农民权的价值目标并非旨在促进文化的传播与繁荣，因此农民权之价值与文学产权之价值并不一致。除此之外，农民权亦不具有人身属性，而文学产权尤其是著作权同时具有财产属性与人身属性的双属性特征。在这一点上，农民权并不符合文学产权的特征要求，因此不能将农民权划入文学产权之范畴。需要指出的是，从某种程度上来说，农民群体是传播粮农植物遗传种质的主体，他们在传播过程中融入了自己的劳动，这种情况类似于邻接权中相关邻接权主体对作品的改编与传播，农民权似乎具有划入邻接权范畴的可能性。但需要注意的是，邻接权建立在拥有著作权的作品之基础上，其与著作权相关，却并不等同于著作权。然而，原产地与生物多样性中心的农民是传播和创造粮农植物遗传资源的主体，农民不仅是粮农植物遗传资源的传播者，同时也是它的缔造者，这与邻接权主体构造并不相符，因此农民权被划入邻接权范畴亦是不合理的。

（二）农民权不属于工业产权

农民权与工业产权不存在隶属关系，即不能将农民权划入专利权范畴，也不能将其划入商标权范畴等。与文学产权相类似，工业产权也属于传统知识产权的一部分，它指的是应用于工业领域的权利，包括商标权、专利权，还包括地理标志权等。[1] 知识产权制度下的专利权具有非常强的垄断性，它对专利申请人提出了很高的要求。通常来讲，授予专利权的技术方案应具有创造性、实用性和新颖性等，新颖性指的是必须不同于当前技术，创造性指的是必须比现在的技术先进，而实用性指的是必须产生积极作用。农民权的权利客体是粮农植物遗传资源（信息），在一定程度上可以看作一种传统作物的培养方法或"方案"，但是粮农植物遗传资源却并不符合专利权客体创造性、新颖性与实用性的要求。首先，从字面意思来看，粮农植物遗传资源中的"遗传"与专利申请条件中的新颖性即存在天然相悖。粮农植物遗传资源由原产地与生物多样性中心的农民世代承继，这种承继并非比现有技术先进。同时，遗传资源信息与普通技术相比有很大的不同，遗传资源信息的自然制约性十分明显，在不同自然环境中会表现出不同的价值。由此可见，很难依据"现有技术"对遗传资源信息进行评判。此外，遗传资源的优劣往往更体现在能否更好地适应环境，并不体现在它与现有物种相比是否具有进步性。举例来说，东北大米是农民权客体，可是它在口感上略逊于江南米、泰国香米，它之所以成为农民权客体，主要是因为东北大米具有其他米种所没有的独特特征，例如它比泰国香米更加饱满，比江南米更具有抗寒性，这些特性可能无法体现出技术的进步，但却并不妨碍将其称为农民权之客体。其次，可以被授予专利权的技术必须具有实用性。粮农植物遗传资源普遍可以由工农产业进行批量化生产，泰国香米、江南米以及东北大米，甚至是野生水稻，它们都可以在农业领域被批量化生产。批量化生产的粮农植物遗传资源却并不能保证可

---

〔1〕 彭学龙：《作品名称的多重功能与多元保护——兼评反不正当竞争法第6条第3项》，载《法学研究》2018年第5期。

以稳定地表达出同一性状，例如，将泰国香米在我国东北进行种植，其遗传信息中的"增香"特性则会大打折扣；同理，将东北大米在泰国进行种植，则可能会因气候的影响而削弱东北大米品种的产量。质言之，土壤、气候等外界环境因素可能会影响粮农遗传资源的性状表达。专利的实用性要求发明或实用新型能够在产业上进行制造或使用，但这种制造与使用也需要通过标准化模式进行稳定的表达与再现，因此粮农植物遗传资源并不符合专利中的实用性要求。再次，专利的强垄断性并不符合农民权价值目标。之所以设立农民权，不仅是因为要承认农民劳动的客观存在，要使农民获得一定的补偿，而且因为要鼓励农民的创造性行为，从而推动生物多样性的健康发展。如果垄断过度，创新就会受到影响，植物垄断权的出现导致物种朝着单一化的方向发展，尽管对农民权强垄断性的确认有助于与植物垄断权相抗衡，但却也使物种的单一化趋势更加明显。最后，我国《专利法》将动植物品种排除在专利授权范畴外，而只通过《植物新品种保护条例》对植物新品种提供类似专利权的知识产权保护。因此，农民权并不能被划归为专利权范畴。

农民权也不属于商业标记权。商标不仅具有区分商品与服务的功能，而且还可以为商品质量提供保障、体现商品提供者的良好形象等，这些功能与农民权价值之间不存在丝毫联系。需要指出的是，地理标志与农民权存在一定的相似之处，主要表现在二者的权利主体具有封闭性特征，而且保护对象都属于非物质客体。有些学者认为，应该将农民权划入地理标志制度保护的范畴。[1] 笔者并不认同这一观点，因为地理标志只有借助于特定地理位置、自然条件或人文因素才能存在，具有一定的指示性，它具有表达商品质量、良好形象的

〔1〕 李晓娟：《论地理标志保护中的农民权》，山西大学2012年硕士学位论文，第13页。

功能。不仅如此，大部分地理标志权主体在一定区域内从事经营活动，但是农民权的产生并不是为了表达粮农植物遗传资源商品具有良好的质量，亦不是为了维护粮农植物遗传资源商品的良好形象，且原产地与生物多样性中心的农民对粮农植物遗传资源进行生产是出于农业生产活动的需要，而非商业生产的需要，因此，农民权并不属于商业标记权利范畴。

（三）农民权属于新型知识财产专有权

概括来说，物权客体差异、制度成本以及制度风险的客观存在，使农民权很难与之契合，无论从信息客体的无形性特征来看，还是从利益平衡条件下的鼓励创新价值追求来分析，农民权都与知识产权的契合度最高。同时，通过详细分析研究发现，农民权很难被划入传统知识产权的保护范围，因此，笔者认为，农民权应划入知识财产专有权的范畴。知识财产专有权，指的是知识产权借助于专有权的形式确立下来，这种新型知识产权不属于文学产权和工业产权的范畴。当前的知识产权专有权范围涉及三种权利，分别为植物新品种权、商业秘密权和集成电路布图设计权。[1] 以上三种权利都是随着科学技术的发展而出现的，这些新型知识产权权利具有不同于传统知识产权权利的独特特征，所以不能将其划入传统知识产权的范畴。从某种角度来看，农民权的最终命运类似于上述新型知识产权权利，而知识产权是无形财产权中的权利，所以农民权理应在知识产权体系中占有一定的地位。换句话说，我们有必要通过新型专有权的方式明确农民权在知识产权体系中的地位，从而充分发挥农民权的应有作用。

---

〔1〕 吴汉东主编：《知识产权法》（第5版），法律出版社2014年版，第25页。

第三章　农民权的权利结构分析

权利本身即为一种法律关系，而权利之结构实质就是法律关系的结构。[1] 但法律关系之结构与权利之结构又存在细微差别。[2] 尽管从严格意义上来讲，法律关系的基本结构并不一定能够成为权利结构的范式，但是学界在论述相关权利结构时，也常用权利主体、权利客体、权利内容来表示。[3] 本

---

[1] 王涌：《权利的结构》，载郑永流主编：《法哲学与法社会学论丛》，中国政法大学出版社2000年版，第242页。

[2] 一般认为，法律关系的基本结构包含三要素：法律关系的主体、法律关系的客体与法律关系的内容。法律关系之主体即法律关系的承担者，包含权利人与义务人。其中法律关系中的义务人常被称为“义务主体”，而法律关系中的权利人才指权利之主体。法律关系的客体即权利义务所指向的对象，包括物、行为、智力成果以及人身利益等，这与权利之客体并无二致。法律关系之内容则包含了法律规范所调整的在人们行为过程中的权利与义务的总和，而权利的内容多指权利主体在相关法律关系中所享有的具体权项及利益。

[3] 李爱君：《数据权利属性与法律特征》，载《东方法学》2018年第3期；丁德昌：《农地发展权的法律属性与权利结构》，载《政治与法律》2020年第1期。

章亦将农民权的权利结构分为农民权的权利客体、权利主体与权利内容,逐一进行分析。

第一节 农民权的权利客体分析

上文已述,权利的结构要素可分为三个部分,其中权利客体是权利最为重要之要素。权利客体的不同是权利区分的主要依据,亦是权利主体与权利内容的重要指向;同时,权利客体在一定程度上对权利之性质亦有决定作用。因此,只有首先对农民权的权利客体进行全面的分析,掌握其本质方能为农民权权利结构展开分析奠定坚实的基础。

一、农民权客体的横向范畴

CBD 将遗传资源界定为:来自植物、动物、微生物等具有遗传功能单位的遗传材料。根据其定义可知,植物、动物、微生物是遗传资源的重要组成资源;但从 ITPGR 的界定来看,农民权的客体仅仅涉及遗传资源中的粮农植物遗传资源。在此基础上,部分学者主张对农民权的客体范畴作进一步的扩大解释,进而引发了对农民权权利名称的争论。学者指出,对人们发挥作用的动物等遗传资源也属于农民权的范畴,[1]应当命名为农业遗传资源权;"从性质层面而言,药用植物遗传资源与粮食和农业植物遗传资源是完全相同的,其也应归属于农民权的范畴之内,为了更好地区分两者,可以将农民权更名为传统遗传资源权"。[2] 关于农民权称谓的争论,笔者不得不再

---

〔1〕 周林:《专家研讨"农业遗传资源权"》,载《科技与法律》2003 年第 4 期。

〔2〕 詹映、朱雪忠:《国际法视野下的农民权问题初探》,载《法学》2003 年第 8 期。

次重申粮农植物遗传资源的三大特性:第一,粮农植物遗传资源具有承继中的农民参与性。粮农植物遗传资源是农民赖以生存的基础,是农民千百年辛勤劳作的结果,为人类的生产、生活发挥着无可替代的作用,农民以这些粮农植物遗传资源为基础不断进行创新和优化,创造出一些更优质的粮农植物品种,如抗旱、抗风、抗病等,这是粮农植物遗传资源最重要的特殊性。第二,粮农植物遗传资源具有社会发展下的粮食安全性。粮农植物遗传资源与农业安全息息相关,直接关系到国家粮食产业的顺利发展,最终影响到国家的健康稳定发展。国际人权保护要求中明确提出要从保障世界人民的温饱与生命安全。从粮食和农业安全来看,粮农植物遗传资源特有的属性在很大程度上决定了其与其他遗传资源之间存在很大的不同。第三,粮农植物遗传资源具有区域间的种质高依存性。多方研究发现,各地区间的粮农植物遗传资源往往具有一定的依存性,其依存度达到了50%以上。其中,中非、印度洋国家分别达到了67% ~94%和85% ~100%。[1] 这种依存性的存在,从侧面反映出粮农植物遗传资源在很大程度上影响着世界粮食和农业安全;另外,也从某种意义上显示出粮农品种具有一定的原始亲本难溯性。[2] 从粮农植物遗传资源的三大特性来看,其与动物遗传资源及其他植物遗传资源具有明显的不同。也正如ITPGR序言所言,粮食和农业植物遗传资源是独一无二的资源,需要有针对性地给出解决办法。[3] 将来可能在遗传

---

〔1〕[英]杰罗德·莫尔、[加]维托尔德·提莫斯基:《〈粮食和农业植物遗传资源国际条约〉解释性指南》,王富有译,中国政法大学出版社2011年版,第8页。

〔2〕乔宜梦:《粮农植物遗传资源视阈下的农民权客体论》,载《宁波大学学报(人文科学版)》2020年第4期。

〔3〕FAO, *International Treaty on Plant Genetic Resources for Food and Agriculture*, (Aug. 25, 2020), http://www.fao.org/3/i0510e/i0510e00.htm.

资源之上建立起农业遗传资源权、传统遗传资源权等。但就目前ITPGR的定义来看，农民权的客体范畴仅可包含粮农植物遗传资源。此外，对于农民权的称谓之争，尽管有学者指出"农民权"这一称谓可能会与宪法意义上的"农民权"以及"农民特权"相混淆，但是ITPGR的官方译本确实将"farmers' rights"翻译为"农民权"并向社会公布。与其执拗于农民权之称谓，不如加快对农民权的性质、权利结构明晰及实现方式的探索。

对于粮农植物遗传资源相关的定义，ITPGR第2条作了进一步的阐释，从其界定的内容来看，粮农植物遗传资源是指与农业发展有着直接联系的粮食或潜在价值的植物遗传材料，这里所说的"遗传材料"，是指所有的植物源材料，涵盖具有遗传功能的有性及无性繁殖材料。

（一）农民权客体仅包含原生境粮农植物遗传资源

ITPGR第2条的术语界定中，根据粮农植物遗传资源保存方式的不同，将其分为原生境保存和非原生境保存，并进行了界定。其中，原生境保存的粮农植物遗传资源，是指处于自然生境与生态原境保存状态的粮农植物遗传资源以及粮农植物遗传物种可存活群在自然环境中的保持与复原；如果粮农植物遗传资源已被驯化或栽培，则指在该种粮农植物遗传资源独特特性形成环境中的保持与复原。简言之，以自然环境状态为基础的粮农植物遗传资源及以农业生态环境下的原始环境保存的粮农植物遗传资源属于原生境保存粮农植物遗传资源。非原生境保存的粮农植物遗传资源，是指粮农植物遗传资源中除自然生境外的保存，其主要涵盖植物园、基因库等非自然生境保存的粮农植物遗传资源。

ITPGR对原生境保存与非原生境保存的界定与CBD趋于一致。

根据ITPGR对粮农植物遗传资源原生境保存的界定可知,不仅处于自然状态或原始环境下的粮农植物遗传资源属于原始境保存粮农植物遗传资源的范畴,被驯化或栽培的粮农植物遗传资源只要仍处在形成其独特特性的环境中,也属于原生境保存粮农植物遗传资源的范畴,这便将人类创造的人工农业环境系统纳入其中。对于粮农植物遗传资源的保护仅仅依靠非原生境保存具有一定的风险,因为非原生境保存下所收集的粮农植物遗传资源种质范围具有一定的主观性,且并不完整。因此通过农民在其农场上保存与还原粮农植物遗传资源的原生境保存方式则显得至关重要。目前,FAO正在积极的与国际社会相关组织进行合作,意图建立网络化的粮农植物遗传资源原生境保护区,这也符合《全球行动计划》对粮农植物遗传资源原生境保护的要求。其中,粮农植物遗传资源原生境网络建立的重点在于“农场保护”与“原产地保护”。与粮农植物遗传资源的原生境保存不同,粮农植物遗传资源的非原生境保存则是将粮农植物遗传资源种质以休眠的状态与种子的形式存贮在种质资源库中。这类种质资源库形式多样,有专门的国际种质中心或公共研究机构建立的粮农植物遗传资源种质资源库,亦有私人收藏或建立的种质资源库。因此,非原生境保存的粮农植物遗传资源所处的环境也有质量高低之别,既有精心布置环境以保障粮农植物遗传资源种质良好存贮的种质资源库,亦有不考虑环境因素将种质资源随意堆放的仓库。[1]总体而言,非原生境保存的粮农植物遗传资源种质多是具有更高商

---

〔1〕 Gregory Rose, *International Law of Sustainable Agriculture in the 21st Century: The International Treaty on Plant Genetic Resources for Food and Agriculture*, 15 Geo. Int'l Envtl. L. Rev., p. 583.

业价值的粮农植物遗传种质作物,如小麦等。[1] 目前,影响力最为广泛的非原生境种质资源库是由国际农业研究磋商小组支持的16个国际农业研究中心种质资源库网络。国际农业研究中心种质资源库网络拥有全球最大的遗传资源库,其中登记的遗传资源约有500,000份,占世界特种遗传资源的20%～50%。[2] 这些农业研究中心主要对特定区域的种质资源负责,其中少数研究中心在全球范围内收集特定的种质资源。对于非原生境保存的粮农植物遗传资源,FAO与国际农业研究磋商小组意图通过建立一个粮农植物遗传资源多边系统,以获取国际农业研究磋商小组中的粮农植物遗传资源。尽管最终ITPGR所建立的粮农植物遗传资源多边系统与理想中的开源系统存在一定的差异,但ITPGR已尽力实现最初对粮农植物遗传资源多边系统的构想,并通过条约内容对粮农植物遗传资源多边系统的细节进行了规定。

那么,农民权的客体范畴是否同时包含原生境下的粮农植物遗传资源与非原生境下的粮农植物遗传资源呢?其实,非原生境保存的粮农植物遗传资源是否属于农民权的客体范畴,一直是悬而未决的事项。因此,有部分学者主张,农民权的客体不仅包含原生境下的粮农植物遗传资源,亦包含非原生境中的粮农植物遗传资源。学者们意图对粮农植物遗传资源进行全面保护的愿景可以理解,但就ITPGR目前的规定来看,农民权客体不应包含非原生境保存中的粮农植物遗传资源。理由有三:首先,根据ITPGR第3条的规定,ITPGR针对的效力范围是粮农植物遗传资源,这其中包含原生境下的

[1] FAO, *Conservation and Use of Plant Genetic Resources*, (Aug. 25, 2020), http://www.fao.org/waicent/FAOINFO/SUSTDEV/EPDirect/EPre0041.htm.

[2] FAO, *State of the World's Plant Genetic Resources for Food and Agriculture*, (Aug. 25, 2020), http://www.fao.org/waicent/FAOINFO/SUSTDEV.htm.

粮农植物遗传资源与非原生境下的粮农植物遗传资源。前文已述，对于非原生境下的粮农植物遗传资源保护，FAO 与国际农业研究磋商小组等国际种质资源库意图建立一种粮农植物遗传资源多边系统，这在 ITPGR 中也进行了立法确认；对于原生境下的粮农植物遗传资源保护，FAO 意图建立的是原生境粮农植物遗传资源保护区网络。当然，鉴于原生境下的粮农植物遗传资源亦需要惠益分享的实现，因此在惠益分享过程中也可以适用粮农植物遗传资源多边模式下的标准材料转让协议，但前提是原生境粮农植物遗传资源所有者应将其所持有的粮农植物遗传资源纳入粮农植物遗传资源多边系统之中。从 ITPGR 的条约结构来看，在第二部分一般条款之后，将农民权规定在第三部分，而将获取和惠益分享的多边系统规定在第四部分。这种结构安排似有以农民权的方式保护原生境粮农植物遗传资源，而以多边系统的方式保护和利用非原生境粮农植物遗传资源之意。其次，非原生境下的粮农植物遗传资源多以种质资源库的方式被国际组织所占有，尽管少部分由私人种质资源库所占有，但从主体上来说，原产地中心与生物多样性中心的农民并不是非原生境粮农植物遗传资源的多数主体。如果将非原生境粮农植物遗传资源划归为农民权之客体，则会在非原生境粮农植物遗传资源之上产生在先权利冲突。最后，非原生境粮农植物遗传资源多由国际种质资源库收集而来，尽管其最初可能是来自自然环境或人类耕作环境下的原生境粮农植物遗传资源，但其在被相关种质资源库收集后，经过时间推移，已经较难追溯到其种质亲本资源。如果硬要将非原生境粮农植物遗传资源划归为农民权之客体，则对其进行亲本追溯要付出极高的成本，这在客观上也不利于农民权的实现。综观世界各国在粮农植物遗传资源上的相关立法，也鲜有国家将非原生境粮农植物遗传资源纳入农民权之客体。综上而言，尽管粮农植物遗传资源可分为原生境保存与非原生境保存两种方式，但农民权之客体应仅包含原生境保存下的粮农植物遗传资源；至于非原生境粮农植物遗传资源的保存与利用，依靠目前 ITPGR 的粮农植物遗传资源多边系统模式未尝不是一种可行的制度性策略。

（二）农民权客体应包含粮农遗传植物衍生物

根据 ITPGR 第 2 条的规定，粮农植物遗传资源系指对粮食和农业具有实际价值或潜在价值的植物遗传材料。ITPGR 对粮农植物遗传资源的范畴界定限于"遗传材料"。但 ITPGR 的这一界定引发了诸多争议，争论的主要问题在于对粮农植物遗传资源范畴是否作进一步扩大解释，即能否将遗传部分或成分纳入农民权的客体范畴之内。[1] 在对于遗传资源的定义进行界定时，CBD 对此有着同样的争议，尽管这一争议存在了很长时间，但到目前为止尚未有明确的定论。在随后的《名古屋议定书》中，争议也没有得到有效解决。"从当前的实际利用情况而言，其往往集中在遗传资源方面，而遗传功能单位的利用则很少，例如一些药物并非含有遗传物质 DNA 和 RNA，而是由生化物组成。"[2] 与《名古屋议定书》的立场相同，ITPGR 对此也表示接受，即在界定粮农植物遗传资源的定义时不将遗传要素考虑在内，而是于第 12.3 条（d）项中作出禁止性规定：不可利用多边系统获取到的粮食和农业植物遗传资源接收形态进行知识产权申请。除此之外，还在第 13.2 条（d）项（ii）对获取者能够针对衍生物拥有知识产权的权利予以承认，若想通过多边系统获取植物遗传资料进

〔1〕［英］杰罗德·莫尔、［加］维托尔德·提莫斯基：《〈粮食和农业植物遗传资源国际条约〉解释性指南》，王富有译，中国政法大学出版社 2011 年版，第 52 页。

〔2〕薛达元：《〈生物多样性公约〉新里程碑——〈名古屋 ABS 议定书〉（上）》，载《环境保护》2010 年第 23 期。

行商业化,就要按照相应的规定支付相应的款项。[1] 这里不得不提到《国际植物新品种保护公约》(International Union for the protection of New Varieties of Plants,以下简称《UPOV 公约》),《UPOV 公约》旨在为育种者对符合其条件的植物品种提供知识产权保护。《UPOV 公约》规定所有联盟国家必须保护植物遗传资源,但将植物遗传资源的具体保护方式交由各个国家立法进行保护。[2] 《UPOV 公约》1991 年文本更是将这种知识产权保护扩张到公约适用的所有属和种以及其相关材料。[3] 《UPOV 公约》赋予育种者极大的垄断权利本身与农民权是相悖的。ITPGR 第 2 条术语界定中并未清晰规定粮农植物遗传资源的范畴而以第 13.2 条进行妥协的利益根源即为发达国家依据《UPOV 公约》对育种者植物新品种权的保护。

但就实质而言,ITPGR 第 13.2 条的规定仍会产生诸多问题与歧义。根据 ITPGR 第 11.2 条规定,多边系统涵盖了缔约方管理和控制的以及处于公共状态的附件一所列出的所有粮农植物遗传资源。这其中包含了两类:其一,缔约方管理与控制的附件一所列举的粮农植物遗传资源;其二,处于公共状态的附件一所列举的粮农植物遗传资源。在这一点上,ITPGR 的本始意图为对抗植物新品种权,但第 13.2 条(d)项(ii)规定粮农植物遗传资源的获取者可以对粮农植物遗传

---

〔1〕 [英]杰罗德·莫尔、[加]维托尔德·提莫斯基:《〈粮食和农业植物遗传资源国际条约〉解释性指南》,王富有译,中国政法大学出版社 2011 年版,第 52 页。

〔2〕 Michael Halewood & Kent Nnadozie, *Giving Priority to the Commons: The International Treaty on Plant Genetic Resources for Food and Agriculture*, in Geoff Tansey & Tasmin Rajotte, *The Future Control of Food: A Guide to International Negotiations and Rules on Intellectual Property, Biodiversity and Food Securit*, Earthscan, 2012.

〔3〕 Brian Groombridge ed, *Global Biodiversity: Status of the Earth's Living Resources*, (Aug. 25, 2020), http://www.ciesin.org/docs/008-265/008-265i.html.

资源衍生物拥有知识产权，这便与其所界定的公共属性相悖。由此看来，ITPGR 未在第 2 条中清晰界定粮农植物遗传资源，而通过第 13.2 条进行妥协的策略并不太成功。

ITPGR 对粮农植物遗传资源的界定必然受制于 CBD 对遗传资源的界定，CBD 将遗传资源界定为具有实际价值或者潜在价值的遗传材料，其中遗传材料指动物、植物、微生物或其他来源的任何含有遗传功能单位的材料。在这里，我们应当重新审视或界定 ITPGR 第 2 条中的粮农植物遗传资源。ITPGR 将遗传材料界定为包含遗传功能单位的有性与无性植物繁殖材料。这里有两点需注意：

1. 无论是 CBD 还是 ITPGR 皆将遗传资源的界定停留在“遗传功能单位”上。因发展中国家与发达国家的利益立场不同，在“遗传功能单位”材料的范畴界定上存在不同的主张。发达国家通常认为遗传功能单位材料仅指基因；而发展中国家则认为遗传功能单位材料除了基因之外，还应包括含有遗传功能单位的生物化合物，虽不含遗传功能单位但保留相关遗传信息的 RNA、蛋白质、酶，以及不含有遗传功能单位的由细胞新陈代谢产生的天然的生物化合物。[1] 上述发展中国家的遗传资源范畴类别主张常被统称为“衍生物”。染色体是遗传中的重要介质，染色体主要由组蛋白、非组蛋白等蛋白质和 DNA 及 RNA 三种物质组成。由于 DNA 在细胞核中的含量恒定、代谢稳定且 DNA 分子具有极强的自我复制性，在现代生物技术中 DNA 常被视为主要遗传物质。然而 DNA 中的信息并非全都是混为一体，不可区分的，只要处于基因以下都可以区分。在实验室条件下可以对那些小于基因的 DNA 片段进行交换，可以从某一物种中提取出 DNA 片段并可将其插入另一个物种中培育出新的品种。因此，完

---

〔1〕 张小勇：《遗传资源国际法问题研究》，知识产权出版社 2017 年版，第 43 页。

整的染色体或单个基因以及较长的 DNA 片段,小于基因的 DNA 片段以及退化了的 DNA 等亦可以属于遗传功能单位的范畴。同时,RNA 也具有自我复制性,其亦可以被视为遗传物质之一,甚至在诸如病毒的结构中,RNA 甚至是超越 DNA 的重要遗传物质。〔1〕 那么 CBD 抑或 ITPGR 下的遗传资源界定中是否应包含遗传资源衍生物呢? 部分学者指出,CBD 在对遗传资源进行界定时,其原文为"containing"(包含)遗传功能单位这一表述,即只要遗传资源包含遗传功能单位即可以构成 CBD 所界定的遗传资源。〔2〕 同理,ITPGR 在界定粮农植物遗传资源时也是用的"containing"遗传功能单位这一表述,那么只要相关粮农植物遗传资源包含了遗传功能单位,则无论是 DNA 还是含有遗传功能单位的生物化合物都应当属于粮农植物遗传资源的范畴。从条约内容的字面意思来看,含有遗传功能单位的生物化合物可以被归为粮农植物遗传资源范畴,那么不含遗传功能单位但保留相关遗传信息的 RNA、蛋白质、酶以及不含有遗传功能单位的由细胞新陈代谢产生的天然生物化合物可否属于遗传资源或粮农植物遗传资源范畴呢? 上文已述,RNA 本身就具有携带遗传信息的能力,同时,蛋白质、酶等亦可以携带遗传信息。虽然 DNA 决定了生物特性遗传信息,但只有通过蛋白质才能表达其生命意义,DNA 通过 RNA 决定蛋白质的合成,RNA 聚合酶的发现正是其科学印证。〔3〕 ITPGR 真正欲保护的是粮农植物遗传资源携带的遗传信息,因此,即使是不含遗传功能单位但保留相关遗传信息的 RNA、蛋白质、酶以及不含有遗传功能单位的由细胞新陈代谢产生的天然生物

〔1〕 朱红艳主编:《作物遗传育种》,重庆大学出版社 2016 年版,第 112 页。
〔2〕 张小勇:《遗传资源国际法问题研究》,知识产权出版社 2017 年版,第 43 页。
〔3〕 朱红艳主编:《作物遗传育种》,重庆大学出版社 2016 年版,第 118 页。

化合物，只要其携带了生物的特定遗传信息，亦可以属于粮农植物遗传资源范畴。

2. 除却在遗传资源之上进一步将遗传材料限定为植物遗传资源外，ITPGR 在 CBD 规定的基础上对遗传材料又添加一个限定条件，即“有性和无性繁殖材料”。ITPGR 在此处将遗传材料进一步限定为“繁殖材料”，应是为了与《UPOV 公约》保持一致。对于“繁殖材料”(propagating material)术语的界定，在 2011 年 UPOV 行政与法律委员会小组会议上，国际观赏植物无性繁育育种者协会秘书长曾要求 UPOV 对繁殖材料进行清晰而统一的界定，然而，遗憾的是《UPOV 公约》至今亦未对繁殖材料进行清晰的界定。UPOV 办公室曾收集了 70 个 UPOV 成员国中相关法律对繁殖材料的立法界定，但只有 39 个国家在相关立法中使用到了“propagating material”“propagating”等术语，并且各个国家和地区法律对其界定也不尽相同。其中，澳大利亚等国家和地区[1]将繁殖材料界定为“可以生产出相同特性植物的植物或植物部分”；阿塞拜疆等国家和地区[2]则将繁殖材料界定为“用于生产或增加植物的植物或植物的一部分”；阿根廷等国家[3]立法中对繁殖材料界定至少包括了“用于种植(生长、种植或传播)的植物或其部分”；美国佐治亚州、肯尼亚、立陶宛、斯洛伐克所使用的繁殖材料定义包括了“用于繁殖的植物或植物部分”，但未对

---

[1] 包括澳大利亚、加拿大、欧洲联盟、匈牙利、墨西哥、摩尔多瓦共和国、摩洛哥、新西兰、尼加拉瓜、罗马尼亚、新加、斯洛文尼亚、南非、突尼斯、乌克兰。

[2] 包括阿塞拜疆、白俄罗斯、比利时、巴西、保加利亚、智利、巴拿马、俄罗斯联邦、土耳其。

[3] 包括阿根廷、奥地利、德国、以色列、荷兰、巴拉圭、波兰、韩国、瑞士。

"繁殖"作进一步界定。[1] 可以看出,以上各国对繁殖材料的立法界定基本上停留在"植物或植物部分"层面,而未有深层次的展开。我国部分学者对繁殖材料也进行了界定,即繁殖材料是指整株植物、种子以及构成植物体的任何部分,包括细胞、组织等。[2] 学者在"植物或植物部分"层面之下进一步展开研究,扩展到了细胞、组织等,但这却并不能进一步说明基因、基因片段或遗传资源衍生物是否属于繁殖材料。繁殖材料定义的模糊为粮农植物遗传资源范畴的界定留下了隐患,亦为粮农植物遗传资源范畴的界定留下解释空间。DNA、RNA、蛋白质、酶以及由细胞新陈代谢产生的天然生物化合物当然属于植物之一部分,既然各国立法普遍将繁殖材料界定为"植物或植物部分",那么DNA、RNA、蛋白质、酶以及由细胞新陈代谢产生的天然生物化合物亦可以属于繁殖材料的范畴。就此而言,即使将粮农植物遗传资源限定在繁殖材料的范畴,其具体范围亦不与"含有遗传功能单位"的材料范畴相悖。

综上所述,粮农遗传植物衍生物应当属于粮农植物遗传资源范畴,即农民权之客体应当包含粮农遗传植物衍生物。而且从国际社会对遗传资源定义的界定中可以发现,有一些国家如哥斯达黎加、安第斯共同体成员国、巴西等,这些国家也已将分子和衍生物纳入其定义范畴。[3]

---

〔1〕 *Capable or intended for propagation— what is propagating material?*, (Aug. 25, 2020), http://ip4all. com/capable - or - intended - for - propagation - what - is - propagating - material/.

〔2〕 吕淑琴、陈一痕编著:《知识产权法辞典》,上海辞书出版社2018年版,第247页。

〔3〕 秦天宝编译:《国际与外国遗传资源法选编》,法律出版社2005年版,第167、288页。

二、农民权客体的纵向分析

前文已述,ITPGR将粮农植物遗传资源界定为对粮食和农业具有实际价值或潜在价值的包含遗传功能单位的有性与无性植物繁殖材料。而“遗传功能单位”一般被界定为含特定遗传信息的一段核苷酸序列,即指DNA或RNA中碱基的排列顺序,也应包括粮农植物遗传资源衍生物。DNA是生物学中的专业术语,是指遗传物质上附着的各种排列顺序的遗传信息,其所合成结构DNA的生物材料可以在各种有机物之间转化,这些载体都可以纳入遗传单位的范畴,例如完整的活细胞、DNA片段、基因和全部染色体。因此,遗传功能单位的范围则限定为可以被控制或提取、被传递给活体后代的完整DNA生物标本。[1] 自CBD生效以来,生物技术飞速发展,全新的基因组学、合成生物学等生物技术的出现改变了生物材料的利用方式,遗传功能单位的科学解释得到进一步的扩张,即其既可以是遗传结构本身,亦可以是包含于DNA序列中的可以被甄别和转化为数字形式的信息。[2] 从以上的生物学解读中,我们可以进一步看出作为农民权客体的粮农植物遗传资源是一项“一体两面”的双属性资源。具言之,粮农植物遗传资源既是有形的物质材料,同时包含无形的遗传资源信息。从横向范畴来看,农民权客体包括原生境下的粮农植物遗传资源及其衍生物,这是对有形粮农植物遗传资源范畴的界定;但从纵向分析来看,粮农植物资源所携带的粮农植物遗传资源信息才是现今生物科技所真正关注与争抢的核心,也是“绿色黄金”的真正价

---

〔1〕 张海燕:《遗传资源知识产权保护法律问题研究》,法律出版社2012年版,第12页。

〔2〕 张小勇:《遗传资源国际法问题研究》,知识产权出版社2017年版,第40页。

值所在。

（一）粮农植物遗传资源信息的本质

遗传信息具备无形性特征。从某种程度上来说，这与知识产权权利客体属性是相符的，不过理论界仍认为知识产权的调整范畴不应包含遗传信息。学者指出，智力成果是知识产权的客体，我们应当将其纳入知识资讯当中，而遗传信息资讯与资料或是文献等客体相类似，实际上属于事物性信息的一种，二者所属的资讯类型并不一样，[1]因此不能归入知识产权调整范畴。笔者认为这一观点尚有商榷余地。

首先，前文已经强调，虽然植物所展现出的特殊性状必须通过DNA组织、蛋白质组织等进行表达，但粮农植物遗传资源信息不同于粮农植物遗传资源信息载体。粮农植物遗传资源信息在本质上属于一种基因数列的科学排序，尽管这种基因序列排序必须要通过基因来展现与表达，但排序本身是不同于客观物质的一种无形存在。诚然巴克兰教授在其文章 *Information as Thing* 中将信息分为作为事物的信息与作为知识的信息，但巴克兰教授在文章中亦指出："作为知识的信息的关键特征在于它是无形的，人们无法以任何直接方式接触或测量它。知识、信念和观点是个人主观性和概念性的体现。因此，为了传达它们，必须以某种物理方式将它们表达、描述或表示为信号、文本或者通信。而任何这样的表达、描述或者表示（信号、文本或者通信）则属于事物性信息……无形资产（知识和作为知识的信息）与有形资产（作为事物的信息）之间的区别是如果您可以触摸或

[1] 吴汉东：《关于遗传资源客体属性与权利形态的民法学思考》，载《月旦民商法杂志》2006年第12期。

直接测量它，它就不是知识，而是一些物理的东西，即事物性信息。"[1]根据巴克兰教授的观点，作为事物的信息与作为知识的信息的重要区分点即是否为客观物理存在。粮农植物遗传资源信息不同于粮农植物遗传资源载体，相反，粮农植物遗传资源信息必须通过粮农植物遗传资源载体（物理方式）将粮农植物遗传资源信息进行表达、描述或表示。而这恰恰说明，粮农植物遗传资源信息应属于作为知识的信息，而粮农遗传资源信息载体属于作为物质的信息。

其次，粮农植物遗传资源和其他遗传资源有着很大的差别，其在历史长河中可以得到保存、改良、发展与农民世世代代的劳动和努力息息相关，这一点也是经 ITPGR 所确认的。[2] 纵观历史，农民在播种、生产以及丰收的过程中不断对具备优良特性的种子予以保留，从而能够确保作物能够与当地的生长环境相适应，孕育出自身的农作物品种并进行改良。现代农业的顺利进行与农民世世代代不断遴选种质密切相关，是农民投入了大量的体力劳动以及脑力劳动来选育种子的结果。例如，在自然状态下，就保障自然更新的角度来说，种子头部爆裂从而让种子得以更好散播；为了增强种子度过干旱期的能力，野生植物种子会休眠等这些遗传特性无疑都是有着重要意义的。然而，这些特性却无益于植物栽培。为此，农民通过遴选种质将这些不需要的遗传特性给去掉，将需要的特性保留下来。不过，在这个挑选与培育的过程当中，并不是只要有劳动体力就可以，还需要付出智力，否则就不可能选种和培育出优良品种。如果没有农民投入的大量的体力与脑力劳动，则粮农植物无论是种植还是收获都接近

[1] Michael Buckland, *Information As Thing*, Journal of the American Society for Information Science and Technology, p. 351 – 360, (1991).

[2] ITPGR 序言强调，我们应当深刻意识到，经农民选育、传统植物育种等方法来进行作物遗传改良的一个无可替代的原材料就是粮食与农业植物遗传资源。

于其原始的性状。全球人口数量亦在不断增加，如此就会出现粮食供给不足的结果，继而导致人类社会因为饥荒等物质因素而很难向前发展。因此，农民权的提出有两个基本逻辑：一是对过去的、现在的，全球范围内的农民在保存、改良和提供这些遗传资源方面所做出的贡献予以确认，其中亦包含对农民在粮农种质上所付出的体力与智力劳动进行肯定。二是对农民未来能够对这些遗传资源进行更好发展和改良予以有效激励，确保人类社会在追求文明和发展的道路上不会因物质保障问题而停滞不前。

最后，从根本上来说，粮农植物遗传资源是客观物质和主观智力相结合的成果。在探究该问题之前，笔者需要从哲学角度来对自己的思维立场和前提进行说明，即物质为世界的本源所在。自市场经济体制下的知识产权制度产生后，学界就一直在探究知识产权客体问题，并先后提出了许多种不同的观点。例如，为知识产权的产生和发展提供过正当性理由的“智力成果说”，以及后来提出的“信号说”“信息说”等。本书的观点是，无论是智力成果还是信息，亦无论是信号还是符号，都属于一种客观存在。知识的产生实际上是客观存在在人脑当中的反映，是经人脑处理的意识化的结果。当人们复制或是传播新生的知识，使其变成客观化的信息之后，即知识或智力成果成了客观存在和主观意识相互融合的产物后，其会继续表现为客观信息。例如，“云”字在成为客观信息之前，经历了一系列过程，即人们看到了天上的云，因而开始用“二”来表达天，卷曲的云形就用“厶”来代表，二者结合在一起就创作出了“云”字。当“云”成为客观信息之后，人们又基于“云”字而创作出了各种商标及电影作品名称、产品服务名称，例如“云烟”“云图”“云盘”等。然而，在过去，学理上对知识产权保护对象总是带有智力成果倾向性，对于客观世界的启发及公共知识信息的积淀却一直都没有被重视起来。这也是人们在知识产权的范畴内没有纳入“粮农植物遗传资源信息”的重要原因。在被农民挑选及育种以前，粮农植物遗传资源信息的确是一种客观存在，然而农民世世代代投入了大量的智力劳动来挑选及育种，种子在该智力性因素的作用下，其遗传信息就会呈现出农民所期待性状的良性发展，虽说最终所呈现出来的遗传信息依旧属于客观存在的一种，但这也是经农民意识领域作用的结果，是农民意识领域的灵感与自然作用的结晶。从根本上来说，粮农植物遗传资源信息属于主客观相互融合统一的结果。

（二）粮农植物遗传资源信息载体与粮农植物遗传资源无形信息的特殊关系

“在达尔文看来，事物的发展归根结底只靠食物与性来推动。而种子则显然同时具备了这两种特征。”[1] 诚如斯言，作为农民权客体的粮农植物遗传资源亦是一项“一体两面”的双属性资源，其中粮农植物遗传资源物可以作为人们生存与发展的食粮，这也是粮农植物遗传资源的现实价值所在；同时，粮农植物遗传资源还具有繁殖功能，即其所携带的基因序列信息等无形资源是粮农植物可持续发展不可或缺的重要保障，这也是粮农植物遗传资源的真实价值。

但需要注意的是，具有食用价值的粮农植物遗传资源物并不同于粮农植物遗传资源信息载体，二者虽在客观物理层面都有一定的表现形式，却在制度层面存在调整差异。粮农植物遗传资源物可以作为商品，在市场经济体制下受到物权制度的调整；而粮农植物遗传资源信息载体则应适用于 ITPGR 的获取与惠益分享制度调整。在

〔1〕 Jim Chem, *Biodiversity and Biotechnology: A Misunderstood Relation*, 2005 Mich. St. L. Rev., p. 51.

这一点上，ITPGR 下的粮农植物遗传资源与 CBD 下的遗传资源具有一定的相似性。在 CBD 谈判过程中，谈判者们在遗传资源上达成了一种共识：应当在作为遗传信息载体的遗传资源与作为商品形式的生物遗传资源之间进行区分，即获取与惠益分享制度仅仅适用于遗传资源以及为利用遗传资源所负载的遗传信息和属性的活动中。[1] 同理，亦应对粮农植物遗传资源信息载体与粮农植物遗传资源物作出区分，即 ITPGR 下针对粮农植物遗传资源建立的惠益分享制度仅适用于粮农植物遗传资源信息载体。

对粮农植物遗传资源物与粮农植物遗传资源信息载体进行区分，是我们纵向探究农民权客体的基础；同时，我们也要正确认识粮农植物遗传资源信息载体与粮农植物遗传资源无形信息之间的关系，这亦是我们正确认识农民权客体的前提。与粮农植物遗传资源信息载体相比，粮农植物遗传资源信息具有以下几个重要特征：

首先，粮农植物遗传资源信息具有非物质性特征，这是其与粮农植物遗传资源信息载体最重要的差异性特征。上文已述，粮农植物遗传资源信息从本质上来说是客观物质和原产地与生物多样性中心的农民主观智力相结合的结果，即其应是一种以非物质形态存在于精神领域的创造活动的结晶；而粮农植物遗传资源信息载体不过是承载粮农植物遗传资源信息的物质性展现。

其次，粮农植物遗传资源信息具有可再现性特征。粮农植物遗传资源信息的可再现性具有两层含义：一是粮农植物遗传资源信息作为客观事物的一种反应能够被人们所接受、认识；二是粮农植物遗传资源信息的内容可以物化反映在不同载体之上，在传递过程中通过载体的变化而再次展现出相同的内容结果。粮农植物遗传资源信

[1] 张小勇：《遗传资源国际法问题研究》，知识产权出版社 2017 年版，第 38 页。

息的可再现性是其可以被开发利用的关键，育种者或植物品种开发者可以通过抽取粮农植物遗传资源物中的DNA信息，进一步认识粮农植物遗传资源信息载体所展现出的粮农植物遗传资源信息特征。而后，通过基因嫁接、基因重组技术，在不同的植物品种之上再次展现出粮农植物遗传资源信息特征。

再次，粮农植物遗传资源信息具有多态性。在粮农植物遗传资源开发利用活动中，与粮农植物遗传资源信息相比，粮农植物遗传资源物质的重要性主要表现在：开发者或研究者要想拥有或探知研究某一粮农植物遗传资源信息就必须先拥有与之相对应的某一遗传物质，其获取粮农植物遗传资源信息的前提条件就是具备粮农植物遗传资源信息的物质载体。脱离粮农植物遗传资源物的遗传信息无法独立存在，即人们只有先获得携带某一遗传信息的遗传材料才能获得该遗传信息。但从生物学上来说，某一遗传信息的来源并不是唯一的，即遗传信息可以在一定数量的遗传物质上承载与表达。同一批遗传物质或是不相同的遗传物质均能具备相应的遗传信息。在生物研发过程中，将遗传信息从遗传物种中抽离一般都需要付出毁损遗传物质的代价，但遗传物质的毁损却不会导致该种遗传信息源的灭失。过去，人们在对遗传信息和遗传材料的唯一对应性进行说明时总会引用“世界上没有两片相同的树叶”〔1〕等话语，但实际上，这种观点是不准确的。原因在于基因具备多态性特征，〔2〕在相同生长环境下生长的植物作物其所具备的一些性状可能是相同的。在蛋白表达上，不同的基因组合所呈现出的性状也有可能是一样的。

〔1〕 刘旭霞、胡小伟：《知识产权视野下农业遗传资源产权化进程分析》，载《知识产权》2009年第3期。

〔2〕 基因多态性（gene polymorphism）是指处于随机婚配的群体中，同一基因位点可存在两种以上的基因型。

最后，粮农植物遗传资源信息与粮农植物遗传资源信息载体不可分割。此处的不可分割并非指粮农植物遗传资源信息与粮农植物遗传资源信息载体需一一对应，毕竟遗传信息具有多态性特征，此处的不可分割性仅指粮农植物遗传资源信息的展现需要借助粮农植物遗传资源信息载体进行表达。一如我们日常生活中的相关信息必须借助声波、光波、文字等物质形态载体才能被我们听觉、视觉、嗅觉所感知与表现一样，粮农植物遗传资源信息必须借助于粮农植物遗传资源信息载体方能表达。即粮农植物遗传资源所表现出的抗旱性、抗涝性等信息特征，需要借助其特殊的基因结构与蛋白组成才能表达与作用出来。我们可以借用作品与书籍的关系来类比粮农植物遗传资源信息与粮农植物遗传资源信息载体。如果把自然杰作与农民灵感结合的粮农植物遗传资源信息比作作品，那么粮农植物遗传资源信息载体则如同书籍一样将这一自然与灵感的结晶进行表达。当然，如果某些动植物生化材料当中并没有涵盖任何有价值的遗传信息，那么这些材料就仅仅是自然资源，不能将其纳入遗传资源的范畴。〔1〕因此，粮农植物遗传资源信息对粮农植物遗传资源信息载体亦有着价值决定性作用。

粮农植物遗传资源信息应属于知识性信息，其从根本上来说属于经脑力作用过的客观信息，即便其有着较强的自然属性也依旧无法掩盖人为脑力在其上的付出，无法否定农民在粮农植物遗传资源之上所做出的贡献。而在粮农植物遗传资源信息载体与粮农植物遗传资源无形信息的特殊关系上，粮农植物遗传资源信息具有非物质性特征、可再现性特征，其与粮农植物遗传资源载体虽不可分割，却因其具有多态性而可以在不同基因组合或植物上重复表达。以上种

〔1〕 詹映、朱雪忠：《国际法视野下的农民权问题初探》，载《法学》2003 年第 8 期。

种皆与知识产权客体特性高度一致。由此观之,粮农植物遗传资源的知识产权属性也更加明朗。

第二节　农民权的权利主体分析

农民权所欲保护的真正客体为粮农植物遗传资源信息,那么粮农植物遗传资源的归属,或言农民权的主体为何呢？这里可以借鉴学界对遗传资源归属的争论。学界对遗传资源相关权利主体的争论有多元主体说与单一主体说等学说,其中各学说内又有细分。或可为农民权权利主体的确定提供一定的借鉴。

一、关于遗传资源法律地位的争论

从人类发现并认知遗传资源以来,对遗传资源之地位、价值以及其是否应在法律上具有一席之地一直都存有争议。长久以来,遗传资源一直被视为人类共同遗产,直到出台 CBD 后,才确立了遗传资源国家主权的法律地位。

(一)遗传资源属于人类共同遗产

长久以来,遗传资源一直被视为人类共同遗产,进而适用国际法中的人类共同遗产原则。遗传资源与《管理各国在月球和其他天体上活动的协定》中的外太空相关资源、《南极海洋生物资源养护公约》中的南极相关资源以及《联合国海洋法公约》中的国家管辖范围以外相关海洋资源,具有同样的制度命运。这也深刻地影响了粮农植物遗传资源的归属。尽管 FAO 在 1983 年的讨论中已经意识到原产地中心和生物多样性中心的农民在保存与改良对植物遗传资源上所做的贡献,但在 IUPGR 以及其第 5/89 号决议中仍将植物遗传资源的主体定位为国际共同体，这从侧面反映出植物遗传资源在当时的国际环境下仍被视为人类共同遗产，任何人可以在全球范围内自由获取与利用。这一观点同时得到了发达国家与发展中国家的支持。[1]但是将粮农植物遗传资源视为人类共同遗产会造成以下制度弊端：

首先，粮农植物遗传资源的人类共同遗产属性会造成"公地悲剧"现象产生。公地悲剧，又称"公共资源悲剧理论"，最早由哈定提出。哈定通过牛畜与牧草的关系来举证了公地悲剧理论：因养殖牛所带来的收益大于购牛成本，因此每个牧民都想多养殖牛，但牧草的总量是有限的，牛数量的增加会造成过度放牧，最终致使所有的牛畜饿死。这就是著名的公地悲剧理论。同理，粮农植物遗传资源被视为当代生物技术的"绿色黄金"，所有的开发与利用者都想从中分取一杯羹，但粮农植物遗传资源的总量是有限的，将其视为人类共同遗产无疑会引发只顾眼前利益的相关群体对粮农植物遗传资源的过度开发与无休止的饕餮掠夺。缺乏规则管理或缺乏产权制度的约束，粮农植物遗传资源会在持续性的开发利用中被消耗殆尽，何谈保存与改良。其次，粮农植物遗传资源的保存和改良与人类赖以生存的生态环境亦息息相关。粮农植物遗传资源的开发将会为生态环境带来一定的压力，甚至是环境破坏。但发达国家与发展中国家在粮农植物遗传资源的开发利用上存在技术不均等的现实情况，多数粮农植物遗传资源的开发与利用技术都掌握在发达国家手中，因此粮农

---

〔1〕"人类共同遗产"的概念最初被众多发展中国家接受，是因为发展中国家打算将共同遗产的概念作为一种知识产权的反击手段。ITPGR 所界定的植物遗传资源，不仅包括正在利用的、新近开发的植物遗传资源，过时的、早先的栽培品种以及野生的、丛生的物种，而且还包括特殊的遗传材料。它暗示发达国家的公司所持有的材料，包括受知识产权保护的材料，也是人类共同资源。参见张小勇：《遗传资源的获取和惠益分享与知识产权》，知识产权出版社 2007 年版，第 34 页。

植物遗传资源的开发与利用也是由多数发达国家进行。在粮农植物遗传资源的人类共同遗产理论下，对粮农植物遗传资源开发利用所带来的环境后果亦由全人类共同承担。有学者指出："这明显是一种不公正的功利主义策略，而且在规范上也存在问题，这相当于一项政策，该政策将使得美国前5%的富人得到免税，而将税负加征在中产阶级和穷人身上。一种政策迫使那些拥有最少资源的人支付公共物品的开支，却让最富有的人付最少的钱，这既不合理亦不公正。"[1]最后，将粮农植物遗传资源视为人类共同遗产则忽视了世世代代农民在粮农植物遗传资源之上所做的贡献。同时，粮农植物遗传资源与外太空相关资源、极地相关资源以及公海相关资源的不同之处在于，其基本上处于国家主权范围内，将粮农植物遗传资源定位为人类共同遗产确有不合适之处。

（二）遗传资源国家主权说

1992年CBD条约的签署，在国际法意义上正式承认了生物资源的国家主权地位。CBD在序言[2]中确立了生物资源的国家主权原则，包括生物遗传资源在内的生物资源不再是人类共同遗产，而应由各个国家对其享有主权。FAO紧随其后，在2001年通过ITPGR，于序言[3]中对粮农植物遗传资源的国家主权原则进行了确认，并且在

---

〔1〕 Chetan Gulati, *The "Tragedy of the Commons" In Plant Genetic Resources: the Need for a New International Regime Centered Around an International Biotechnology Patent Office*, 4 Yale Hum. Rts. & Dev. L. J. p. 63.

〔2〕 CBD在序言中明确提到，各国对它自己的生物资源拥有主权权利，各国有责任保护它自己的生物多样性并以可持久的方式使用它自己的生物资源。

〔3〕 ITPGR序言中明确，各国在行使对其粮食和农业植物遗传资源的主权时，可以从建立一个有效多边系统中共同受益，该系统便于商定资源的获取，以及公平合理分享因其利用而产生的利益。

ITPGR 的第 3/2001 号决议中也对粮农植物遗传资源的国家主权原则进行了重申。由此开始,粮农植物遗传资源国家主权说正式取代了人类共同遗产说。

二、农民权的主体定位

遗传资源以及粮农植物遗传资源由人类共同遗产到国家主权的法律地位的演变,反映了遗传资源及粮农植物遗传资源保护的迫切性,农民权的提出正是对粮农植物遗传资源呼吁法律保护与规制的反映。在粮农植物遗传资源的国际法定位上,由于 CBD 及 ITPGR 仅仅在国际法意义上赋予了遗传资源以及粮农植物遗传资源的国家主权属性,因此在遗传资源相关权利以及农民权的主体定位上学界存在较大争议。目前,学界对于遗传资源相关权利的主体定位主要有多元主体说与单一主体说两种学术观点,其中多元主体说又分为分散的多元主体说与复合的多元主体说,单一主体说又包括遗传资源个人所有说、遗传资源国家所有说和遗传资源社区集体所有说。学界对于遗传资源相关主体的争论与学说为农民权的主体定位提供了借鉴。

(一)多元主体说

所谓遗传资源相关权利多元主体说,即在遗传资源相关权利上存在多个法律主体。遗传资源相关权利多元主体说又分为分散的多元主体说以及复合的多元主体说。

1. 分散的多元主体说

在遗传资源相关权利的主体定位上,有学者建议在将来关于遗传资源的相关立法中规定三种类型的遗传和生物资源所有权,包括生物遗传资源国家所有权、生物遗传资源集体所有权以及生物遗传资源个人所有权。[1] 学者提出的这一主张主要基于目前我国立法对生物资源的权属规定并不清晰。例如，野生动植物资源归国家所有，森林资源归国家所有，但法律另有规定的除外；再加上易地保护条件下的遗传资源一般归属于易地保护设施所有人。这便造成了在不同的情况下，我国境内的生物资源可以分别归属国家、集体或私人所有的现象，因此，对应到生物遗传资源之上，便可能有生物遗传资源国家所有权、生物遗传资源集体所有权以及生物遗传资源个人所有权。[2] 学者所论揭示出了目前我国在生物资源立法上的不足，也对农民权的主体定位有一定的启示意义。

前文在论述粮农植物遗传资源的横向范畴时提到，根据粮农植物遗传资源保存方式的不同，粮农植物遗传资源分为原生境保存下的粮农植物遗传资源和非原生境保存下的粮农植物遗传资源。其中，原生境保存的粮农植物遗传资源，是指处于自然生境与生态原境保存状态的粮农植物遗传资源以及粮农植物遗传物种可存活群在自然环境中的保持与复原；如果粮农植物遗传资源已被驯化或栽培，则指在该种粮农植物遗传资源独特特性形成环境中的保持与复原。非原生境保存的粮农植物遗传资源，是指粮食和农业植物遗传资源除自然生境外的保存。主要涵盖植物园、基因库等非自然生境保存的粮农植物遗传资源。其中，只有原生境下保存的粮农植物遗传资源属于农民权的客体范畴。至于非原生境下保存的粮农植物遗传资源的归属，正如学者所论，通常属于非原生境保护设施所有人。但因为农民权的客体范围指向仅仅包括原生境下的粮农植物遗传资源，这

---

〔1〕 张小勇：《我国遗传资源的获取和惠益分享立法研究》，载《法律科学》2007 年第 1 期。

〔2〕 张小勇：《我国遗传资源的获取和惠益分享立法研究》，载《法律科学》2007 年第 1 期。

即意味着在农民权体系下并不会存在多个不同属性主体并存的情况。

2. 复合的多元主体说

复合的多元主体说主要是针对遗传资源以及遗传资源权所提出的,遗传资源的复合主体是以构建利益分享为中心,在遗传资源之上确立的复合式权利主体,即遗传资源所有人是国家,遗传资源权利支配人是社区共有人。[1] 学者提出这一学说的主要理由有:首先,遗传资源本身即为自然资源,遗传资源归属国家所有不仅符合 CBD 关于遗传资源国家主权原则的精神,亦与各国关于自然资源国家所有的立法相一致。其次,虽然国家为遗传资源权的所有人,但是国家对于遗传资源仅仅只有管理的职能,并不能成为遗传资源权的利益分享收益人,因为国家对于遗传资源上遗传特性的形成并没有任何实质性或创造性投入。最后,社区应为遗传资源权的共有人,这是因为社区是遗传资源的真正创造者,只有将社区视为遗传资源权的共有人,才能真正实现惠益分享落实到社区居民。[2] 学者对遗传资源的复合权利主体主张不失为一种学术创新,同时亦是为了实现遗传资源的国家管理职能与社区惠益分享。然而,遗传资源权的复合权利主体却难以在农民权上适用。

第一,粮农植物遗传资源并不是一般性自然资源,它是由原产地与生物多样性中心的农民世代培育的种质植物资源。从我国《民法

〔1〕 张海燕:《遗传资源权权利主体的分析——基于遗传资源权复合式权利主体的构想》,载《政治与法律》2011 年第 2 期。

〔2〕 张海燕:《遗传资源权权利主体的分析——基于遗传资源权复合式权利主体的构想》,载《政治与法律》2011 年第 2 期。

典》第 250 条及第 251 条[1]规定可以看出，国家范围内的自然资源基本都属于国家所有，但需要注意的是国家对自然资源的所有负有一定的条件：其一，当相关自然资源由法律规定属于集体所有时，国家不再对其享有所有权；其二，动植物资源需为野生；其三，即使为野生动植物资源，亦需由法律明确规定属于国家，国家才能对其享有所有权。那么什么是野生动植物资源呢？根据我国《野生动物保护法》第 2 条的规定，野生动物是指珍贵、濒危的陆生、水生野生动物和有重要生态、科学、社会价值的陆生野生动物。其实《野生动植物保护法》并没有对“野生”作出进一步解释。根据《辞海》的解释，野生是指生物在自然环境中生长而不是由人工饲养或栽培的。通过对我国相关立法的查询以及探究，我们可以发现，国家对自然资源的享有必须具备两个必要条件：其一，相关自然资源必须非为人工饲养或栽培；其二，相关自然资源并不属于集体所有。由于遗传资源的范围要远远大过粮农植物遗传资源的范围，因此在人迹罕至的荒原或滩涂中，可能会有历史沉淀下的遗传资源，将其视为国家所有并无不妥。但粮农植物遗传资源却是由原产地与生物多样性中心的世世代代农民所精心培育与养殖的，这与“野生”不符。因此，从这个意义上来说，粮农植物遗传资源并不适于国家所有，国家也不适合作为农民权的主体。

第二，复合主体说不符合财产权的排他性特征，与农民权难以自洽。若涉及知识产权属性的农民权为财产权之一种，那么农民权亦应当具备财产权的特性。根据学者论述，财产权应具有普遍性、可让

---

[1] 《民法典》第 250 条及第 251 条规定，森林、山岭、草原、荒地、滩涂等自然资源，属于国家所有，但是法律规定属于集体所有的除外。法律规定属于国家所有的野生动植物资源，属于国家所有。

渡性、具体性和排他性。[1] 其中,财产权的普遍性是指在市场经济体制下,只要某一资源具有经济价值,其便可以成为财产,在其上即能形成财产法律关系。粮农植物遗传资源本身即具有极高的经济价值,其当然可以成为财产,以粮农植物遗传资源为客体的农民权亦符合财产权普遍性的要求。财产权的可让渡性是指财产权一般可以在市场中进行流通,此处的流通可以理解为"利用",其实权利的"归属"只是"利用"的手段与方式。农民权的原始主体当然可以对粮农植物遗传资源的占有、使用、收益以及处分权能进行让渡,促使粮农植物遗传资源随着农民权的"利用"而在市场上流通。如果因为设立农民权而致使粮农植物遗传资源的研发与商业化利用终止,那么将对生物科技带来致命性的打击,所谓的惠益分享制度也将成为空谈。财产权的具体性是指其必须是一种可以操作的具体权利义务。虽然在理论上农民权的具体权利与义务尚有争议,但学界与 FAO 正在为此做出努力。农民权本质上具有权利义务形态,其亦符合财产权的具体性要求。需要特别指明的是财产权的排他性,因为这与农民权的主体制度紧密相连。根据学者所论,财产权的排他性是指财产权的主体不可兼容与重叠。具言之,即不可以有两个或两个以上主体同时享有同一项财产权。这里的同一主体并非指数量上的主体,而是属性上的主体,即不同属性的主体间在财产权上应有明确的市场界分,如果主体间的界限不明,则不利于财产权市场交易的实现。但国家主体与集体主体是两个性质不同的市场主体。国家主体代表的是全民公益,而社区集体代表的是集体公益,其在属性上存在根本性的不同。《民法典》第 207 条对国家、集体、私人和其他权利人进行了区分,并在第 2 编第 5 章分别规定了国家所有权、集体所有权与私人

---

[1] 梅夏英:《财产权构造的基础分析》,人民法院出版社 2002 年版,第 204 页。

所有权,正是其意。且无论遗传资源权的法律属性为何,农民权作为财产权之一种,理应符合财产权的一般特性,粮农植物遗传资源既属于国家又属于社区集体的主体定位并不适合农民权。[1]

第三,即使不将国家视为农民权之主体,国家对于粮农植物遗传资源依旧可以履行管理职能。遗传资源的复合权利主体说将国家与社区集体共同视为遗传资源权利主体,一方面是为了实现国家对遗传资源的管理职能,另一方面是为了将惠益分享落实到社区集体时有据可依。我们不禁要追问,国家对某一资源或财产未享有所有权就不能履行管理职能吗?所谓国家职能,是指国家在其阶级统治和社会管理活动中所负担的职责与功能,包括政府职能、经济职能与社会公共管理职能。[2] 其中,国家政府职能的重点在于保证法律政策等社会制度的正常运行,国家的经济与社会管理职能则是对市场秩序的稳定与分配正义的实现。[3] 深入而言,国家职能的拥有与国家权力的履行涉及权力的来源等法哲学上的问题,囿于本书讨论主题,在此不再展开。但"权力"与"权利"并非同一法理论体系下的概念,国家未拥有私法领域中的所有权,并不表示国家公权力的丧失,国家对粮农植物遗传资源的管理职能来源于 ITPGR 所确定的粮农植物遗传资源国家主权属性。例如,农民对初级农产品享有所有权,但根据我国《食用农产品市场销售质量安全监督管理办法》的规定,农产品的销售依然要受到国家的监督与管理。故而,即使国家并非农民权的主体,亦不影响国家对粮农植物遗传资源相关职能的履行。

---

〔1〕 本段中关于财产权的相关论述,参见梅夏英:《财产权构造的基础分析》,人民法院出版社 2002 年版,第 202 -215 页。

〔2〕 郭小聪:《论国家职能与政府职能》,载《中山大学学报(社会科学版)》1997 年第 2 期。

〔3〕 高景柱:《国家职能、国家能力与国家构建》,载《湖北社会科学》2011 年第 3 期。

（二）单一主体说

在遗传资源相关权利的主体定位上，除了多元主体说之外，学界还对遗传资源相关权利的主体定位提出了个体所有、国家所有以及社区集体所有三种不同的主张。

1. 遗传资源个体所有说

遗传资源的个体所有说，即遗传资源相关权利属于对遗传资源的保存与传承有突出贡献的个体。部分发达国家在立法中赋予了个人对遗传资源的所有权。例如，澳大利亚昆士兰州《2004 年生物开发法》即规定土地所有人与土著居民对相关生物资源具有所有权；在德国，动物或植物的饲养人或培育人对该动物或植物遗传资源享有所有权；在美国，私有土地主对其土地上的遗传资源享有所有权。[1]部分学者认为，对遗传资源的驯化行为与生产行为类似，除法律另有规定外，遗传资源的驯化人可以对其所驯化的遗传资源享有所有权，而对于野生的遗传资源品种可以采用民法的先占规则取得所有权。[2] 也有学者认为，土地承包经营权人可以对其承包的土地依法享有占有、使用和收益的权利，而土地上所生长出的遗传资源属于土地收益的一部分，因此农民在自己承包土地上养殖出的植物遗传资源属于农民的劳动成果，属于其所承包的土地的收益，应为农民私有。[3]

那么遗传资源相关权利的个体所有说是否可以适用于粮农植物

---

〔1〕 何平：《成本视角下的遗传资源财产权保护制度设计研究》，载《法学杂志》2018 年第 10 期。

〔2〕 徐信贵：《遗传资源的权属问题研究》，载《四川理工学院学报（社会科学版）》2012 年第 3 期。

〔3〕 王富有等：《农民土地上的植物遗传资源所有权研究》，载《中国农学通报》2012 年第 2 期。

遗传资源呢？笔者认为，尽管遗传资源相关权利的个体所有说基本都承认个人对遗传资源做出的贡献，而这似乎与ITPGR承认原产地与生物多样性中心的农民在粮农植物遗传资源方面所做贡献的价值趋向相一致，但将粮农植物遗传资源赋予原产地与生物多样性中心的农民所有恐难以实现农民权。农民权有三项权利要素，即保护粮农植物遗传资源及其传统知识、实现粮农植物遗传资源利用活动中的惠益分享、参与国家关于保存与可持续利用粮农植物遗传资源事项的决策。首先，将农民权主体定位为农民个体并不利于保护粮农植物遗传资源及其传统知识。粮农植物遗传资源的核心价值在于粮农植物遗传资源信息，而信息是随着传播广度的扩大而实现价值递增的。不设边界地促使粮农植物遗传资源信息公开传播，则会促使粮农植物遗传资源沦为公共产物，从而打击农民培育粮农植物遗传资源的积极性。但对粮农植物遗传资源信息的过渡垄断也会促使种质资源价值增量的实现。如果某一种粮农植物遗传资源信息仅仅掌握在农民个体手中，可能会导致该种粮农植物遗传资源信息随农民个体的死亡而灭失，这并不利于粮农植物遗传资源信息的保存与改良。其次，将农民权主体定位为农民个体也不利于粮农植物遗传资源利用活动中的惠益分享。在粮农植物遗传资源利用活动中，尤其是在商业性开发利用活动中，从事粮农植物遗传资源商业开发的粮农植物遗传资源获取者一般为生物企业或种质公司。农民个体力量薄弱，在与生物企业或种质公司的交涉中会因不懂粮农植物遗传资源价值或地位悬殊等情况，而无法在粮农植物遗传资源利用活动中获得公正的对待，这使得农民权的惠益分享权利要素流于形式。最后，将农民权主体定位为农民个体不利于农民在粮农植物遗传资源利用活动中决策权的实现。农民个体数量繁多，国家在制定粮农植物遗传资源相关决策时征求所有的农民个体同意既不现实也徒增制度成本，同时存在部分农民个体因为文化程度的差异而不理解国家在粮农植物遗传资源上相关决策或政策的情况。因此，遗传资源相关权利的个体所有说在粮农植物遗传资源上的适用价值有限，农民权的主体也不宜定位为农民个体。

2. 遗传资源国家所有说

目前，部分学者与相关国家立法例持遗传资源相关权利国家所有的观点。学者认为，CBD 赋予国家对遗传资源的主权实际上是国家对领土范围内遗传资源的所有权。“这种所有权应指最终的所有权，而不是指主权国家对基因资源的事实上的支配权，因为主权和管辖权是可以分离的，与民法中所有权和占有权的区分相似。”[1] 因此，遗传资源应同其他自然资源一样实行公有制，由国家所有。[2] 具体理由包括：第一，私有主体具有趋利性，对遗传资源进行滥用不利于遗传资源的可持续发展；第二，私有主体没有能力扭转生物技术利益开发中的失衡状态；第三，私有主体不能对遗传资源勘查、开发与利用进行合理规划。[3] 同时，部分国家和地区在立法中亦赋予了国家对遗传资源享有所有权。例如哥伦比亚、厄瓜多尔和秘鲁等国家都适用安第斯共同体《第 391 号决议》、哥斯达黎加《生物多样性法》等将国家定位为遗传资源所有权的主体。[4]

在国际法语境下，国家主权是指国家独立自主地处理其对内对

---

〔1〕 杨红朝：《遗传资源权视野下的我国农业遗传资源保护探究》，载《法学杂志》2020 年第 2 期。

〔2〕 罗晓霞：《遗传资源保护路径选择的理论基础》，载《南京农业大学学报（社会科学版）》2011 年第 3 期。

〔3〕 罗晓霞：《遗传资源保护路径选择的理论基础》，载《南京农业大学学报（社会科学版）》2011 年第 3 期。

〔4〕 [美]卡里佐萨著：《生物多样性获取与惠益分享：履行〈生物多样性公约〉的经验》，谢海雁、薛达元、秦天宝等译，中国环境科学出版社 2006 年版，第 58 页。

外事务的最高权力。[1] 这种最高权力通过两方面展现出来：其一，为国家在国际法上享有不受他国干涉从而自主处理相关事务的法律权利，也称“外部主权”；其二，为国家在其领土范围内拥有最高的法律权威，即主权国家可以在其领土范围内对个人与财产进行排他性管辖。当然，对外主权与对内主权都要受国际法的约束。[2] 这反映到粮农植物遗传资源国家主权上，即在符合国际法的要求下，国家可以在本国范围内自由处理与粮农植物遗传资源相关的事务而不受他国的干涉；同时，国家在本国的领土范围内可以对粮农植物遗传资源进行排他性管辖。尽管有学者指出，国家主权的法律构造与财产权法律构造具有一定的相似性，但无论是国家处理粮农植物遗传资源相关事务不受干涉，还是国家在本国范围内对粮农植物遗传资源进行排他性管辖，都与财产权存在一定差别。主要表现在，国家主权属于权力体系范畴，而财产权属于权利体系范畴，二者调整的范围体系不同。从国家主权的概念中可以看出，其是处理对内对外事务的最高“权力”。权力通常指代了法律关系主体具有从事某种行为的资格或能力，而且权力指向了国家或集体的利益，并包含国家强制力。[3] 权利则通常指向个人利益，即法律关系中主体享有以相对自由的作为或不作为方式获得利益的一种手段。那么进一步来说，国家主权应属于公权范畴，财产权属于私权范畴。尽管国家也可以作为民事法律关系主体在市场经济中从事相关法律活动，但一国在行使国家主权时并非民事法律关系主体。因此，尽管 CBD 确立了生物资源的国家主权属性，ITPGR 确立粮农植物遗传资源的国家主权所有，但从

〔1〕 朱文奇：《现代国际刑法》，商务印书馆 2015 年版。
〔2〕 莫纪宏：《现代宪法的逻辑基础》，法律出版社 2001 年版。
〔3〕 沈宗灵：《权利、义务、权力》，载《法学研究》1998 年第 3 期。

严格意义上来说,此种所有并非财产法意义上的所有权,而仅仅是宣示了粮农植物遗传资源的国际法地位,粮农植物遗传资源在国内的法律地位应当为财产权的客体。[1] 以粮农植物遗传资源为客体的农民权作为知识产权之一种,本身即属于财产权的客体,虽对其主体尚有争议,但对主体不应为国家已达成共识。

同时,学者所提出的私有主体具有趋利性而对遗传资源进行滥用,不利于遗传资源的可持续发展;私有主体没有能力扭转生物技术开发中的利益失衡状态;私有主体不能对遗传资源勘查、开发与利用进行合理规划等理由确有一定道理。在粮农植物遗传资源之上,私有主体的占有也可能会展现出这些弊端,但这些弊端却不一定必须通过相关权利的国家所有进行弥补。正如前文所言,国家亦可以通过履行其管理职能对私权利进行一定的监督,以保障粮农植物遗传资源的健康发展。

3. 遗传资源社区集体所有说

遗传资源的社区集体所有说,即遗传资源相关权利主体应为原产地中心和生物多样性中心的社区或农民集体。部分国家在遗传资源相关立法中即采取了遗传资源相关权利社区集体所有的模式,例如哥斯达黎加《生物多样性法》承认社区对遗传资源的权利,并称其为"专门的社区知识权";孟加拉国《生物多样性与社区知识保护法》亦规定境内社区享有对生物资源和/或创新的权利。[2] 笔者认为,关于农民权的主体定位可以适用遗产资源相关权利的社区集体所有说,原因如下:第一,作为长期历史发展的结果,粮农植物遗传资源的

---

〔1〕 张小勇:《遗传资源的获取和惠益分享与知识产权》,知识产权出版社 2007 年版,第 31 页。

〔2〕 何平:《成本视角下的遗传资源财产权保护制度设计研究》,载《法学杂志》2018 年第 10 期。

形成虽与自然力量有关，但更重要的是与遗传资源所在部落、社区世代农民的辛勤劳作与经验累积息息相关，但我们很难去查证某一项粮农植物遗传资源是否为某一个或是某几个农民努力的结果，因此为了让全体农民的利益实现都更为公平，也便于实施，把农民权主体定位为社区集体更为适宜。第二，对粮农植物遗传资源予以保护，并使农民在应用开发粮农植物遗传资源方面能够得到相应的利益补偿，这是确立农民权的根本目标。把集体社区视为农民权主体能够有效实现该目标，将利益分享真正落实到农民的身上，以避免将权利主体定位成国家时，在粮农植物遗传资源保护过程当中出现官僚主义作风盛行的问题。第三，结合 CBD 与 ITPGR 的有关规定来看，〔1〕将农民权主体定位为社区集体，对于农民无障碍使用与改良粮农植物遗传资源，保存遗传资源都是十分有利的。农民权的价值就是要让农民群体得到相应的补偿，使育种者的权利得以平衡，在维护农民利益的同时，有助于保存、改良及发展粮农植物遗传资源。故而，本书的观点是，以地理范围（社区）或是围绕某一种质作为基准来划分农民权的集体权利是比较适合的。某一遗传资源所在社区集体或是在该遗传资源的种植方面有贡献的集体可以成为该项遗传资源的产权主体。虽然在 ITPGR 的有关条文当中单独列出了"农民"，〔2〕但

---

〔1〕如 CBD 第 1 条规定，本公约的目标是按照本公约有关条款从事保护生物多样性、持续利用其组成部分以及公平合理分享由利用遗传资源而产生的惠益……而 ITPGR 也在第 1 条强调与 CBD 的宗旨一致，只是将客体范围限制在粮农遗传资源方面。从 CBD 和 ITPGR 的宗旨中可以看出，它们是将遗传资源的保护和可持续利用放在第一位的。

〔2〕ITPGR 第 9 条规定："The Contracting Parties recognize the enormous contribution that the local and indigenous communities and farmers of all regions of the world, particularly those in the centres of origin and crop diversity..." 其中"local communities""indigenous communities""farmers"三者是并列的关系，其官方译本在第 9 条上也将"当地社区""土著社区""农民"三者并列。

鉴于 IUPGR 在这之前并未将当地社区及土著社区纳入,在这里把三者并列,目的就是要凸显当地社区和土著社区所做出的贡献,因此这里所说的农民指的是农民群体,即权利的主体是农民群体,而不是单个农民。不过,关于社区集体是农民权的权利主体这一观点尚未达成统一,还存在诸多争议。

(1)将权利主体定位为社区集体,与农民权的私权属性及知识产权属性并不相悖。质疑在于,社区集体成为农民权的主体,遗传资源可能就会因此成为集体产权而属于公产,这并不符合上文所提到的粮农植物遗传资源的私有财产属性。但我们必须要清楚,公产和公权、私产和私权之间并不是一一对应的关系。国家基于财产的使用目的将财产划分成公产与私产,其中公共财产指的是国家财产与集体财产,私人财产指的是公民个人财产。公产是出于社会公众利益来使用的财产,私产指的是出于个人利益而使用的财产。国家公产仅用于承担社会公益目的,无法将其用在经营方面,私产的管理者则需要根据市场原则来对其财产进行利用。[1] 因此,农民权的集体产权属性与认定其私权这二者之间并不冲突。目前,学界针对如何划分公权与私权问题存在多种不同的观点,如法律说、利益说等,不过我们可从两个方面来进行把握:其一,在权利的内容方面。就公权与私权而言,前者属于政治性的,后者属于民事性的。其二,在权利的产生方面。公法关系是公权产生的起源,私法关系是私权产生的起源。[2] 结合上文分析来看,创设农民权的目的是要保护粮农植物遗传资源并合理分享其有关利益,是用来平衡农民和遗传资源利用者

[1] 谢海定:《国家所有的法律表达及其解释》,载《中国法学》2016 年第 2 期。
[2] 吴汉东:《关于知识产权私权属性的再认识——兼评"知识产权公权化"理论》,载《社会科学》2005 年第 10 期。

之间的平等关系的，其自然具备私权属性。此外，社区集体作为产权主体，其与农民权知识产权属性二者之间并无冲突。知识产权制度从产生到发展至今，基本上其权利产生的条件都是个体的智慧凝结，而非集体的创造。然而，《建立世界知识产权组织公约》第 2 条对知识产权内涵的界定中提到“关于人们努力在一切领域的发明的权利”，由此可见，知识产权制度是一个开放性的制度，且集体商标制度和地理标志制度的注入也意味着知识产权主体类型是多元化的。因此，知识产权制度和农民权农民集体的权利主体特性之间是没有冲突的。

(2)对有关粮农植物遗传资源的主体范围及受益范围进行判断时，若按照地域区划来划分，可能会带来一个问题，即粮农植物遗传资源的形成与发展经历了漫长的时代发展，在这期间，人口流动频繁且数量大，一些地区的粮农植物遗传资源的形成可能会涉及多个农民团体或是多个农民，但在这一方面做出过贡献的一些农民或是农民团体已经迁往其他地区居住生活，如此，该粮农植物遗传资源的农民权主体是否应将其涵盖在内？又该如何补偿这些农民或是农民群体所做出的贡献？其实，农民权主体的认定与人口的变动关系不大。严格来说，“农民集体”并不是法律术语，不过在农民权之下，农民集体依旧属于法律拟制的主体，是法律赋予其人格从而成为农民权的适格主体。从法律层面来说，农民集体指的并不是某一个农民团体或是某一个农民，如同农村集体土地所有权一样，由全体农民所有的集体土地是不需要确认个体农民对部分土地的私人所有权的，村民迁往他处定居生活以后，该村集体土地上的任何利益都将与其无关，即农民离开集体以后就默认其放弃了集体土地的权利，其将不能再享有集体成员所享有的权利和利益。农民权也一样，有关机构(及开源管理者，后面将会详细论述)不再主动追索认定迁往他处的农民在粮农植物遗传资源方面所享有的权利，如果农民能够提供确实的证据并对其利益进行主张，有关部门应补充和认定其权利。实际上，粮农组织大会在第5/89号决议中也明确指出，农民权是源自农民尤其是原产地及生物多样性中心的农民，在过去、现在及未来，对植物遗传资源的保存、改良及提供方面有贡献的，在现在、未来几代农民受托人的国际共同体应享有的权利，以此来维护和实现全部农民的所有利益，并对农民继续做出贡献予以支持，这也有助于IUPGR的全部目标的顺利达成。[1] 在这里，第5/89号决议将国际共同体视为农民权的主体的观点虽有失偏颇，这一说法是否正确，先不作探讨，但发布此决议的根本目的就是为实现权利提供便利，从而尝试着把农民权的主体从个体农民的身上解放出来。另外，ITPGR最新文本在定义农民权的内涵时也提到了当地社区和土著社区以及全球各地区的农民，这意味着作为一个整体，土著社区所发挥出的重要作用已经获得了各缔约方的认可。[2] 因此，如果某一农民迁往他处定居生活的同时没有对其权利进行主张，就表明其主动放弃了所享有的权利，子孙无穷匮地把利益严格追溯到具体的某一个人会增加制度成本，且和创设农民权的本意相违背，也不利于实现权利。

(3)如果由全体社区农民共同享有粮农植物遗传资源所有权，一旦管理不当就很容易引发“公地悲剧”问题。社区农民不仅数量广泛，且大多欠缺专业知识及管理经验，因此不可能让每一位农民都参与到管理中来，这就需要组建有关管理组织负责管理粮农植物遗传资源，以确保能够真正保护和实现农民的利益和农民权。笔者认为，

---

〔1〕［英］杰罗德·莫尔、［加］维托尔德·提莫斯基：《〈粮食和农业植物遗传资源国际条约〉解释性指南》，王富有译，中国政法大学出版社2011年版，第95页。

〔2〕［英］杰罗德·莫尔、［加］维托尔德·提莫斯基：《〈粮食和农业植物遗传资源国际条约〉解释性指南》，王富有译，中国政法大学出版社2011年版，第97页。

可设置专门的非营利组织来管理粮农植物遗传资源，管理者不宜是政府或是有关机构，否则难以真正落实和保护农民的利益。同时，将农民权主体定位为社区集体并不代表国家对于粮农植物遗传资源的开发与利用就不能享有相关权利，在农民权上，我们最终期望达到的效果应是粮农植物遗传资源主权在“国”、农民权主体在“地”，而遗传资源之上相关利益的最终流向属“人”的效果。即国家可以依据其对粮农植物遗传资源享有的主权而对粮农植物遗传资源进行管理，农民权相关权利的行使应由原产地与生物多样性中心的社区承担，但粮农植物遗传资源开发、利用或商业化分享的最终利益都应流向农民个体。

第三节　农民权的权利内容分析

从产生至今，农民权一直被视为“一揽子权利”，[1]按照 ITPGR 第 9.2 条的规定，农民权的权利内容主要涵盖下列三大要素：一是保护与粮农植物遗传资源有关的传统知识；二是公平参与分享因利用粮农植物遗传而产生利益的权利；三是参与在国家一级就粮农植物遗传资源保存及可持续利用事项决策的权利。ITPGR 第 9.2 条主要从开放性的角度列举了农民权的权利要素，并未将农民权权项进行具体的列举，但其给予各缔约国自主选择的权利，即各个国家可结合自身的实际情况对农民权的具体内容作出规定，因此各国对农民权具体权利内容的规定也不尽相同，但前提是要包涵 ITPGR 所规定的

〔1〕 即并没有明确的权利内容。ITPGR 只是在条文中规定了农民权的权利要素，并没有明确农民权的具体权利，这是为了让各个缔约国根据自身的需要和国情自行确定权利内容。

相关权利要素。有研究者指出,农民权需包括下列几个方面的权利内容:一是留种权;二是对最新技术进行使用的权利;三是第三方对遗传材料进行采集时应享有知情权及对样本进行复制的权利;四是因为遗传资源的提供而获得社会声誉的权利。[1] 国内有部分研究者指出,农民应享有占有、使用、收益及处分各种传统植物遗传资源的权利,这些权利即为农民权的主要内容。[2] 也有观点认为,应从体系化层面来论述农民权的内容,可将其划分成以下两个体系:一是精神权利,即遗传资源使用者需要对其技术开发过程当中所使用到的遗传资源的来源进行说明,这是其获得遗传资源提供者的同意的证据;二是包括了排除权、防止盗用权等在内的财产权。[3] 囿于 ITPGR 第 9.2 条对农民权权利内容要素的划分,下文对于农民权权利内容的分析也将从这三方面展开。

一、保护与粮农植物遗传资源有关的传统知识

(一)传统知识的概念与特征

"传统知识"是一个具有争议的概念,不同的国际组织与国际公约对其定义都各不相同。世界知识产权组织(World Intellectual Property Organization,以下简称 WIPO)对传统知识的范围进行了列举,具体包括传统的文学、艺术和科学作品,表演,发明,科学发现,外观设计、商标、商号及标记、未公开的信息以及其他一切来自产业、学

---

〔1〕 Lauren Winter, *Cultivating Farmers' Rights: Reconciling Food Security, Indigenous Agriculture, and Trips*, 43 Vand. J. Transnat'l L., p. 223.

〔2〕 周作斌、张云:《论知识产权与人权的冲突及协调——以植物新品种权与农民权关系为视角》,载《陕西行政学院学报》2012 年第 2 期。

〔3〕 杨明:《浅析遗传资源权的制度构建》,载《华中科技大学学报(社会科学版)》2006 年第 1 期。

科和文学领域的智力活动。此处的“传统”是指附属于特定地区或群族而世代相传并为适应环境变化而不断发展的知识体系、创造与文化表达等。[1] WIPO 并没有直接对传统知识进行定义,而是采取了列举的方式划定了传统知识的范畴。与 WIPO 不同,CBD 则认为传统知识和生物资源具有紧密联系,对生物多样性保护和持续利用有着间接或是直接促进作用的知识及资源即为传统知识。从该定义来看,传统知识既是知识也是资源,该定义的目的在于对遗传资源及与其有关的传统知识进行保护。[2] 《TRIPS 协议》第 27 条对传统知识的概念进行了界定,该界定与 CBD 相似,主要指生物资源及遗传资源相关的传统知识。[3] 对于传统知识的概念,有学者将其界定为:“传统知识是传统部族在其漫长的生产生活过程中所创造的知识、技术、诀窍的总和。”[4]也有学者认为,传统知识是一个相当庞大的概念,其至少应当包括民间文学、艺术、音乐等知识,并且包括植物知识以及植物品种。[5] 还有学者认为,人们世代相传的,在改造世界的实践中所获得的,具有某种特点的认识和经验的总和,属于人类主观意识范畴的组成部分,因此,完全处于自然状态下的生物和遗传资源不属于传统知识范畴。[6] 从上述不同国际条约和学界对传统知识的界定可以看出,传统知识具有广义与狭义之分。广义的传统知识

---

[1] 朱雪忠:《传统知识的法律保护初探》,载《华中师范大学学报(人文社会科学版)》2004 年第 3 期。

[2] 薛达元、崔国斌:《遗传资源、传统知识与知识产权》,中国环境科学出版社 2009 年版,第 8 页。

[3] 薛达元、郭泺:《论传统知识的概念与保护》,载《生物多样性》2009 年第 2 期。

[4] 严永和:《论传统知识的知识产权保护》,法律出版社 2006 年版,第 16 页。

[5] Srividhya Ragavan, *Protection of Traditional Knowledge*, Minn. Intell. Prop. Rev. 1., p. 2, (2001). 转引自严永和:《论传统知识的知识产权保护》,法律出版社 2006 年版,第 16 页。

[6] 周方:《传统知识法律保护研究》,知识产权出版社 2011 年版,第 24 页。

概念,既包括传统知识本身,也将传统知识的载体或表现形式包含在内。CBD 对传统知识的界定显然属于此列。狭义的传统知识概念,仅包括在传统背景下的因相关智力活动而产生的知识。例如,手工织品的制作方法、提炼植物精华的诀窍等。无论是广义的传统知识还是狭义的传统知识,都具有以下几方面特征:

首先,顾名思义,传统知识应具有传统性。WIPO 在其相关文件中将"传统"界定为:知识的产生、存续及传播应在世代相传的过程中延续,知识的产生、存续与传播与传统或土著社区的人民具有密切联系,该知识应当属于传统或土著社区文化的组成部分,并且传统或土著社区的人民集体对该知识的存续、监管具有责任。[1] 从 WIPO 对"传统"的界定可以看出,传统知识之"传统"偏向的是与传统社区相联系,而不能从"传统"的字面意思去解释。这也意味着,传统知识并非过时的、陈旧的知识。在传统或土著社区对传统知识的世代存续与流传的过程中,必然会因科技发展、生产力进步等社会环境的变化以及自然环境的变化而对其所拥有的传统知识进行革新。甚至可以说,传统知识是一种基于传统的知识创新。[2] 因此,我们所言的传统知识之"传统"仅仅指其应与传统社区相联系。

其次,传统知识主体具有群体性。传统知识一般为传统部族或传统社区集体智慧的结晶,因此传统知识的主体一般表现为群体性或集体性特征。尽管某项传统知识,如传统手艺、遗传资源的药用效果与提炼方法等,可能一开始是由传统部落或社区中的某一人发现或创作的,但在世代流传的过程中,传统社区或集体在该传统知识上

---

〔1〕 WIPO/GRTKF/IC/17/5.

〔2〕 古祖雪:《论传统知识的可知识产权性》,载《厦门大学学报(哲学社会科学版)》2006 年第 2 期。

经过不断的改造并发展，最终形成集体智慧的结晶。随着历史长河的发展与部族世代更替，传统知识的最初贡献者已经与整个传统部族融为一体。当然，传统知识主体的集体性特征并不意味着传统部落中的单个个人对传统知识不能享有使用权；传统知识的集体所有正是为了保障传统社区中的个人及其子孙后代可以更好地使用、改良和发展该传统知识。

最后，传统知识与传统社区具有文化一体性。传统知识是传统社区或部落的人民在长期的生产与生活实践中逐步形成并产生的。因此，传统知识在长期的形成过程中也必然会受到传统部族和当地社区的人文环境、自然环境、风俗习惯等的影响。传统知识应当与传统社区文化具有一体性，应是根植于传统社区文化的内容。

（二）与粮农植物遗传资源有关的传统知识在农民权中的定位

从上述相关国际组织、国际条约与学界对传统知识概念的界定，以及传统文化的特征来看，传统知识的界定并未形成统一的共识。但在农民权语境下，作为农民权权利要素之一的传统知识，一定是与粮农植物遗传资源相关的传统知识。需要进一步指出的是，在学界和相关实践中，经常将与粮农植物遗传资源有关的传统知识视为农民权的客体范畴，即农民权的客体不仅包括粮农植物遗传资源，亦包括与粮农植物遗传资源有关的传统知识。但就实质而言，与粮农植物遗传资源有关的传统知识仅仅是农民权的权利要素内容，而非农民权的客体之一。主要理由在于：(1)与粮农植物遗传资源相关的传统知识必须依附于粮农植物遗传资源才具有实际价值。与粮农植物遗传资源相关的传统知识以粮农植物遗传资源的存在为价值前提。当粮农植物遗传资源消亡，或在缺失粮农植物遗传资源的前提下，即使拥有与粮农植物遗传资源相关的传统知识，也会因缺乏粮农植物遗传资源材料而使得该种传统知识无法实践或实施。例如,在对印度苦楝树的保护中,[1]当地社区的农民经过长时间的实践与累积的经验知道了苦楝树具有很好的驱虫治病的效果,因此“从印度苦楝树中提取相关材料可以驱虫治病”便成为与印度苦楝树有关的传统知识。然而“从印度苦楝树中提取相关材料可以驱虫治病”这种传统知识价值的实现,以印度苦楝树的存在或获取为前提,苦楝树消亡以后,该传统知识也就谈不上有价值了。(2)对粮农植物遗传资源进行保护可以达到保护与粮农植物遗传资源有关的传统知识的目的。与粮农植物遗传资源相关的传统知识不仅以粮农植物遗传资源的存在为价值前提;同时,对粮农植物遗传资源进行保护可以达到保护与粮农植物遗传资源有关的传统知识的目的。我们依旧以印度苦楝树作为示例。在印度苦楝树所在的传统社区之外的相关利益人即使在未经传统社区同意,即侵犯农民权的情况下非法获取了与印度苦楝树相关的传统知识,但是却不能获得印度苦楝树这一遗传材料,那么相关利益人则无法对“印度苦楝树中提取相关材料可以驱虫治病”这种传统知识进行实施。因此,在农民权保护的语境中,虽然与粮农植物遗传资源有关的传统知识与粮农植物遗传资源材料具有密切的关联,但与粮农植物遗传资源有关的传统知识无法也不能上升到客体地位,而仅仅是农民权的权利保护内容的一部分。换言之,从概念体系这一角度来说,粮农植物遗传资源和与之相关的传统知识所在的层级并不一样,虽然就保护层面而言二者联系十分紧密,但与粮农植物遗传资源有关的传统知识仅依附于粮农植物遗传资源而存在。

---

[1] 印度苦楝树(Azadirachta indica),原产于印度、缅甸等国,是一种喜高温、耐干旱、喜阳光充足、耐土壤贫瘠的植物。由于印度苦楝树具有耐干旱的特性,从中提取的印楝素又能发挥除虫害的功能,因此引种栽培印度苦楝,对解决当今荒漠化地区的植被恢复和化学农药污染等环境问题具有重要意义。

（三）粮农植物遗传资源使用权与排除权

根据 ITPGR 第 9 条[1]的相关规定，FAO 将与粮农植物遗传资源相关的传统知识的保护责任留给了各缔约国。在 ITPGR 的磋商与讨论中，对于农民权中与粮农植物遗传资源有关的传统知识的保护主要提供了防止消亡与防止不正当利用两种方式供缔约方参考与选择。[2] 与粮农植物遗传资源相关传统知识的防止消亡保护，是指确保与粮农植物遗传资源有关的传统知识能够在社区和农民群体中经常性地被利用和共享；与粮农植物遗传资源相关传统知识的防止不正当利用的保护是指，防止与粮农植物遗传资源相关传统知识被实践中的商业主体在拒绝惠益分享的情况下，通过申请知识产权相关垄断权以对与粮农植物遗传资源相关传统知识进行独占。[3] 上文已述，与粮农植物遗传资源相关的传统知识必须依附于粮农植物遗传资源才具有实际价值，对粮农植物遗传资源进行保护可以实现保护与粮农植物遗传资源有关的传统知识的目的；保护与粮农植物遗传资源有关的传统知识只是农民权的权利要素或目标，只有粮农植物遗传资源本身才是农民权的实质客体。因此，与 ITPGR 磋商和讨论中所提供的两种对与粮农植物遗传资源有关的传统知识的保护方式相对应，农民权应可能包含下列两项具体权能：

[1] 根据 ITPGR 第 9.1 条规定，如何保护与粮农植物遗传资源有关的传统知识，在农民权体系下应该构建怎样的权项来保护与粮农植物遗传资源有关的传统知识应是各缔约国在本国立法中自主决定的事项。

[2] 张小勇：《遗传资源的获取和惠益分享与知识产权》，知识产权出版社 2007 年版，第 111 页。

[3] 张小勇：《遗传资源国际法问题研究》，知识产权出版社 2017 年版，第 209 页。

1. 粮农植物遗传资源使用权

出于保护粮农植物遗传资源以及与粮农植物遗传资源相关的传统知识为目的,在农民权下应包括粮农植物遗传资源使用权这一权能。即在国内的农民权立法中,应当规定对相关粮农植物遗传资源享有农民权的主体可以对其粮农植物遗传资源自由使用、改造,且他人在未经农民权主体同意或不符合法律规定的情况下无权对此进行干涉或约束。粮农植物遗传资源使用权所涵盖的范围,应当包括粮农植物遗传资源信息以及粮农植物遗传资源信息载体。换言之,农民权的主体可以对其所拥有的粮农植物遗传资源信息进行研发、利用,同时对粮农植物遗传种质也可以自由种植或培育。

首先,粮农植物遗传资源使用权的设立是为了确保农民权的主体对其种质资源享有留种权或农民特权,即使相关粮农植物遗传资源种质资源被育种者申请成为植物垄断权,农民群体或社区依然可以凭借其所享有的农民权对该种粮农植物遗传资源进行种植。这也符合 ITPGR 第 9.3 条不得限制农民对粮农植物遗传资源保存、利用、交换和出售农场保存的种子和繁殖材料的规定。其次,粮农植物遗传资源使用权的设立是为了更好地保护与粮农植物遗传资源有关的传统知识。只有农民群体或社区对粮农植物遗传资源享有自由使用和利用的权利,才能保证与粮农植物遗传资源有关的传统知识能够随着农民群体或社区对相关粮农植物遗传资源的利用而不断地得到承继、发展或改良。这是防止粮农植物遗传资源相关传统知识的消亡的应有之义。最后,粮农植物遗传资源使用权的具体实施当然包括对粮农植物遗传资源的许可,而农民权主体享有对粮农植物遗传资源的许可是将其所持有的粮农植物遗传资源许可给 ITPGR 多边模式的前提。在 ITPGR 所建立的多边模式中,与粮农植物遗传资源有关的传统知识能够获得更好的“共享”条件,这不仅是 ITPGR 所要积极推动的，亦是符合防止粮农植物遗传资源相关传统知识的消亡的要求的。

2. 粮农植物遗传资源排除权

在粮农植物遗传资源使用权之外，还应当在粮农植物遗传资源上赋予农民权主体以粮农植物遗传资源排除权这一权能。粮农植物遗传资源排除权，是指农民权主体有权防止他人在未经许可的情况下，将其所享有的粮农植物遗传资源申请为垄断权或私有。即在国内的农民权立法中应当规定，对于某种粮农植物遗传资源，在未经对其享有农民权的主体同意或不符合法律规定的情况下，他人不得非法占有或垄断该种粮农植物遗传资源。设立该种权项，一方面是更为全面地对粮农植物遗传资源进行保护；另一方面亦是对与粮农植物遗传资源相关传统知识防止不当利用的保护的客观要求。

其实，粮农植物遗传资源作为知识产品的一种，农民权作为新型知识财产专有权，本就应因其私权属性与知识产权属性而享有粮农植物遗传资源的使用权和排除权。

二、公平参与分享因利用粮农植物遗传资源而产生利益的权利

利益分享不仅是农民权权利要素与目标之一，也是农民权的价值追求所在。ITPGR 第 9.2 条(b)项赋予了农民权公平参与分享因利用粮农植物遗传资源而产生相关利益的具体权能。同时，在粮农植物遗传资源之上，惠益分享的实现也是 ITPGR 的重点，其甚至为粮农植物遗传资源建立了获取与惠益分享多边系统来保障粮农植物遗传资源之上的惠益分享的实现。尽管农民权本身不能适用于ITPGR所建立的多边系统，但依然可以看出惠益分享对于粮农植物遗传资源、对于农民权的重要性。

ITPGR 赋予农民权公平参与分享因利用粮农植物遗传资源产生

的利益的权能,隐含着两项与粮农植物遗传资源使用相关的行为,即事前知情同意与来源披露。与 ITPGR 所建立的多边开源系统不同,在权利语境下,只有先满足粮农植物遗传资源的事前知情同意与来源披露,才能实现对粮农植物遗传资源的惠益分享。尽管事前知情同意与来源披露并非 ITPGR 所规定的内容,而是属于 CBD 对遗传资源利用所赋予保障,但是鉴于 ITPGR 本身即是为了执行 CBD 条约的相关内容而针对粮农植物遗传资源这一特殊客体而达成的国际约定,同时粮农植物遗传资源亦是遗传资源之一种,因此,在农民权的构建上,事前知情同意与来源披露亦可适用。

(一)粮农植物遗传资源披露许可权

事前知情许可同意与来源地披露是 CBD 针对遗传资源建立的保护机制之一,是指对遗传资源的使用应事先征得遗传资源所有人的知情同意许可并在育种者申请相关垄断权时对遗传资源的来源进行披露。而对遗传资源设立该保护机制的目的是对抗育种者的相关垄断权。根据学者所论和 CBD 条约相关内容可以推断出,CBD 针对遗传资源的事前知情同意与来源地披露机制是将遗传资源视为一种物,而事前知情同意许可与披露体现的是所有人对其所有物的处分权。[1] 目前,已经有部分国家对 CBD 在遗传资源之上设立的事前知情同意与来源地披露机制进行了立法实践,例如印度、哥斯达黎加等;此外,法国、德国、美国等相关国家在专利申请实践中也已开始运

---

〔1〕 严永和:《目前遗传资源和传统知识法律保护机制国际探索的成就与不足——评 CBD 事先知情同意机制和 FAO 农民权机制》,载《贵州大学学报(社会科学版)》2006 年第 3 期。

行该机制。[1]

其实,农民权作为一种知识产权,其主体对粮农植物遗传资源信息同样应具有处分权,这一点可以从上文为保护与粮农植物遗传资源有关的传统知识而享有的粮农植物遗传资源使用权和排除权推断出。同时,尽管事前知情同意许可与来源地披露是 CBD 针对遗传资源所首创的保护机制,但农民权的客体为粮农植物遗传资源,本身亦属于遗传资源范畴,可以说,对粮农植物遗传资源的保护,可以沿用事前知情同意保护机制。

粮农植物遗传资源披露许可权的内涵应为,对粮农植物遗传资源的使用应事前征得农民权主体的知情同意许可并在相关植物垄断权申请中对所使用的粮农植物遗传资源来源进行披露。同时,针对粮农植物遗传资源披露许可权有两点需要说明:其一,我们在农民权下对粮农植物遗传资源建立粮农植物遗传资源披露许可权并非出于对粮农植物遗传资源物进行保护,其本质上是为了保护粮农植物遗传资源信息,因此粮农植物遗传资源披露许可权所规制的行为应为对粮农植物遗传资源信息的利用。换言之,只有对粮农植物遗传资源信息的利用或使用才需要经过农民权主体的知情同意;而对粮农植物遗传资源物的利用,例如单纯的粮食买卖行为、食用行为则不受粮农植物遗传资源披露许可权的限制。当然,买卖、食用粮农植物遗传资源本身是将粮农植物遗传资源视作物,而非知识产权,也不应受到农民权的规制。其二,我们在农民权下设置粮农植物遗传资源披露许可权的诱因或结果,并非像 CBD 一样为遗传资源建立一种保护

---

〔1〕 David R. Downes. How Intellectual Property Could Bea Tool to Protect Traditional Knowledge, 25, Colum. J. Envtl. L. p. 253, (2000). 转引自严永和:《目前遗传资源和传统知识法律保护机制国际探索的成就与不足——评 CBD 事先知情同意机制和 FAO 农民权机制》,载《贵州大学学报(社会科学版)》2006 年第 3 期。

机制，而是出于农民权的权利体系构建的需要，即为了实现农民权的权利目标，公平参与分享因利用粮农植物遗传资源而产生的利益权利，而为农民权设立的权能。粮农植物遗传资源披露许可权和 CBD 对遗传资源建立的事前知情同意许可与来源地披露机制的理论依据与根基并不相同，CBD 对遗传资源建立的事前知情同意与来源地披露机制是基于遗传资源所有权主体对其享有的遗传资源处分权的推演而得出的保护机制，而在农民权下设立粮农植物遗传资源披露许可权是为了从权利体系的完整性视角保障农民权权利体系的良好运行。

（二）粮农植物遗传资源惠益分享权

粮农植物遗传资源披露许可权的设置，是为了保障农民权主体享有公平参与分享因利用粮农植物遗传而产生的利益。因此，在粮农植物遗传资源惠益分享权之外，还应设立粮农植物遗传资源惠益分享权。与粮农植物遗传资源有关的传统知识保护相同，ITPGR 同样授予了缔约国在其国内立法中对农民权下公平参与分享因利用粮农植物遗传而产生的利益的权利这一权能的立法自由。因此，在农民权的国内立法实践中，应当赋予农民权粮农植物遗传资源惠益分享权这一权能。

粮农植物遗传资源惠益分享权中的惠益分享，并不仅仅意味着金钱或是货币形式的利益分享，其惠益分享可以以多种方式与形式展开。尽管农民权本身并不适用于 ITPGR 所建立的多边系统，因而不适用 ITPGR 第 13 条中所规定的惠益分享方式，但是 ITPGR 第 13 条的相关内容却是农民权下粮农植物遗传资源惠益分享权惠益分享模式可以借鉴的。同时，CBD 在遗传资源方面也一直提倡并要求利益分享，只是在农民权上利益分享的范围被限制在“利用粮食和农业植物遗传资源"上。所以,尽管CBD并非针对粮农植物遗传资源,但是其相关规定仍然可以作为农民权下粮农植物遗传资源惠益分享权中惠益分享方式的参考。CBD所规定的可分享的惠益或惠益类型包括:研究和开发成果、利用所提供的遗传资源所获得的商业或其他惠益、利用遗传资源的技术的获取和转让、遗传资源生物技术利用所产生的成果和惠益的优先获取。[1] 诸如ITPGR与CBD所设立的惠益分享方式类型都可以成为粮农植物遗传资源惠益分享权内容的参考。粮农植物遗传资源惠益分享权的内涵应至少包括以下两项内容:

1. 技术的获取与许可

CBD第16.1条为缔约国设立了提供和方便获取技术的义务,ITPGR第12.3条(b)项在粮农植物遗传资源之上对CBD的这一义务要求作出了明确的立法约定。技术的获取与许可中的技术可以表现为多种方式,包括但不限于对粮农植物遗传资源的特性鉴定技术、评价技术、保存技术、利用技术等。其中,保存技术是指对粮农植物遗传资源材料的保存更新、植物检疫、病害处理等相关技术;鉴定技术包括与粮农植物遗传资源形态数据和遗传性状数据相关的技术、确定粮农植物遗传资源遗传多样性特征与范围的分子技术等;评价技术是指包含分子技术在内的确定粮农植物遗传资源潜在利用价值以及确定粮农植物遗传信息中抗旱性、抗涝性等特性鉴定技术;利用技术是指包括分子标记与重组DNA技术在内的生物工程技术等植物育种技术。[2] 对于这些与粮农植物遗传资源相关的技术,即使其

〔1〕 张小勇:《我国〈专利法〉认可遗传资源来源披露要求研究》,载《中国青年政治学院学报》2008年第5期。

〔2〕 [英]杰罗德·莫尔、[加]维托尔德·提莫斯基:《〈粮食和农业植物遗传资源国际条约〉解释性指南》,王富有译,中国政法大学出版社2011年版,第153页。

本身为专利权的客体或具有垄断权保护，农民权主体也可以依据其享有的粮农植物遗传资源惠益分享权进行方便获取或获得许可使用。

在ITPGR第12.3条(b)项关于技术的获取与许可中，还规定有如何对粮农植物遗传资源相关技术进行获取与许可的措施，以及在技术的获取与许可中对技术的界定还包括“保存”技术。但是ITPGR第12.3条(b)项中对“保存”技术的包含以及对粮农植物遗传资源相关技术进行获取与许可的措施并不能将粮农植物遗传资源惠益分享权包含在内。这是因为，ITPGR第12.3条(b)项所规定的保存技术是指在原生境环境下如何对粮农植物遗传资源进行保存、更新或检测的相关技术或知识，本质上属于与粮农植物遗传资源相关的传统知识的范畴。尽管享有权利就应负担一定的义务，但粮农植物遗传资源惠益分享权的建立是为了保证农民权的主体可以得到粮农植物遗传资源利用的相关惠益，其应为一种权益性获取而不应为一种义务性设定。至于农民权主体因享有农民权而应负担的义务应在农民权的法律关系中进行讨论，而不是在农民权的权利构成中进行讨论。同样地，对粮农植物遗传资源相关技术进行获取与许可的措施不仅过分依赖于ITPGR所建立的多边系统，而且其本身涉及的是农民权权利实现的方式，已不属于农民权权利构成的范畴。因此，我们在讨论农民权下的粮农植物遗传资源惠益分享权的具体内含时，不应将对“保存”技术的获取与许可以及对粮农植物遗传资源相关技术进行获取与许可的措施包含在内。

2. 商业化利用所得货币利益与其他利益的分享

在粮农植物遗传资源惠益分享权这一农民权权能下，粮农植物遗传资源商业化利用所得货币利益与其他利益的分享是指对粮农植物遗传资源的商业化利用应当通过货币或其他形式进行利益分享。

需要注意的是,对粮农植物遗传资源的商业化利用应是对粮农植物遗传资源信息的非共享性商业化利用。这里的商业化利用包含两个要点:其一,粮农植物遗传资源信息的商业化利用,即利用粮农植物遗传资源信息生产相关产品,商业化的产品仍应是粮农植物遗传资源的某种产品。如果是对粮农植物遗传资源物进行商业化利用,如将小麦制成面粉进行商业化出售,则本身属于商品制造者对其所享有的物权进行的合理处分,农民权仅可阻止或惠益分享自涉及其知识产权属性的商业化行为,而并不能成为市场主体合法行使其物权的障碍。其二,粮农植物遗传资源信息的商业化利用为非共享性,即利用粮农植物遗传资源信息生产相关产品的市场主体并非不受限制地向农民权主体提供。如果利用粮农植物遗传资源信息生产相关产品的市场主体不加限制地将资源提供给农民权主体进行研究或育种,则这种行为可以被农民权下的粮农植物遗传资源使用权以及粮农植物遗传资源惠益分享权中技术的获取与许可所包含。换言之,利用粮农植物遗传资源信息生产相关产品的市场主体不加限制地将资源提供给农民权主体进行研究或育种,已经实现了农民权的具体权能要求。

在 ITPGR 第 13.2 条(d)项中,对粮农植物遗传资源商业化利用的付款水平、比例、方式等也作出了具体的规定,但这些规定都是基于 ITPGR 多边系统。因此,对粮农植物遗传资源商业化利用所得货币利益以及其他利益的流向、对付款比例和方式进行审查都是ITPGR多边系统的管理机构的职权。从本质上来说,粮农植物遗传资源惠益分享权作为农民权的具体权能之一,对粮农植物遗传资源商业化利用所得货币利益与其他利益的最终应当流向农民权的权利主体。但是对粮农植物遗传资源的商业化利用本身就是一个复杂的市场交易实践行为,法律本身不可能也不应当将不同种类原生境粮农植物遗传资源的商业化利用情形以及交易对象都规定得面面俱到。由此可见，在立法上造成了农民权难以实现的困境，即赋予农民权以粮农植物遗传资源惠益分享权这一权能，却无法保证这一权能的具体实现。对于这一问题，ITPGR 只能通过条约的约定，倡议缔约国刺激或激励农民权主体将其所拥有的原生境粮农植物遗传资源纳入 ITPGR 多边系统之中，通过 ITPGR 所建立的多边系统保障农民权中惠益分享的实现。当然，这也是笔者在下文农民权的实现中主张对农民权进行开源模式实现的原因所在。

三、参与在国家一级就粮农植物遗传资源保存及可持续利用事项决策的权利

在原产地与生物多样性中心的农民参与国家一级就粮农植物遗传资源保存及可持续利用事项决策的权利上，ITPGR 依然将其具体的实现方式交由缔约国国内立法作出规定。

（一）资格抑或权利：ITPGR 粮农植物遗传资源决策参与要求的分析

ITPGR 第 9.2 条(c)项赋予农民权主体可以参与国家一级在粮农植物遗传资源上的相关决策的原因在于，长期以来，尽管农民权的主体不断在粮农植物遗传资源的保存与改良上做出贡献，但是他们的实际贡献和创新却并未得到应有的承认。尤其是经济收入较为匮乏地区的农民以及女性农民，经常被排除在各种层次之外，特别是国家层次的决策程序之外。[1] 而 ITPGR 第 9.2 条(c)项赋予农民权主

---

〔1〕［英］杰罗德·莫尔、［加］维托尔德·提莫斯基：《〈粮食和农业植物遗传资源国际条约〉解释性指南》，王富有译，中国政法大学出版社 2011 年版，第 106 页。

体可以参与国家一级在粮农植物遗传资源上的相关决策，实际上是保障了农民权主体在国家制定粮农植物遗传资源相关决策时的“发言权”。

在私权体系下，参与决策的权能并不是农民权所独有的，股权即拥有表决权的权能。公司的股东可以依据其享有的股权中的表决权权能，在股东大会或股东会中参与公司的相关事项的决策。但是与其他私权中的参与决策权能所不同的是，IRPGR 所赋予的农民权下的粮农植物遗传资源决策权是对国家政策的决策，涉及对国家公权力的干预，而其他私权中的参与决策权能一般都发生在私权行使或民事法律关系形成过程中。前文已述，农民权本身应属于新型的知识财产专有权，因此，我们在讨论农民权的权利构成时，应在私权权利体系的范畴内对农民权的权利内容或权能进行讨论。如果将 ITPGR 第 9.2 条(c)项赋予农民权主体对有关粮农植物遗传资源国家政策决策权纳入农民权的权能之内，则势必会破坏农民权私权体系本来应有的构造。从一定程度上来说，ITPGR 第 9.2 条(c)项要求国家一级农民权主体应拥有参与和粮农植物遗传资源有关决策的资格，实际上是在保障原产地中心和生物多样性中心的农民在粮农植物遗传资源之上的相关利益，而这种利益的实现不必以将农民的国家决策参与定位为农民权的权能亦可以实现。例如，在与粮农植物遗传资源相关的公法中赋予原产地中心和生物多样性中心的农民参与国家遗传资源相关决策的参与资格即可。在私权语境下，在农民权知识产权法律属性的视角下，ITPGR 赋予农民权主体的粮农植物遗传资源决策资格并不适合纳入农民权的权能之内。因此，在下文的讨论中，我们称其为粮农植物遗传资源决策参与资格。

(二)粮农植物遗传资源决策参与资格的范围分析

ITPGR 第 9.2 条(c)项在赋予农民权主体粮农植物遗传资源决策参与资格时,对其决策参与范围作出两个明示性的要求:其一,相关决策需要与粮农植物遗传资源保存及可持续利用有关;其二,参与决策的范围需为国家一级的粮农植物遗传资源相关决策。

首先,根据 ITPGR 第 9.2 条(c)项的规定,农民权主体仅可以参与与粮农植物遗传资源保存及可持续利用有关的决策。其中需要注意的是,如何界定"可持续利用",以及商业化利用是否属于可持续利用。对于"可持续利用"的界定,核心在于"可持续"的内含。在世界范围内,首先提出"可持续"概念的是世界环境与发展委员会。世界环境与发展委员会对可持续发展的定义为:"既满足当代人的需要,又不对后代满足其需求能力构成危害的发展。"[1]故此,我们可以将"可持续利用"界定为满足当代需要同时又不对后代的需求构成危害的利用。但对粮农植物遗传资源的商业化利用既不会使当代人对粮农植物遗传资源的需求造成妨碍,亦不会让后代对粮农植物遗传资源利用能力产生阻碍。恰恰相反,粮农植物遗传资源的商业化利用甚至可以更好地满足当代人对粮食等农产品的需求。显然,粮农植物遗传资源可持续利用并不包含粮农植物遗传资源的商业化利用。因此,国家在对粮农植物遗传资源的商业化利用进行相关决策或制定相关政策时,农民权的主体并不能享有参与决策的资格。但粮农植物遗传资源的商业化利用反而与农民权的惠益分享、主体利益休戚相关,因此,出于更好地保护原产地中心和生物多样性中心的农民

[1] World Commission on Environment and Development, *Our Common Future*, Oxford University Press, 1987.

利益的目的,ITPGR 第 9.2 条(c)项对与粮农植物遗传资源相关政策的"可持续利用"限制,有待 FAO 对其进一步作出扩张性解释。

其次,ITPGR 第 9.2 条(c)项对农民权主体参与粮农植物遗传资源相关决策的范围限定在了国家一级,这也意味着在国际社会有关粮农植物遗传资源的相关决策制定中,原产地与生物多样性中心的农民并没有参与权。为了保障粮农植物遗传资源的开发与利用,ITPGR针对粮农植物遗传资源建立多边系统以实现对粮农植物遗传资源的开源式利用,但根据 ITPGR 第 11.1 条以及第 11.2 条的相关规定,ITPGR 建立的粮农植物遗传资源开源系统所涉及的粮农植物遗传资源范围仅包含缔约方管理和控制的以及处于公有领域的附件一所列出的粮农植物遗传资源,而这些粮农植物遗传资源多数为非原生境下的粮农植物遗传资源。前文在论及农民权客体的横向范围时指出,农民权的客体范围仅仅包括原生境下的粮农植物遗传资源,而不包括非原生境下的粮农植物遗传资源。因此,作为农民权客体的原生境粮农植物遗传资源并不能适用于 ITPGR 所建立的粮农植物遗传资源利用与惠益分享多边系统。可是,ITPGR 第 11.3 条又紧接着作出规定,缔约方应当采取适当的措施,鼓励其管辖范围内的持有附件一所列粮农植物遗传资源的自然人和法人将其所持有的粮农植物遗传资源纳入多边系统,这其实反映出 ITPGR 本意也希望将原生境下的粮农植物遗传资源,即农民权的客体纳入其建立的多边系统之中。这意味着,作为农民权客体的原生境粮农植物遗传资源具有纳入 ITPGR 多边系统的可能性,但是 ITPGR 第 9.2 条(c)项对农民权主体参与粮农植物遗传资源相关决策范围为国家一级的限定,则排除了农民权主体在多边系统管理机构对农民权客体相关决策参与的"话语权"。暂不清楚 ITPGR 第 9.2 条(c)项对农民权主体参与粮农植物遗传资源相关决策范围为国家一级的限定是不是ITPGR为了保障多边系统管理机构的绝对权力而有意为之,但出于更好地保护原产地中心和生物多样性中心的农民利益的目的,ITPGR 第 9.2 条(c)项对农民权主体参与粮农植物遗传资源相关决策范围为国家一级的限定应当删除。

最后,需要进一步说明的是,ITPGR 赋予原产地中心和生物多样性中心的农民的粮农植物遗传资源决策参与资格的最佳实现方式,应是开源模式,这其实是 ITPGR 所希望看到的,也是笔者下文讨论农民权实现模式时所极力主张的。在未来农民权开源模式实现方式逐步发展的态势下,作为农民权客体的原生境粮农植物遗传资源存在全部纳入 ITPGR 多边系统的可能。到那时,ITPGR 第 9.2 条(c)项关于原产地中心和生物多样性中心的农民的粮农植物遗传资源决策参与资格限制的现有规定,可能成为农民权主体粮农植物遗传资源决策参与资格实现的障碍,而不是保障。对此,ITPGR 理应未雨绸缪,先知先觉。

第四章　农民权实现模式的开源探索及路径

农民权的出现对推动遗传资源多样性发展和生态环境保护具有积极的影响。生物剽窃行为不但严重践踏了粮农植物遗传资源拥有国的农民权利，而且对当地生物多样性的保护也造成了严重的不良后果。尽管原产地与生物多样性中心的农民长期致力于生物多样性的保护，可是却并没有得到应有的尊重，享受应有的权利，甚至还导致农民自身生存成本增加，这势必会使社会群体消极保护或直接放弃保护生物多样性。毫无疑问，农民在植物遗传资源的形成和发展中起到了不可替代的作用，因此农民权的出现可以促进粮农植物遗传资源之上的利益平衡。从植物遗传资源提供国的角度来分析，农民权的确立有助于本国农民获得更多的收益，这对本国农业植物遗传资源具有保护作用，也可推动整个国家的农业健康发展。从保护生物多样性角度来分析，通过农民权保护粮农植物遗传资源可以减轻遗传资源过度开发的状态，而且农民可以从中获得一定的收益，这也有助于保护遗传资源多样性，进而促进农业、环境的可持续发展，实现全人类共同的价值目标。故此，实现农民权对生物多样性保护以及生态保护皆具有巨大的现实意义。

虽然当前国际社会已经普遍认同农民权理念，甚至部分国家在制定本国法律文件时也添加了农民权的内容，但是归根结底，这些法律对农民权的规定仅仅具有宣示作用，实际可操作性不强，没有对原生境粮农植物遗传资源起到真正的保护作用。对于农民权的实现，我们不必拘泥于法律制度，还可以通过其他模式来辅助农民权的实现，开源模式不失为一种实现农民权的有效方式。通过对现有开源模式的对比分析，完善 ITPGR 粮农植物遗传资源多边保护系统，将农民权客体原生境粮农植物遗传资源纳入 ITPGR 粮农植物遗传资源多边系统中，更有效地促进农民权实现。

第一节　农民权保护的制度反思与开源优势

农民权的理论尚处于争议状态，以至于即使相关国家和地区在立法中明确规定农民权，在实践中也流于形式难以实现，这与原生境粮农植物遗传资源亟待保护、农民权亟待实现的现实要求并不相符。实际上，对农民权知识产权制度的保护可以辅以开源模式。

一、对农民权现有保护制度的考察与反思

（一）农民权立法保护考察与分析

随着 CBD 和 ITPGR 的持续推动，世界各国与地区立足本国、本地区发展实情，在农民权的立法上展开了大量的探索和尝试。例如，

印度、非洲联盟、泰国、赞比亚等国家和地区相继出台了一些针对农民权的具体法规，[1] 其中，非洲联盟在《非洲联盟关于保护当地社区、农民与育种者权利、管理生物资源获取的示范法》(以下简称《生物资源示范法》)中以专章的形式规定了农民权，其他国家或地区则在其综合性立法与专门性立法中间接地提到了农民权。

1. 非洲联盟《生物资源示范法》

2000 年年初，非洲联盟国家一致签署了《生物资源示范法》，法案第四部分和第五部分对社区权和农民权作出明确规定，这标志着非洲在遗传资源和粮农植物遗传资源上立法保护初具雏形。[2] 第一，《生物资源示范法》在序言中明确提出，当地的社区对他们的固有生活体系享有完全的代表权利，同时该地区千百万年间所形成的各类生物资源及相关的知识权利统归集体所有，并优先于任何的私有利益。[3] 这一概述是对农民对相关遗传资源享有权利的肯定，也是对农民权的间接支持。它明确规定了集体对相关遗传资源的权利是植物垄断权的在先权利，由此为农民主张合法权益奠定了法律基础。第二，《生物资源示范法》还特别强调了妇女在粮农植物遗传资源(生物多样性)及传统知识保存与改良中的核心作用，并进一步明确

---

〔1〕 Corra, *Options for the Implementation of Farmer's Rights at the National Lever*, (Aug. 25, 2020), http://agris. fao. org/agris - search/search. do? recordID = GB2013202366.

〔2〕 国际社会相关国家与地区农民权立法考察中的相关法条转引自秦天宝编译：《国际与外国遗传资源法选编》，法律出版社 2005 年版。以下援引时不再特别做注。

〔3〕 《生物资源示范法》序言明确规定，当地社区对其代表他们生活体系、历经人类世代演化的生物资源、知识和技术的权利，是集体权利，是优先于基于私有利益和权利的先验(a priori) 权利。

应保障妇女在制定与粮农植物遗传资源相关的决策的参与权。[1] 第三,在具体规定方面《生物资源示范法》比 CBD 和 ITPGR 更为全面。在有关农民权的范围界定上,它提出原生境和非原生境的粮农植物遗传资源都需要保护,同时基于遗传资源基础上的"衍生物"也必须受到相应的保护;在有关农民权的权利内容界定上,不仅包括 ITPGR 第 9.2 条下的三项农民权权利要素,亦包括了农民对种质资源的自由利用权。[2] 同时,该法针对惠益分享、事前知情等制度也作出了要求。第四,《生物资源示范法》的特别之处在于,它将社区权和农民权彻底分离,例如该法有关社区权的解释是,参考有关土著社区承认的相关习惯法和条文,社区权在这些法律的保护范围之内,与这些法的外在表现形式无关,[3] 这表明社区具有自治的基本权利;有关农民权,《生物资源示范法》依靠品种协议书加强制度保护,其主要表现是不符合均匀性、独特性和稳定性的某类品种,依靠品种协议书确认实现知识产权保护目的。品种协议书授权的基本前提是不损害农民权,农民能够独占行使利用、复制、培育和销售该品种,抑或者是许可他人使用。

尽管非洲联盟《生物资源示范法》在立法上首次以专章的形式确

[1] 例如,根据《生物资源示范法》第 18 条规定,获取任何生物资源、创新、实践、知识或技术都必须获得相关社区的事先知情同意,并确保妇女全面、平等地参与决策;第 22 条规定,国家应确保第 12 条第 2 款规定中的惠益中至少 50% 以男女平等的方式提供给相关当地社区;第 24 条规定,农民权源于世界各地的当地农村社区(特别是其女性成员);等等。

[2] 包括《生物资源示范法》第 26 条(d)项规定了保护利用、交换和销售农民品种的农场保留种子/繁殖材料;第 26 条(e)项规定了根据本法利用受保护的育种者新品种,包括从基因库或植物遗传资源中心获得的材料,开发农民品种;第 26 条(f)项规定了集体保留、利用、复制和加工受保护品种的农场保留种子。

[3] 在社区知识权上,《生物资源示范法》第 23 条第 2 款规定,任何社区创新、实践、知识或技术、特别是生物或其自然资源的利益,都应当由相关的当地社区自身根据其习惯规则和法律来确定、解释和确认,无论这些法律是否为成文法。

认了农民权,具有里程碑式的意义;但其依然有不足之处:其一,《生物资源示范法》并未在立法中明确农民权的知识产权属性,这并不利于对农民权的实现。其二,《生物资源示范法》确立的社区权与农民权相分离的基本理念需认真考量,尽管 ITPGR 较 IUPGR 在重视度上更为偏重社区权,但从根本上来说两种权利的差异并不显著,因此将两种权利加以分离并不十分科学。将社区权置于习惯法保护范畴之内将导致社区权有名无实。

2. 其他国家与地区的农民权相关立法

根据哥斯达黎加立法议会第 7788 号法令,1998 年制定《生物多样性法》。在《生物多样性法》第五章遗传与生化成分获取及相关知识保护的第三节知识产权的保护方式之中,间接确立了农民权的知识产权属性。[1] 同时,哥斯达黎加在 2003 年《生物多样性遗传和生化成分与资源获取通则》第 25 条对农民权的知识产权属性进行了再次重申与强调。葡萄牙于 2002 年发布《农业农村发展与渔业部第 118/2002 号法令》,在序言中强调了农民在促进遗传资源品种革新所做出的贡献以及对区域经济可持续发展上所做出的努力应当被承认。孟加拉国 1998 年《生物多样性与社区知识保护法》第 15 条明确了社区和农民可以作为遗传资源之上的创新者而获得一定的权利。

纵览哥斯达黎加、葡萄牙、孟加拉国等国家的相关综合性与专门性立法可以发现,这些国家都是在立法中间接地提到了农民权,或承认农民权的知识产权属性或承认农民在粮农植物遗传资源上的创新,但这些国家的相关立法皆未对农民权的主体、客体和内容等权利构成

[1] 根据哥斯达黎加 1998 年《生物多样性法》第 78 条规定,国家应当通过专利、商业秘密、植物育种者权、专门的社区知识权、著作权和农民权等形式对前条提到的创新进行保护。

作出实质性的立法规定。同时，哥斯达黎加、葡萄牙、孟加拉国等国家多属于第三世界国家。发达国家在其相关立法中鲜有提及农民权。

3. 农民权相关立法展望

农民权作为一项知识产权权利的合理性，前文已述，在此不再赘议。农民权作为一项知识产权权利，应当由法律对其权利主体、权利客体、具体权项、权利救济等内容作出规定，毕竟知识产权是一项法定权利。笔者认为，应当在知识产权法体系下构建《粮农植物遗传资源法》或《农民权法》对农民权进行具体规制，抑或在财产法体系下构建《遗传资源法》，在其中制定与粮农植物遗传资源相关的知识产权规定。其中，关于农民权的主体，应当规定为以行政规划为界限或围绕某一粮农植物遗传资源的农民群体或社区群体；关于农民权的客体规定，应当至少包括原生境粮农植物遗传资源及其衍生物；关于农民权的具体权项，应当包括而不限于粮农植物遗传资源使用权、粮农植物遗传资源排除权、粮农植物遗传资源披露许可权、粮农植物遗传资源惠益分享权等；关于农民权的救济方式，应当确立一定的侵权救济方式，例如诉讼、调解等。

（二）对农民权知识产权制度保护的反思

知识产权制度产生于 19 世纪 50 年代，其出现的时间和历史并不长，既没有民法一脉相承的概念体系和思维方法，也没有刑法在正当性上的社会最低共识，短暂的历史实践与浅薄的理论积淀使得这一封建特权嬗变为现代财产权之路走得并不顺当，信息的自由流通性与知识产权垄断性的内在张力使得知识产权制度在基本范畴内不断遭受质疑，而其外化表现为反著作权运动的兴起、专利制度的兴废等事件等。而今，计算机网络的产生与生物技术的发展进一步加剧了知识产权制度的内在矛盾，于是又涌现出“著作权死亡论”[1]“专利废除论”[2]等极端观点，这不禁让我们反思与担忧——当下的知识产权制度是否能适应时代的需要？“一项制度的产生，必然来源于社会现实要求，又最终服务于社会现实的需要。当现实情况发生变化，该制度也必然要作相应调整，以使变化后的制度适应于新的现实，甚或要巩固和强化新的现实。表面上的制度变革其实质是利益格局的调整，最终需要通过相关利益主体的博弈重新达到新的暂稳定状态。”[3]知识经济飞速发展的时代使得越来越多的新型知识产权如雨后春笋般层出不穷，计算机软件、生物医药、地理标志等带着新生利益主体的渴望意图在知识产权制度的版图上开创自己的一片领域，然而当其求助传统知识产权保护方式时却又频频捉襟见肘。计算机软件历经版权保护、专利保护倍感不适后又回到起点而创新提出开源保护；生物医药则无法走出专利垄断与人权保障这样一个“是金钱重要还是生命重要”的恶性困境，于是奖励基金制度、[4]专利买尽制度[5]被提出并得到赞同，诸如这些新制度的提出与产生都是相关利益主体在知识产权制度体系下的新博弈，而知识产权制度作为将知识的外部价值内部化的代表，作为与知识有关的制度统领，

---

[1] GS Lunney Jr, *The Death of Coryright: Digital Technology, Private Copying, and the Digital Millennium Copyeight Act*, 87 Virginia Law Review, p. 813.

[2] Mark D. Janis, *Pantent System Reform: Patent Abolitionism*, 17 Berkeley Tech. L. J., p. 899.

[3] 梁心新、徐慧：《知识产权制度异化的国家博弈分析》，载《知识产权》2013 年第 9 期。

[4] 奖励制度是通过授予成功的创新者奖励，以回报他们对于社会福利所做出的贡献的一种制度设计。各类组织设立固定的奖项，定期授予在科学技术领域做出杰出贡献的个人和组织。它是一种非市场的回报机制，报酬的核心价值来自学术共同体的承认而不是经济利益，它本质上是对科技成果的承认，是对科技工作者创造能力的承认，同时它也可作为衡量科技工作者贡献大小的一种标志。

[5] 即由政府或组织购买专利后，由全部成员使用。

必将会在与新制度磨合与苦痛挣扎后被纳入麾下而开创知识产权保护体系的新天地。[1]

虽然农民权应为一项新型的知识财产专有权,我们亦应当在知识产权法体系之上为农民权留有一席之地,即在知识产权法体系下对农民权的权利构成、侵权保护等实体与程序性内容作出明确的规定,但对于农民权的保护不能仅依靠知识产权制度来实现。知识产权制度应当为农民权的实现、为粮农植物遗传资源的保护助力,而不应成为其枷锁。农民权和很多新型知识产权都是时代夹缝与利益纠葛的产物,这也形成了与传统知识产权在某些方面不兼容的状态。在利益纠葛不断激烈的情况下,加之主体具有集体性,单一制度所形成的保护力度日益薄弱。因此,从一定程度上来说,农民权的实现方式可以是多元的,可以以知识产权制度保护为主,以 ITPGR 所建立的粮农植物遗传资源获取与惠益分享多边系统或开源模式为辅,来保障农民权的实现,切实保护粮农植物遗传资源。

二、适用开源模式实现农民权的优势

面对相关国家与地区对农民权的立法保护不甚完善以及农民权知识产权保护制度缺失的现实,鉴于原生境粮农植物遗传资源亟待保护的现状,可以辅助以开源模式实现农民权。同时,农民权适用开源模式实现还具有一定的制度优势,主要表现在以下几方面。

---

〔1〕 正如学者所言:"单一制度无法提供所有知识领域的最佳激励,知识产权制度的未来模式必然是多元的,即针对不同的知识创新和传播状态设计不同的知识创新激励制度,不仅在整个知识产权领域仍然存在著作权制度、专利制度和商标制度的传统划分,而且在它们内部也将出现现有制度的改革与全新制度的补充或替代。只有多元化的知识产权制度才能实现知识创新与知识传播多样化环境下所有领域的最佳激励,实现激励知识创新与促进知识传播之间的平衡。"参见王太平:《知识产权制度的未来》,载《法学研究》2011 年第 3 期。

(一)农民权得以真正实现

CBD、ITPGR以及其他国家的相关立法实践虽然都推动或确立了农民权,但是农民权权利属性的争议、农民权权利构成的模糊性却一度成为农民权实现的障碍,造成了农民权权虽立,利却未至的状态。尽管前文已经对农民权新型知识财产权属性进行了论述,亦对农民权权利构成进行了分析,但从理论法到实践法的道路仍道阻且长。在农民权开源实现模式下,在确立农民权的相关立法完善之前,辅以开源模式实现农民权权利内容,对农民权权利客体进行利用与保护不失为一种暂时性策略。前文已述,ITPGR所建立的粮农植物遗传资源获取与惠益分享多边系统已经初具开源形态,将农民权客体纳入开源模式也是ITPGR的应然要求。这是因为ITPGR第11.4条〔1〕设置了一定的审查性机制,虽然这种审查与评估主要是针对自然人和法人所持有的粮农植物遗传资源纳入粮农植物遗传资源获取与惠益分享多边系统的情况,但在客观上亦是在刺激将农民权相关客体纳入粮农植物遗传资源多边系统之中。在粮农植物遗传资源获取与惠益分享多边系统下,ITPGR管理机构以及国内的相关管理机构作为开源管理者可以对农民权客体即原产地中心和生物多样性中心的原生境粮农植物遗传资源的惠益分享进行主张,这在一定程度上弥补了农民群体在惠益分享主张上的天然弱势地位。在现实中,尽管社区主体较之农民个体在维护农民权上更具优势,但是社区群

〔1〕根据ITPGR第11.4条规定,在ITPGR生效两年后,ITPGR管理机构可以对第11.3条所提及的粮农植物遗传资源纳入多边系统的进展情况进展审查并评估,在此评估以后,管理机构将决定是继续为第11.3条提及的、尚未将这些粮食和农业植物遗传资源纳入多边系统的自然人和法人提供方便获取,还是采取其认为适当的其他措施。

体在生物技术专业知识、法律专业素养上仍有匮乏的可能，加之实践中知识产权维权成本较高，会出现相关育种者即使侵犯了某一社区农民权，却无人维护或无法维护农民权的状态。但如果将相关粮农植物遗传资源纳入开源管理体系，则 ITPGR 管理机构以及国内的相关管理机构作为开源管理者可以以农民权为基础，代表社区及农民集体向相关植物垄断权者主张在先权利，要求相关植物垄断权者对粮农植物遗传资源进行开发利用后的惠益分享。此外，下文将具体论述农民权开源实现模式相关理论，在农民权开源实现模式中，可以在国际以及国内开源组织中设立农民社区群体代表，以保障农民社区群体在对农民权所涉及的粮农植物遗传资源相关决策，如粮农植物遗传资源开发利用、粮农植物遗传资源惠益分享模式、粮农植物遗传资源惠益分享利益流向等决策上享有直接的话语权。

（二）粮农植物遗传资源相关主体间的利益得以平衡

在农民权开源实现模式下，所有粮农植物遗传资源的利益相关者将实现共赢。ITPGR 第 12.3 条〔1〕对粮农植物遗传资源获取与惠益分享多边系统中相关粮农植物遗传资源的便利获取进行了明确的

---

〔1〕 根据 ITPGR 第 12.3 条规定，应按照以下几个条件提供这种获取：(1) 只为粮食和农业研究、育种和培训而利用及保护提供获取机会，但其不包括化学、药用或其他非食用和（或）饲用工业用途。如系多用途（食用和非食用）作物，其对粮食安全的重要性作为是否将其纳入多边系统和可否提供便利获取机会的决定因素。(2) 应迅速提供获取机会，无须跟踪单份收集品，并应无偿提供；如收取费用，则不得超过所涉及的最低成本。(3) 在提供粮农植物遗传资源时，应同时提供全部现有基本信息，以及按照适用的法律提供其他任何现有的有关非机密性说明信息。(4) 获取者不得以从多边系统获得的粮农植物遗传资源、其遗传部分或成分的形态，提出限制其便利获取的任何知识产权或其他权利的要求。(5) 对于正在培育的粮农植物遗传资源，包括农民正在培育的材料，在培育期间由培育者自行决定是否提供。(6) 获取受知识产权和其他产权保护的粮农植物遗传资源应符合有关的国际协定和有关的国家法律。(7) 在多边系统内获取

规定,尽管其相关规定仍有可商榷与不足之处,但在ITPGR第12.3条的规定下,与粮农植物遗传资源相关的所有主体将具有实现利益平衡的可能性。首先,对于农民权的主体即原产地中心和生物多样性中心的社区群体而言,其对自己正在培育的粮农植物遗传资源拥有拒绝提供的权利,并且即使其提供相关粮农植物遗传资源,亦可以通过粮农植物遗传资源获取与惠益分享多边系统获取相关利用下的惠益分享。其次,对于育种者而言,只要其承诺对其培育的品种利用进行后续的惠益分享,为培育植物新品种其可以对整个粮农植物遗传资源库相关种质资源进行便利获取。最后,对于生物科研机构而言,粮农植物遗传资源获取与惠益分享多边系统为其便利获取提供了条件,这相当于为生物科研机构的种质研究提供了庞大的粮农植物遗传资源检索库,不仅减少了研究成本,也方便了生物技术落后的国家以及整个人类社会可以通过粮农植物遗传资源获取与惠益分享多边系统享受到生物技术研究带来的高产种质资源。总之,农民权开源实现模式对所有的粮农植物遗传资源利益相关者带来了共赢的可能性。

(三)实现了知识产权与人权的平衡

农民权开源实现模式实现了知识产权与人权的平衡,实现了生物技术发展与生态的平衡。民以食为天,粮农植物遗传资源与其他植物遗传资源的最大区别就在于,粮农植物遗传资源关系着每一个人的生存安全,关系着国家的安全和世界的安定,而在粮农植物遗传

并保存的粮农植物遗传资源,按照本条约的条件,多边系统仍可从获取方获得这些资源。以及(8)各缔约方同意,在不违背本条其他规定的情况下,按照国家法律,在无国家法律的情况下按照管理机构可能确定的标准,提供原生境条件下的粮农植物遗传资源的获取。

资源之上的农民权是一种新型知识产权,应当具有一定的垄断性。一方面,通过粮农植物遗传资源获取与惠益分享多边系统,农民权从一种绝对垄断变为相对垄断,即相关粮农植物遗传资源获取者只要负担一定的惠益分享义务,参与粮农植物遗传资源获取与惠益分享多边系统,便可使用粮农植物遗传资源获取与惠益分享多边系统中的粮农植物遗传资源,进而利用粮农植物遗传种质资源进行育种以生产出高产粮农作物,缓解粮食供应压力、满足人们的生存需要,巧妙地避开了"金钱与人命谁更重要"的怪圈,既保障了农民权权利的实现,又保障了人权的实现;另一方面,开源模式下的农民权并没有将粮农植物遗传资源作为垄断权客体封闭地保护起来限制科学研究,反而通过粮农植物遗传资源获取与惠益分享多边系统使粮农植物遗传资源在最大范围内得到公开与传播,每一个生物技术研究人员、专业育种者抑或是农民都可以对其进行进一步的开发研究,这在一定程度上促进了物种的进化,实现了生物技术的发展与生态的平衡。

(四)提供了新型知识财产权权利实现模式的范式

农民权开源实现模式不仅为农民权的实现提供了可能,为粮农植物遗传资源的利用与保护提供了保障,同时也将开创新型知识财产权实现途径的范式。民间传统文化以及相关可归类于特别权利体系的新型知识财产权与农民权具有相似的命运,或充满争议,或权利被束之高阁。农民权开源实现模式是一种知识财产权权利实现途径的新尝试。如果实践证明开源模式在农民权的实现上是成功的,那么农民权的开源实现模式便为新型知识财产权权利的实现提供了一种更优保护的可能性,提供了一种制度范式。

第二节　现有开源模式与农民权适用性探索

既然农民权开源模式可以真正实现农民权，可以平衡原生境粮农植物遗传资源之上各方主体间的利益，并实现了知识产权与人权的平衡，为新型知识产权、财产权的实现提供了新的范式，那么我们就有必要对农民权的开源模式进行探索。目前，软件领域在开源模式的构建与运行上较为成熟，并且国际社会也已经在生物资源方面展开了相应的探索。对于国内农民权开源模式的建构，可以借鉴软件领域开源模式以及生物资源开源模式。

一、软件领域开源模式探索及对农民权开源模式的借鉴意义

（一）从 copyright 到 copyleft：软件创新保护与开发利用的新模式

开放源代码始于自由软件运动。美国麻省理工大学的里卡德·斯泰尔曼于20世纪80年代创建自由软件基金会，从此自由软件运动开始席卷全球。自由软件，一般是指在自由软件联盟倡议书的基本原则的情况下，用户享有自由使用、分发、改进、研究、复制源代码且不得对后续使用者对上述源代码使用行为进行限制的软件。[1]出于对著作权的尊重，也为了表达对著作权的反抗，自由软件使用了"copyleft"的称谓，并且使用以GPL开源许可协议来对抗著作权的专有许可协议。GPL开源许可协议的宗旨为保障相关用户对软件源代码的复制与修改不受限制。GPL开源许可协议的出现完全改变了商

〔1〕 鄢显俊：《"自由软件"运动要追求什么样的"自由"？——斯多尔曼思想评述》，载《国外社会科学》2011年第2期。

业软件的“一般商业许可”的收费理念。20 世纪 90 年代末，埃里克·雷蒙德认为“free”一词容易使公众误以为开源软件并非“自由”而是“免费”，于是以雷蒙德为代表的相关计算机爱好者便提出了“开源软件”的概念。其后，在自由软件基金会与开放源代码倡议组织的共同努力下，建立起了与开源软件相关的制度架构及基本规则，形成了计算机领域具有特色的开源系统体系。

需要强调的是，开源运动与知识产权制度并不相悖。从表面上看，开源运动似是反对著作权，但实质上，开源运动离不开著作权保护。可以说没有著作权保护，便无开源运动。故在实质上可以认为，开源只是著作权行使的一种手段或者实现著作权者利益的一种模式。无非由原来的点对点式的著作权许可，成为著作权的开放池，所有承诺者皆可自由出入该著作权池，形成一个著作权所有者联盟与使用者群体间的社会契约。无论是使用者还是所有者皆根据开源许可协议享有权利并承担义务。虽然在当下仍对开源软件存在理论上的争议，但从电脑操作系统 Lunix 与手机操作系统安卓在世界范围内的广泛适用可知，开源软件已经且在未来将具有更巨大的实用价值。开源制度之设计初衷在于对开源软件之保护，但这一制度推及遗传资源之保护一样适用，作为在知识产权制度垄断压迫下逆流而生的两种新生事物，二者具有惊人的相似。正如学者所言：“在软件与生物技术之间存在一种无法抗拒的相似：这两种技术在帮助人类解决最紧迫的问题和提高人们的生活质量上具有巨大的潜力……这两个行业都高度的集中：软件行业近乎垄断，而生物技术创新者则是医药和农业的寡头。”[1] 遗传资源与软件具有相同的行业背景与同

---

〔1〕 Janet Hope & Biobazaar, *The Open Source Revolution and Biotechnology*, Harvard University Press, 2008.

样的价值追求，这就决定了它们保护模式是相通的。

开源主要起源于软件行业领域，因此在开源模式上，计算机软件行业对开源模式的探索也相对成熟。同时，开源模式的核心在于开源许可协议，这是整个开源系统运行的关键。因此，对农民权开源模式的完善，甚有必要对计算机软件行业相关的开源许可协议进行比较分析与借鉴。软件开源许可协议是指随着开源软件的发布，经开放源代码倡议组织批准的授权条款。开源许可协议发布者身份千差万别，可以是学校科研机构、基金会、软件公司或其他组织；开源许可协议在具体的权利义务规定上也是不完全一致的，而不一致的地方则反映了许可协议制定者在利益或观念上的差别。有学者对当前的主流开源软件许可协议作出了一定的总结，并展现了各个开源协议间的不同点与相同点。[1]

但其实而言，软件开源许可协议也存在影响力与生命力，在科技发展与软件领域的革新换代中，许多软件开源许可协议随着技术的消失逐渐消亡或者被其他开源许可协议吞并。例如随着计算机技术的发展，Artistic 许可协议下的软件在随后基本都采用 GPL 许可协议。所以我们没有必要对所有的软件开源许可协议一一分析，仅需要对具有类型代表性的软件开源许可协议进行总结，以分析其在粮农植物遗传资源之上的适用即可。

（二）GPL3.0 版本开源许可协议概况及分析

GNU's Not Unix（以下简称 GNU）是一个由多数应用程序、开发工具以及系统库等程序集合构成的类 Unis 的操作系统。该操作系

[1] 张平：《开源软件——知识产权制度的批判与兼容》，载《网络法律评论》2004 年第 2 期。

统由理查德·斯托曼于1983年创设,并得到自由软件基金会支持。GNU意在为所有软件用户能够自由控制自己的计算机而构建一款能够由公众共同努力开发的操作系统,虽然GNU基于Unix,但与Unix不同的是,其给予了公众与用户更多的自由。GNU下属有许多开源许可协议类型,包括GNU通用开源许可协议、GNU宽通用开源许可协议、GNU Affero通用开源许可协议、GNU自由文档开源许可协议等。在GNU的诸多开源许可协议中,适用最为广泛、认可度最高的是GNU通用开源许可协议。在GPL3.0版本开源许可协议[1]下,接受GPL开源许可协议的公众或用户可以自由运行、复制、传播软件,并且可以获得软件的源代码。在获得源代码的基础上,用户或公众可以对软件进行改进并向社会进一步传播改进后的软件。

1. GPL3.0版本开源许可协议序言部分主要内容分析

GPL3.0版本开源许可协议序言部分对与开源许可协议相关的重要观点与内容进行了强调与综述,主要有以下几方面:

第一,GPL3.0版本开源许可协议序言部分声明了其与著作权并不相悖,被称为具有“著佐权”的开源许可协议,即“GPL开源许可协议是软件及相关类型作品的开源,并拥有著佐权”。同时强调,使用GPL开源许可协议的相关人员可以通过两个步骤来保护您的权利:(1)声明软件的著作权,以及(2)向您提供此开源许可协议,从而为您提供复制、分发和/或修改它的法律许可。这表明GPL3.0版本开源许可协议以及开源模式本身是尊重知识产权的。开源模式只是为知识产权的利用与实现提供了一种新的思路与模式。

---

[1] 本小节内容参照GNU General Public License version 3,下文不再一一做注。See Opensource, GNU General Public License version 3, (Aug. 25, 2020), https://opensource.org/licenses/GPL-3.0.

第二,GPL3.0 版本开源许可协议序言确立了开源模式的核心,即保障软件的自由传播。正如在 GPL3.0 版本开源许可协议序言中所指出的:为了保护您的权利,同时防止他人剥夺您的这些权利或要求您放弃这些权利。因此,如果您分发软件的副本或对其进行修改,则您需要承担:尊重他人自由的责任……无论您是免费抑或是收费地分发程序的副本,您必须将您所享有的自由相同地传递给后续者。您必须确保他们也可以接收或可以获取源代码。并且您必须向他们展示这些条款,以便他们了解自己的权利。并且其进一步强调了,所谓软件的开源并不意味着软件的免费使用,而是赋予了软件传播的自由,因此软件持有人可以对软件副本的发布进行收费,即当我们论及自由软件时,我们指的是自由,而不是免费。我们的 GPL 开源许可协议旨在确保您可以自由分发免费软件的副本(并根据需要付费),可以接收源代码,也可以在需要时获得源代码,从而可以更改软件在新的免费程序中使用它,并且您知晓您的相关权利与自由。

第三,GPL3.0 版本开源许可协议序言强调了专利垄断权对软件发展带来的制度障碍,并明确反对将 GNU 开源许可协议下的相关软件申请专利。虽然某些设备制造商可以禁止用户访问其内部安装或运行软件的修改版本,但这从根本上与保护用户自由更改软件的目标不符。不容接受的是,这种滥用的系统模式发生在个人使用的产品领域。因此,我们设计了此版本的 GPL 开源许可协议以禁止此类产品进行操作。如果此类问题在其他领域大量出现,我们随时准备将此项规定扩展到 GPL 开源许可协议未来版本中以保障用户自由。每个程序都不断受到软件专利的威胁。各国不应允许专利限制通用计算机上软件的开发和使用,为防止专利申请到一个自由程序的特殊危险而使其有效地专有化,GPL 开源许可协议确保不能使用专利来使程序成为非免费程序。

第四,GPL3.0 版本开源许可协议在序言中否认了 GNU 开源模式的瑕疵担保责任,并声明这样可以更好地保护开发人员和相关作者对开源软件作出积极的贡献。即出于保护开发人员和作者的需要,GPL 开源许可协议明确解释了此开源软件不提供任何保协议。GPL 开源许可协议要求将已修改的版本标记为已更改,以便不会将他们的问题错误地归因于先前版本的作者,以保护用户和作者的利益。

2. GPL3.0 版本开源许可协议有关复制、分发和修改条款、条件的主要内容分析

GPL3.0 版本开源许可协议有关复制、分发和修改条款、条件是 GNU 开源模式下相关软件得以自由传播并改良的关键,也是开源模式得以运行的核心。GPL3.0 版本开源许可协议有关复制、分发和修改条款、条件的内容主要包括定义、源代码、基本权限、防止反规避立法对被许可人合法权利的影响、传输未经修改的复制件、传输已修改的源代码、传输非源代码形式的作品、附加条款、终止、无须明示同意即可持有复制件的情况、下游自动许可、专利、保护他人自由、与 GNU Affero 通用公共许可协议的协调使用、许可协议的修改版本、免责声明、责任范围以及相关条款的解释与结尾等。

第一,GPL3.0 版本开源许可协议对许可协议所使用的相关专业名词进行了明确的界定,包括“程序”“修改作品”“涉及的作品”“传播作品”“转发作品”等。其中需要注意的是,协议对“传播作品”与“转发作品”进行了区分。GPL3.0 版本开源许可协议规定,传播作品是指那些未经许可就会在适用版权法律下构成直接或间接侵权的行为,不包括在计算机上运行和私下的修改。传播包括复制、分发(无论修改与否)、向公众公开,以及在某些国家的其他行为。转发作品是指让他方能够制作或者接收副本的行为。仅仅通过计算机网络和

用户交互,没有传输副本,则不算转发。从 GPL3.0 版本开源许可协议对“传播作品”与“转发作品”的界定可以看出,“传播作品”有可能产生著作权责任,但转发作品则不会。

第二,GPL3.0 版本开源许可协议对“源代码”以及与之相关的内容进行了明确的规定。协议指出,作品的源代码是指对作品进行修改的首选形式,目标代码是指作品的任何非源代码形式。目标代码形式的作品的“相应源代码”是指生成、安装、(对于可执行作品而言)运行目标代码和修改作品所需的所有源代码,包括控制这些活动的脚本。但是,它不包括作品的系统库、通用工具或普遍可用的免费程序,它们在执行这些活动时未经修改就被使用,但不属于作品的一部分。例如,“对应的源”包括与作品的源文件相关联的接口定义文件,以及作品专门设计的共享库和动态链接的子程序的源代码。

第三,GPL3.0 版本开源许可协议对有关复制、分发和修改的基本权限作出了规定,这一部分主要规定了被许可人对开源软件所拥有的基本权限。本协议明确批准你不受限制地运行本程序的未修改版本。受保护作品的运行输出,仅当其内容构成一个受保护作品时,才会为本协议所约束。如版权法所赋予,本协议承认你正当使用或与之等价的权利。只要你获得的许可仍有效,你可以制作、运行和传播那些你并不转发的受保护作品。只要你遵守本协议中关于转发你不占有版权的材料的条款,你可以向他人转发,仅仅以求对方为你做定制或向你提供运行这些作品的工具。那些为你制作或运行这些受保护作品的人,应该在你的指引和控制下,谨代表你工作,即禁止他们在双方关系之外制作任何你提供的受版权保护材料的副本。

第四,GPL3.0 版本开源许可协议对规避技术措施进行了相关规定。即当你转发一个受保护作品时,你将失去任何通过法律途径限制技术手段破解的权力,乃至于通过行使本协议所予权利实现的破解。你即已表明无心通过限制用户操作或修改受保护作品来确保你或第三方关于禁止技术手段破解的法定权利。

第五,GPL3.0 版本开源许可协议对各种形式复制件、源代码等在开源模式中的传输作出了规定,包括传输未经修改的复制件、传输已修改的源代码、传输非源代码形式的作品等。其中,传输未经修改的复制件,即软件开发人员可以以程序接收时的状态对源代码进行各种途径的传输,但需要对所有传输的复制件附载明显的版权声明,同时软件开发者可以自由选择是否对其所传输的复制件进行收费,或提供有偿的技术服务。传输已修改的源代码,即依照 GPL3.0 版本开源许可协议第 4 节规定的源代码形式对相关开源程序进行修改并传播,但是需要负载一定的声明与要求,包括修改时间的声明、依据 GPL3.0 版本开源许可协议第 7 节附加条款发行的声明、作品整体许可给持有复制件的人的要求以及交互界面中的相关法律声明等。传输非源代码形式的作品,包括以物理传输或嵌入目标代码的形式,从指定位置提供权限的形式以及免费公开目标代码和源代码的形式等。但每种传输方式都要受到一定的限制。

第六,GPL3.0 版本开源许可协议还规定附加条款、终止、无须明示同意即可持有复制件的情况、下游自动许可、专利、保护他人自由、与 GNU Affero 通用开源许可协议的协调使用、许可协议的修改版本、免责声明、责任范围以及相关条款的解释与结尾等内容。其中,需要特别说明的是关于专利的规定。根据 GPL 开源许可协议第 11 条的相关规定,如果被许可人对开源软件进行了专利垄断权的申请保护,且该软件作品的对应源代码并未向公众开放,则其必须公开软件对应的源代码、放弃专利权带来的所有利益并且以与 GPL 开源许可协议条款相一致的方式将其专利权许可协议延伸至下游接受方。根据此开源款的规定,GPL3.0 版本开源许可协议虽然赋予了相关软件开发者申请专利的自由，但公开软件对应的源代码、放弃专利权带来的所有利益并且以与 GPL 开源许可协议条款相一致的方式将其专利权许可协议延伸至下游接受方的规定，实质上相当于软件开发者放弃了其所享有的专利权。

3. GPL3.0 版本开源许可协议条款与条件结尾部分主要内容分析

GPL3.0 版本开源许可协议条款与条件结尾部分主要对软件开发者在发布软件时的相关格式、版权声明与注意事项进行了规定。例如，开源软件程序在终端交互启动时应当显示“〈program〉 Copyright (c) 〈year〉〈name of author〉”等内容。同时，本部分再次强调了担保责任，即程序的发布以其有用性为前提，但对程序包括商品化或特殊目的使用时不提供任何的担保。

（三）GPL 开源许可协议对农民权开源模式的借鉴意义与启示

尽管软件领域与粮农植物遗传资源领域属于不同的科学领域，但是开源模式始自软件领域，且软件领域的开源模式也相对完善，因此作为软件开源领域的标志性许可协议，GPL 开源许可协议还是能为农民权开源模式提供较多的借鉴与启示。

1. 农民权开源模式应允许对粮农植物遗传资源的商业化利用

GPL 开源许可协议允许商业软件与自由软件并存。根据 GPL 开源许可协议第 6 条第 b 款规定，目标码通过实体产品（涵盖某种实体分发媒介）转发时，伴以具有至少三年且与售后服务等长有效期的书面承诺，给予目标码的持有者：(1)包含产品全部软件的相应源码的常用于软件交换的耐用型实体媒介，且收费不超过其合理的转发成本；(2)通过网络免费获得相应源码的途径。这说明，现有商业软件与 GPL 开源许可协议下自由软件的嫁接，不需要以公布源代码与免费提供为条件，同时也意味着开源软件可以与商业软件并存。[1]同时，GPL 开源许可协议也允许软件开发者从开源软件中获利，只不过软件开发者的获利方式从过去的销售软件变为提供软件信息服务。[2] GPL 开源许可协议序言中提到，GPL 开源许可协议的创设是为了确保软件使用人有发布开源软件的自由，但对于开源软件的复制件可以由软件使用人自由决定是否收取费用。同时，在 GPL 开源许可协议第 4 条传输未经修改的复制件中规定，被许可人可以选择是否对其所传输的软件复制件收取费用，并可以提供有偿的技术支持。这表明 GPL 开源许可协议并不限制开发者凭借开源软件的开发、改良而获利，只是限制 GPL 开源许可协议下的软件开发者需将软件作品源代码在开源系统中继续公开，而向开源系统之外的他人提供时，收费与否则由软件改良者自由决定。

农民权的主要内容之一为公平参与分享因利用粮农植物遗传而产生利益的权利，基于此，本书在第三章中主张农民权应包含粮农植物遗传资源惠益分享权。粮农植物遗传资源惠益分享权的内容又包括粮农植物遗传资源技术的获取与许可，以及商业化利用所得货币分享和其他利益的分享。因此，参照 GPL 开源许可协议的相关规定，在农民权开源模式的建构中，应允许粮农植物遗传资源的商业化利用。即在农民权开源模式中，对于纳入开源系统的粮农植物遗传资源应允许开源系统中的任何人方便获取，获取目的可以是研究，也可以是商业化利用粮农植物遗传资源。当粮农植物遗传资源的获取者出于研究的需要，并非以最终商业化开发销售为目的时，粮农植物

[1] 张平、马骁：《共享智慧——开源软件知识产权问题解析》，北京大学出版社 2005 年版。
[2] 张平、马骁：《共享智慧——开源软件知识产权问题解析》，北京大学出版社 2005 年版。

遗传资源获取者应保障其对粮农植物遗传资源开发的后续成果继续纳入粮农植物遗传资源开源系统，并方便粮农植物遗传资源开源系统中的所有人自由获取和使用。但如果粮农植物遗传资源的获取者对相关粮农植物遗传资源的获取是以商业化利用粮农植物遗传资源为最终目的，则粮农植物遗传资源获取者在商业化利用之后，仍应有两种选择：向农民权主体开放获取使用或将商业化利用粮农植物遗传资源所得的惠益，按照一定的比例与农民权主体共享。如此方能保障粮农植物遗传资源惠益分享权中技术获取与许可，以及商业化利用所得货币分享和其他利益分享的实现。

2. 农民权开源模式应选择性免除相关主体的瑕疵担保责任

对于软件的瑕疵担保责任，GPL 开源许可协议针对不同的主体作出了区别规定。GPL 开源许可协议序言明确声明，自由软件对被许可人或是作者不提供任何担保，这是出于保护开发者的需要，因此对开源软件的修改都需标明版本修改信息，以避免相关错误被归结为先前版本的作者身上。同时，GPL 开源许可协议第 15 条免责声明中强调，在相关法律许可的范围内，对软件程序不提供任何的担保，除非相关权利人以书面形式声明该程序包括但不限于商品化和特殊目的下使用时应当提供担保。GPL 开源许可协议的相关规定，实际上是免除了软件发布者的相关瑕疵担保责任，但商业软件的发布人可能根据实践需要承担相应的担保责任。[1]

鉴于 GPL 开源许可协议对软件瑕疵担保责任的区别性对待，在农民权的开源实现模式中也可以对粮农植物遗传资源之上的相关主体的瑕疵担保责任进行区别规定。出于保护农民权主体或粮农植物

〔1〕 马治国、朱建：《开放源代码软件通用公共许可证的法律性质》，载《科技进步与对策》2004 年第 11 期。

遗传资源贡献者的考虑，应当免除开源系统内粮农植物遗传资源之上的相关主体的瑕疵担保责任，即农民权主体以及在粮农植物遗传资源进行研究开发贡献的主体对粮农植物遗传资源的品种、特性以及使用所带来的风险等瑕疵不承担担保责任。但是，对于直接从农民权开源系统中获取相关粮农植物遗传资源进行商业化使用的主体，在其商业化粮农植物遗传资源的过程中，可以向市场承诺对粮农植物遗传资源商品承担瑕疵担保责任。其实，在粮农植物遗传资源商品化的过程中，产品的瑕疵担保责任要求应由市场交易主体自行约定，只要该约定不损害到农民权开源系统中的其他权利人的合法权益即可。

3. 农民权开源模式应拒绝粮农植物遗传资源原材料上的后续垄断权

从前述 GPL 开源许可协议的主要内容可以判断出，GPL 开源许可协议拒绝对 GNU 开源系统中的相关软件进行“垄断”。GPL 开源许可协议对“垄断”的拒绝表现为两种：其一，为版权垄断的拒绝，即对于 GNU 开源系统中的相关软件，提供源代码的软件所有人可以在该软件上享有版权，软件持有人一旦同意 GPL 开源许可协议，将其软件以及源代码纳入 GNU 开源系统，则能以其所享有的版权为由限制其他 GNU 开源系统参与者对该软件进行获取、使用与改良。处于 GNU 开源系统中的相关人员对开源系统中的软件进行革新或升级后，亦可以在其革新或升级后的软件上申请版权保护，但是依旧不能成为限制 GNU 开源系统中其他相关人员获取、使用和改良软件的障碍。其二，为专利垄断的拒绝，这种垄断表现为 GPL 开源许可协议拒绝以专利的方式垄断开源软件。GPL 开源许可协议序言表明，每个程序都持续受到软件专利的威胁，政府不应该允许专利限制通用计算机软件的开发和应用，在做不到这点时，我们希望避免专利应用有效地使自由软件私有化的危险。就此，GNU 通用公共许可协议保证专利不能使程序非自由化。根据 GPL 开源许可协议第 11 条的相关规定，如果被许可人对开源软件申请了专利的垄断保护，且该软件作品的对应源代码并未向公众公开，则其必须公开软件对应的源代码、放弃专利权带来的所有利益并且以与 GPL 开源许可协议条款相一致的方式将其专利权许可协议延伸至下游接受方。GPL 开源许可协议对专利垄断权的拒绝是为了实现开源软件的自由流通，专利权对开源软件的限制本身即与开源的本意相悖。

作为农民权客体的粮农植物遗传资源也面临着垄断权限制的风险，而且在粮农植物遗传资源之上的垄断权类型更为多样。农民权开源系统中的垄断权限制，首先表现为农民权。原产地与生物多样性中心的农民群体对其所有的原生境粮农植物遗传资源享有农民权，农民权本身作为一种新型知识财产专有权，具有一定的垄断性。其次表现为植物垄断权。包括《TRIPS 协议》以及部分国家的相关立法，对于植物新品种赋予了植物新品种权进行保护，而植物新品种的育种者本身也可能是农民权开源系统的成员之一，可以以其所享有的植物新品种权对农民权开源系统中的粮农植物遗传资源造成垄断风险。最后表现为专利权。根据《TRIPS 协议》的要求，应当对植物品种进行保护，但具体保护方式可以由缔约国在本国立法中自由选择，因而部分国家在植物新品种上赋予植物品种人以专利权。农民权开源系统不应否认农民权主体、植物新品种权主体抑或是植物专利权主体对其所持有的粮农植物遗传资源之上的垄断权，但是一旦上述主体同意将其所持有的粮农植物遗传资源纳入农民权开源系统中，则他们所持有的垄断权不应成为农民权开源系统中其他主体获取、使用、开发或商业化粮农植物遗传资源的障碍。不过需要注意的是，农民权开源系统应禁止粮农植物遗传资源原材料上的后续垄断权。如果参与农民权开源系统的相关主体仅仅对开源系统中的粮农植物遗传资源原材料进行相关垄断权申请，而并没有在该种原材料上做出实质性创新或贡献，则开源系统应拒绝其垄断权申请。因为这种行为不仅会侵犯到原材料提供者的相关权利、亦与开源本意不符。

二、生物资源开源模式探索及对农民权开源实现的借鉴意义

国际社会对生物遗传资源开源模式的利用与保护已经展开了探索，其中最为著名的生物开源组织是 CAMBIA。CAMBIA 是澳大利亚的一个独立非营利性机构，其目的通过创造新技术、新工具和新模型促进生物技术的变革与创新。CAMBIA 的目标在于使创新民主化，以建立一个在生物科学和技术利用上更公正和包容的便捷平台。[1] CAMBIA 通过建立一个开放式的系统供所有生物科学领域组织进行检索并在此基础上进行创新。CAMBIA 包括三个主要项目：专利检索系统、开放创新倡议以及 BIOS。其中专利检索系统是一个开放的全球网络基础设施，几乎包含世界上所有的开发专利文件以及相关的数字化学术和技术文献。[2] 开放创新倡议则是一个以专利检索系统为基础的国际项目，通过创建一个基础网络设施帮助知识产权在健康、农业、环境和能源领域进行检索，可以说是专利检索系统的基础。[3] BIOS 则是一个多义词，根据 CAMBIA 官网的

---

〔1〕 Cambia, *Cambia's Mission & Ethos & Vision*, (Aug. 25, 2020), https://cambia.org/cambias – mission – ethos/.

〔2〕 Cambia, *Initiative for Open Innovation*, (Aug. 25, 2020), https://cambia.org/initiative – for – open – innovation – ioi/.

〔3〕 Cambia, *Initiative for Open Innovation*, (Aug. 25, 2020), https://cambia.org/initiative – for – open – innovation – ioi/.

定义，其既可以指代生物技术开发型社会（Biological Innovation for Open Society），又可以指生物开源系统（Biological Open Source）以及生物操作系统（Biological Operating Systems）等，[1]其中生物开源系统最为常用。CAMBIA 通过 BIOS 启动项目初步建立起了关于植物研究和发展相关知识或材料的转让许可协议，其与 copyleft 许可协议极其相似，它们都要求后来者在改进材料（程序）或是使用材料（程序）伴随最初协议并且所有的持牌人不得对材料或程序及其衍生物主张任何知识产权权利。BIOS 许可协议已经进行了初步的实践并取得了良好的效果，[2]但是到目前为止，所有的生物开源组织和开源许可协议制度都没有将农民权纳入其中，但"农民权的主张具有发展成开源软件的潜力，而其必须发展为开源的时代已经到来"。[3]

（一）从 patent 到 patentleft：生物技术创新保护与资源利用新模式

在计算机软件领域，由 copyright 到 copyleft 的转变，创设了软件保护的新模式。生物技术与生物资源领域效仿计算机开源模式，也创新性地在生物技术与资源上开始适用开源模式，实现了由 patent 到 patentleft 的转变。在现有的生物科学创新体系下，一般是通过赋予生物创新者以知识产权，使生物科学创新者享有一定的垄断权利，以对其所做出的生物科学创新进行鼓励。但是随着生物科技的发

---

〔1〕 Cambia, *BIOS Initiative*, (Aug. 25, 2020), https://cambia. org/bios - landing/bios - initiative/.

〔2〕 Cambia, *The CAMBIA BIOS Initiative*, (Aug. 25, 2020), https://cambia. org/bios - landing/the - cambia - bios - initiative/.

〔3〕 Keith Aoki, "*Free Seeds, not Free Beer*": *Participatory Plant Breeding, Open Source Seeds, and Acknowledging User Innovation and Agriculture*, 77 Fordham L. Rev., p. 2275.

展，越来越多的生物技术不再是独立的，而只有通过相互依存与使用才能使生物技术真正发挥作用。但生物专利等生物知识产权垄断权的存在对具有相互依存性的生物技术而言，实质上却起到了阻碍作用，这最终只会造成生物巨头获得丰厚的利润，而并不利于生物技术的长久发展。因此，国际相关组织提出了“Patentleft”的概念，也称“专利权佐”或“开发专利”，以实现生物资源领域的开放创新与开源模式。

在目前的生物开源许可模式中，最为完善且初具成效的应是BIOS生物开源倡议。BIOS生物开源协议的出现，是为了应对当前生物技术的商业状态与法律形势，通过知识产权信息学及其分析，创新体系结构改革和合作性开放获取技术开发活动，促进在生物技术应用中的民主创新。[1]

1. BIOS生物开源倡议的适用领域

BIOS生物开源倡议主要适用于三个领域，分别为知识产权信息学及其分析、创新体系结构改革和合作式开放访问技术开发。在知识产权信息学及其分析方面，BIOS建立了一个相当全面的公开生物技术专利数据库——专利透镜。该数据库收录了美国商标专利局、《专利合作条约》、欧洲及澳大利亚专利局在生物技术方面的专利申请和已经核准的专利。并且专利透镜数据库正在不断向新的专利管辖区扩展，同时进一步保证协议对食品、营养、农业和生物技术以及公共健康、医学、化学、环境管理和遗传资源等方面有影响的生命科学专利都相对完整地呈现在该数据库中。在合作式开放访问技术开发方面，BIOS将着力点主要放在遗传资源分析和作物分子使能技术

〔1〕 Cambia, *What is BIOS*?, (Aug. 25, 2020), https://cambia.org/bios-landing/bios-faqs-about-bios/.

这两组技术上。目前，CAMBIA 所有的知识产权均属于这两组技术，并将被转变为开放性取用的 BIOS 授权发放机制。由于遗传资源保护、鉴定和使用的重要性，遗传资源分析技术将直接对植物和动物育种者以及关于获取和利益分享上具有实质进展的基础技术能力产生影响。这组技术中的“启动”技术是 CAMBIA 的多样性芯片技术，该技术由 CAMBIA 的首席科学家安德烈·基利安开发，并由 CAMBIA 获得专利。目前，该技术已应用于加强在小麦、大麦、苹果、饲料、水稻、牛和羊等的商业性动植物分子的育种。在创新系统的结构改革方面，BIOS 将为在国家和国际两级建立许可关系，合同和政策新机制提供平台。BIOS 倡导将软件业的开放源代码授权发放机制应用于有专利权的生物学技术领域，发展出一套开放性获取模板。在没有专利核准的情况下，开发契约性和委托性的模板（如材料转移协议书），借以将使用者及其所开发的改进技术约束在开放性获取制度里。[1]

2. BIOS 生物开源倡议的主要构成

BIOS 开源模式是一个可以在法律上执行的框架，使得相关专利与非专利技术、材料及方法按照一定的原则公开使用，成为一个“受保护的公地”。[2] BIOS 开源许可协议包括 CAMBIA 植物分子支持技术 BIOS 许可协议、专利技术和专有技术通用 BIOS 协议、BIOS 互不宣誓协议、BIOS 卫生技术协议等。其中，CAMBIA 植物分子支持技术 BIOS 许可协议已经广泛应用于发展中国家与发达国家的诸多公司和非盈利性组织。与遗传资源和遗传信息有关的获取和利益共

---

〔1〕 Cambia, *BIOS Initiative – Documentation*, (Aug. 25, 2020), https://cambia. org/bios – landing/bios – initiative – documentation/.

〔2〕 Cambia, *BIOS Licenses & MTAs*, (Aug. 25, 2020), https://cambia. org/bios – landing/bios – licenses – mtas/.

享受到世界的关注，CAMBIA 曾发布遗传资源索引技术许可协议，但由于 CAMBIA 已经在其网站上发布了这些技术专利，因此不再需要该许可协议即可访问和获取。BIOS 的这些许可协议都具有以下共性：生物技术所有权归所有者享有；倡导改进和使用相关生物技术的全球性、非排他性；在所有许可协议中，研究许可与商业许可间没有区别。[1]

3. BIOS 生物开源倡议的主要目标与运行特点

BIOS 生物开源倡议的主要目标有二：其一，打造"受保护的生物技术公地"；其二，探索共享使用专利技术能力的新方法。根据 CAMBIA 组织的介绍，在 BIOS 生物开源倡议下，通过各种 BIOS 开源许可协议，为生物技术打造一片"受保护的公地"，即一个可以对生物技术发明进行讨论与改进的安全平台，并且在此平台中对生物技术的讨论与改进不会导致未来专利申请的无效或被第三方盗用。[2] 与专利的不同之处在于，将专利所垄断的专利技术置于受保护的公地中，可以使他人更有效地使用专利技术。在受保护的公地下，生物技术专利的所有者和被许可方均享有使用改进后的生物技术的权利，而无论改进后的生物技术是否已经申请专利。专利权的获得以公开其技术信息为前提条件，受保护的公地亦是将生物专利信息进行公开，这与专利权的要求并不相悖。在受保护的公地下，将通过 BIOS 开源许可协议与所有被许可方签订具有法律约束力的协议，以

---

〔1〕 Cambia, *What BIOS - compatible agreements are available*? (Aug. 25, 2020), https://cambia.org/bios - landing/bios - licenses - mtas/.

〔2〕 Cambia, *What is a "protected commons"*? (Aug. 25, 2020), https://cambia.org/bios - landing/bios - faqs - bios - agreements/.

保障相关生物技术信息处于一种相对公开但仍受保护的状态。[1]同时，通过 BIOS 开源许可协议所获得的生物技术、生物资源的改良或产品仍然可以申请专利，并且可以为牟利或公益目的使用这些生物技术进行产品的开发或服务，只不过要求被许可人和在 BIOS 开源协议下使用相关生物技术的人不得禁止许可方和受保护公地中的其他被许可方进一步改进生物技术专利或产品。[2]

BIOS 生物开源倡议下所建立的开源模式实质上为一种对生物技术进行协同发明的机制。该种机制可以确保无论是公众还是私人都可以使用（不能将其私自使用）相关生物技术，这将为目前受知识产权文化限制、被忽视或被边缘化的参与者提供一个可以合作创新和自由交换生物技术信息的全球化网络。在该种机制下，生物技术的提供者通过 BIOS 开源许可协议将其生物技术或相关知识提供或授权到一个由 BIOS 创建的开源模式之中，被许可人可以根据 BIOS 开源许可协议获得免费使用 BIOS 任何技术和开源协议中所包含的生物技术，但被许可人需履行以下三点承诺：其一，将其改良的生物技术回馈授权给 BIOS；其二，共同捍卫 BIOS 开源所建立的“受保护的公地”；其三，将与所有被许可方共享生物技术发明的资料。[3]

---

[1] Cambia, *BIOS Initiative*, (Aug. 25, 2020), https://cambia. org/bios - landing/bios - initiative - documentation/.

[2] Cambia, "*Biological Open Source*" *is not a new way to patent, but a new way to share the capability to use patented technology*, (Aug. 25, 2020), https://cambia. org/bios - landing/bios - licenses - mtas/.

[3] Cambia, *BIOS Initiative*, (Aug. 25, 2020), https://cambia. org/bios - landing/bios - initiative - documentation/.

（二）BIOS 相关开源协议主要内容及分析[1]

前文已述，BIOS 生物开源倡议针对生物技术与生物资源的不同利用情况建立的生物资源开源许可证多种多样，但其中与遗传资源最为相关的是 BIOS 遗传资源索引技术许可协议以及 BIOS 材料转让协议。生物资源和技术与农民权客体粮农植物遗传资源在种属上具有包含性，因此以 BIOS 遗传资源索引技术许可协议以及 BIOS 材料转让协议为分析材料，可以为农民权的开源模式提供有价值的借鉴与启示。

1. BIOS 材料转让协议背景部分主要内容分析

BIOS 材料转让协议背景部分首先介绍了 CAMBIA 与 BIOS 开源计划的宗旨与目标，即 CAMBIA 的开放社会的生物创新计划旨在将开源的模式和理念扩展到生物技术和生物科学的创新上，签订 BIOS材料转让协议旨在促进并遵守 CAMBIA 的 BIOS 开源计划。BIOS 开源计划的目标是确保对创新工具的通用访问权，以促进这些工具的开发和改进，并在基本相似的条件下使学术研究和商业化主体可以自由访问、开发和改进。BIOS 材料转让协议并不限制任何接受方将 BIOS 许可的专有材料商业化，而是保留专有材料提供者和所有 BIOS 许可方使用专有材料以及对专有材料进行改进的权利。同时，BIOS 材料转让协议背景部分对 BIOS 生物开源倡议的运作模式

[1] 本节对 BIOS 相关开源协议的阐述与分析以 BIOS Genetic Resources Indexing Technology LicenseVersion 1.3（具体参见 https://cambia.org/bios-landing/the-cambia-bios-license-for-genetic-resources-indexing-technology/）和 BIOS Materials Transfer Agreement 1.0（具体参见 http://www.worldlii.org/int/other/PubRL/2006/1.html）两个开源许可证为蓝本。下文引用相关内容时不再一一做注。

作了简要说明，即生物资源提供者提供专有材料以及含有生物信息的载体是希望将其用作生物科学研究或商业化开发，专有材料接受者和其他 BIOS 被许可人通过评估和使用这些专有材料对其进行开发或改进，但对专有材料的开发与改进的信息需要公开给专有材料的提供者和所有的 BIOS 被许可人。

2. BIOS 材料转让协议专有材料的委托部分主要内容分析

在 BIOS 材料转让协议专有材料的委托部分，首先对“专有材料”进行了界定，即 BIOS 材料转让协议所使用的专有材料包括有性与无性的繁殖材料、果实及其任何部分或衍生物，包括但不限于植物、种子、细胞、组织、器官、体液等，以及包含或含有专有材料的繁殖物或包含此培养物的生物。紧接着，BIOS 材料转让协议在专有材料的委托部分对专有材料提供者的权利义务进行规定。根据 BIOS 材料转让协议第 1 条(b)项规定，在未经专有材料提供者事先书面同意的情况下，BIOS 接受方不得将专有材料提供给任何第三方，除非第三方同意 BIOS 材料转让协议第 1 条的内容。根据 BIOS 材料转让协议第 1 条(c)项规定，专有材料的接受方对专有材料的使用，应事前征得专有材料提供方的同意，并且对专有材料的使用应在法律及相关政策要求的范围内。根据 BIOS 材料转让协议第 1 条(d)项规定，专有材料的提供者应当在法律规定的范围内，提供与专有材料相关的数据与描述性信息并发布在 BioForge 网站上，以使同意 BIOS 材料转让协议的人员可以访问专有材料相关数据内容。专有材料的接受方对专有材料的任何评估、测试或分析应以书面报告的形式提供给专有材料的提供方，并同时发布在 BioForge 网站上。同时，专有材料的评估、测试和分析结果不得披露给接受 BIOS 材料转让协议专有材料委托规定或负有保密协定以外的人。BIOS 材料转让协议第 1 条(e)项规定了，根据 BIOS 材料转让协议第 4 条(b)项而终止 BIOS

材料转让协议后，专有材料接受方应于协议终止后的 30 日内销毁所有的专有材料以及包含专有材料的生物或衍生物。

3. BIOS 材料转让协议保密义务的限制内容分析

上述 BIOS 材料转让协议专有材料的委托部分，实际上为从 CAMBIA 开源系统中获取专有材料的接受方设定了保密义务，但紧接着又在 BIOS 材料转让协议保密义务的限制部分为专有材料的接受方的保密义务列出了一定的限制条件，在具备这些限制条件的情形下，专有材料的接受方对专有材料不必再承担相应的保密义务。具体情形包括：(1) 专有材料在公开发行印刷的出版物中被披露，或者在世界上任何地方已授权的专利中被描述，或者专有材料已经因各种原因而处于公有领域。(2) 除专有材料提供者以外的其他人，有权披露与专有材料相关的信息，这些信息被专有材料接受方及其关联公司知道。(3) 专有材料接受方或其关联公司根据政府机构的要求或相关法律的要求而需强制披露专有材料。在这种情况下，专有材料接受方应事先书面通知专有材料提供方关于专有材料的披露，并寻求机会对抗该披露命令或法令。(4) 经专利材料提供方书面授权对专有材料的发布或披露。(5) 专有材料接受方可以通过合理的书面协议证明，在专有材料提供方向专有材料接受方提供专有材料之前，该专有材料是接受方或者其关联公司所拥有的，而不是由专有材料提供方直接或间接所有。并且，在这种情况下，原专有材料的提供者对该种本应由专有材料接受方所有的专有材料以及提供的相关协议负有信息保密义务。(6) 专有材料接受方有合理的书面协议证明其从专有材料提供方所获取的专有材料是由其或其关联公司独立研发的。在这种情况下，原专有材料的提供者对该种专有材料相关信息以及接受方提供的相关协议负有信息保密义务。(7) 专有材料的相关信息被公共领域中更一般性的信息所包含。

4. BIOS 材料转让协议专利非纠纷与惠益分享条款内容分析

在 BIOS 材料转让协议中对专利非纠纷条款和惠益分享方式也作出了相关规定。对于专利非纠纷条款，根据 BIOS 材料转让协议规定，专有材料接受方不得针对专有材料的提供方或同意专有材料委托条款的任何第三方主张将专有材料申请为知识产权或私有。如果专有材料接受方提出了上述主张，则立即终止 BIOS 材料转让协议以及立即撤销依据 BIOS 材料转让协议授予的任何许可。对于专有材料的惠益分享，根据 BIOS 材料转让协议规定，如果专有材料接受方通过专有材料商业化了一种产品，该产品或源自专有材料的研究工具，或源自专有材料的基因序列或化学标记，或源自专有材料的菌苗或药物靶标，并且专有材料提供方和同意专有材料委托条款之外的人不可获得，则专有材料接受方需向专有材料提供方和全球共享流感数据倡议组织提供固定比例的商业化产品在全球范围内进行销售额。但是如果商业化产品对专有材料提供方没有限制或产品没有成本，并且对同意专有材料委托条款的其他人仅以成本价提供，则专有材料接受方不需要承担此义务。

5. BIOS 材料转让协议补充条款内容分析

BIOS 材料转让协议的其他条款，主要对相关名词、签订方式、争议解决适用的法律等进行了规定，需要强调的是此处提供的信息和材料不提供任何明示或暗示的保证协议，包括但不限于对特定样本的身份、纯度或活动性、适销性或适用性的保证协议，是不侵犯任何第三方专利的保证协议。提供者或其员工或代理人均不应对接收者或其雇员或代理人因接收、使用、存储或处置该技术或此处提供的任何信息或材料而造成的任何损失负责。接收者将对使用本技术或自身的过失或不法行为或不作为所造成的一切风险承担责任，并对所有索赔、诉讼、损失、责任、损害、成本、费用和支出承担一切责任。

（三）BIOS 相关开源协议对农民权开源模式的借鉴与启示

上文对 BIOS 遗传资源索引技术许可协议以及 BIOS 材料转让协议的相关内容进行了概括及分析，根据 BIOS 遗传资源索引技术许可协议以及 BIOS 材料转让协议的相关内容规定，BIOS 相关开源协议对于农民权开源模式的建构至少可以提供以下借鉴与启示：

1. 农民权开源模式下的粮农植物遗传资源范围应包括衍生物

无论是 BIOS 材料转让协议还是 BIOS 遗传资源索引技术许可协议，都将衍生物包含在协议或许可的生物资源范围内。其中，BIOS 材料转让协议对生物材料的界定为，包括有性与无性的繁殖材料、果实及其任何部分或衍生物，包括但不限于植物、种子、细胞、组织、器官、体液等，以及包含或含有专有材料的繁殖物或包含此培养物的生物。BIOS 遗传资源索引技术许可协议则对 BIOS 材料转让协议的生物材料范围再次进行了肯定，即许可材料包括根据关联的 BIOS 材料转让协议从 CAMBIA 转移到 BIOS 许可方的 CAMBIA 材料和 BIOS 许可材料。从 BIOS 材料转让协议以及 BIOS 遗传资源索引技术许可协议的相关规定中都可以看出，与生物资源相关的衍生物亦属于开源协议下的生物资源范畴。前文已述，在 ITPGR 的谈判过程中，因发展中国家与发达国家利益立场不同，在粮农植物遗传资源“遗传功能单位”的范畴界定上存在不同的主张。发达国家通常认为遗传功能单位材料仅指基因，而发展中国家则认为遗传功能单位材料除了包含基因之外，还应包括含有遗传功能单位的生物化合物，虽不含遗传功能单位但保留相关遗传信息的 RNA、蛋白质、酶以及不含有遗传功能单位的由细胞新陈代谢产生的天然的生物化合物。[1] 而

〔1〕 张小勇：《遗传资源国际法问题研究》，知识产权出版社 2017 年版，第 43 页。

发展中国家的粮农植物遗传资源范畴类别主张常被统称为“衍生物”。染色体是遗传中的重要介质，染色体主要由组蛋白、非组蛋白等蛋白质和 DNA 及 RNA 三种物质组成。DNA 在细胞核中的含量恒定、代谢稳定且 DNA 分子具有极强的自我复制性，因此 DNA 在现代生物技术中常被视为主要遗传物质。然而 DNA 中的信息并非全都是混为一体，不可区分的，只要处于基因以下都可以区分。在实验室条件下可以对那些小于基因的 DNA 片段进行交换，可以从某一物种中提取出 DNA 片段并可将其插入另一个物种中培育出新的品种，所以不仅是完整的染色体或单个基因以及较长的 DNA 片段，小于基因的 DNA 片段以及退化了的 DNA 等亦可以属于遗传功能单位的范畴。同时，RNA 也具有自我复制性，其亦被视为遗传物质之一，在诸如病毒的结构中，RNA 甚至是超越 DNA 的重要遗传物质。[1] CBD 在对遗传资源进行界定时，其原文为“containing”（包含）遗传功能单位，即只要遗传资源包含遗传功能单位即可以构成 CBD 所界定的遗传资源。[2] 同理，ITPGR 在界定粮农植物遗传资源时也是用的“containing”遗传功能单位这一表述，那么只要相关粮农植物遗传资源包含遗传功能单位，则无论是 DNA 还是含有遗传功能单位的生物化合物都应当属于粮农植物遗传资源的范畴。并且 RNA 本身就具有携带遗传信息的能力，同时，蛋白质、酶等亦可以携带遗传信息。DNA 虽然决定了生物特性遗传信息，但只有通过蛋白质才能表达其生命意义，DNA 通过 RNA 决定蛋白质的合成，RNA 聚合酶的发现正是其科学印证。[3] 因此，即使是不含遗传功能单位但保留相关遗传

[1] 朱红艳主编：《作物遗传育种》，重庆大学出版社 2016 年版，第 112 页。
[2] 张小勇：《遗传资源国际法问题研究》，知识产权出版社 2017 年版，第 43 页。
[3] 朱红艳主编：《作物遗传育种》，重庆大学出版社 2016 年版，第 118 页。

信息的 RNA、蛋白质、酶以及不含有遗传功能单位的由细胞新陈代谢产生的天然生物化合物，只要其携带了生物的特定遗传信息，亦可以属于粮农植物遗传资源范畴。鉴于 BIOS 材料转让协议以及 BIOS 遗传资源索引技术许可协议将“生物资源”的范畴延伸至衍生物，那么在农民权开源模式的建构中亦应当将粮农植物遗传资源衍生物囊括在粮农植物遗传资源开源范畴中。

2. 可以尝试在农民权开源系统中设置粮农植物遗传资源材料接受方保密义务

BIOS 材料转让协议专有材料的委托部分为生物资源接受方设定了保密义务，该种保密义务的设定是为了方便专有材料的提供方在将来具有将专有材料及其相关技术申请为知识产权的能力。农民权开源模式的构建不仅是为了实现农民权，同时亦是为了粮农植物遗传资源的可持续利用。由于农民权主体享有粮农植物遗传资源披露许可权，即使在农民权开源系统中赋予相关主体针对粮农植物遗传资源的改良或技术申请知识产权垄断权的权利，亦不会实质性地影响到农民权主体的利益。因此，在构建农民权开源系统时，可以尝试设置粮农植物遗传资源材料接受方保密义务，以保障粮农植物遗传资源相关主体申请知识产权的权利。当然，BIOS 材料转让协议在保密义务的限制部分对生物资源接受方的保密义务也作出了例外规定。BIOS 材料转让协议对生物资源接受方的保密义务的例外规定也可以为农民权开源系统所借鉴。在农民权开源系统中，可以尝试将下列情形规定为粮农植物遗传资源接受方保密义务的例外：(1)粮农植物遗传资源在公开发行印刷的出版物中被披露，或者在世界上任何地方已授权的专利中被描述，或者粮农植物遗传资源已经因各种原因而处于公有领域。(2)除粮农植物遗传资源提供者以外的其他人有权披露与粮农植物遗传资源相关的信息而被粮农植物遗传资源接受方及其关联公司知道。(3)粮农植物遗传资源接受方或其关联公司根据政府机构的要求或相关法律的要求而需强制披露粮农植物遗传资源。在这种情况下,粮农植物遗传资源接受方应事先书面通知粮农植物遗传资源提供方关于粮农植物遗传资源的披露,并寻求机会对抗该披露命令或法令。(4)经粮农植物遗传资源提供方书面授权对粮农植物遗传资源的发布或披露。(5)粮农植物遗传资源接受方可以通过合理的书面协议证明,在粮农植物遗传资源提供方向粮农植物遗传资源接受方提供粮农植物遗传资源之前,该粮农植物遗传资源是接受方或者其关联公司所拥有的,而不是由粮农植物遗传资源提供方直接或间接所有。并且,在这种情况下,粮农植物遗传资源的提供者对该种本应由粮农植物遗传资源接受方所有的粮农植物遗传资源以及提供的相关协议负有信息保密义务。(6)粮农植物遗传资源接受方有合理的书面协议证明其从粮农植物遗传资源提供方所获取的粮农植物遗传资源是由其或其关联公司独立研发。在这种情况下,粮农植物遗传资源的提供者对该种粮农植物遗传资源相关信息以及接受方提供的相关协议负有信息保密义务。(7)粮农植物遗传资源的相关信息被公共领域中更一般性的信息所包含。

3. 农民权开源系统应细化粮农植物遗传资源惠益分享条款

从 BIOS 材料转让协议以及 BIOS 遗传资源索引技术许可协议的相关内容来看,其对 CAMBIA 开源系统中相关生物资源的惠益分享规定并不是特别清晰。其中,BIOS 材料转让协议规定,如果专有材料接受方通过专有材料商业化了一种产品,该产品或源自专有材料的研究工具,或源自专有材料的基因序列或化学标记,或源自专有材料的菌苗或药物靶标,并且在专有材料提供方和同意专有材料委托条款之外的人不可获得,则专有材料接受方需按照固定比例向专有材料提供方和全球共享流感数据倡议组织提供其产品在全球范围内的商业化销售所得。但是如果商业化产品对专有材料提供方没有限制或产品没有成本,并且对同意专有材料委托条款的其他人仅以成本价提供,则专有材料接受方不需要承担此义务。BIOS 遗传资源索引技术许可协议对生物资源的惠益分享更是几乎未提及。但对于农民权而言,粮农植物遗传资源之上的利益分享的实现对于农民权的实现则至关重要。在农民权权能下,农民权主体享有粮农植物遗传资源惠益分享权,其中包括粮农植物遗传资源相关技术的获取与许可以及商业化利用粮农植物遗传资源所得货币利益与其他利益的分享。通过农民权开源系统并不难实现对粮农植物遗传资源相关技术的获取与许可,但是商业化利用粮农植物遗传资源所得货币利益与其他利益的分享则需要农民权开源系统作出细致的规定方能良好的实现。尤其是商业化利用粮农植物遗传资源所得货币利益的具体比例、流向方式等内容,对于农民权主体粮农植物遗传资源惠益分享权的实现影响颇大。商业化利用粮农植物遗传资源所得货币利益的具体比例涉及统计学与经济学相关知识,农民权开源系统管理者应通过相关数据统计与专业研究在开源许可协议中确定公平、合理的货币分享比例,以保障农民权主体在其他主体商业化利用粮农植物遗传资源获利中获得应有的惠益,并且对于货币化惠益的具体流向应确立相关机制以保障其确实流向农民权主体。

第三节　粮农植物遗传资源多边系统中的开源困境与出路

对软件领域的 GPL 开源许可协议以及生物资源领域的 BIOS 相关开源许可协议内容的阐述与分析,为农民权开源模式的建构提供了诸多借鉴与启示。我们可以通过这些借鉴与启示，在国家范围内对农民权开源模式进行建构。对于非原生境粮农植物遗传资源在国际社会上的开源模式，ITPGR 早已作出相关努力与尝试——粮农植物遗传资源多边系统。粮农植物遗传资源多边系统所针对的客体多为非原生境下的粮农植物遗传资源，不包括农民权客体，因此农民权并不能天然地依赖 ITPGR 的粮农植物遗传资源多边系统实现开源。ITPGR 的粮农植物遗传资源多边系统不失为农民权实现开源的一种途径，可以通过对 ITPGR 的粮农植物遗传资源多边系统进行完善，将原生境粮农植物遗传资源纳入其中，实现农民权在国际社会上的开源保护。

一、SMTA 与农民权开源系统的选择

由于粮农植物遗传资源展现出的承继性、粮食安全性与相互依存性等特殊属性以及在获取和惠益分享上的特殊需要，ITPGR 针对粮农植物遗传资源的利用与惠益分享建立了专门的模式——粮农植物遗传资源多边系统，这是以开源模式为蓝本建立的粮农植物遗传资源开源系统。ITPGR 第 19 条所设立的管理机构即相当于开源管理机构，ITPGR 所使用的 SMTA 即相当于粮农植物遗传资源开源许可协议。对于一个开源模式而言，其最为重要的内容即为开源许可协议，因而 SMTA 的内容也值得我们去分析、总结。

（一）SMTA 的主要内容与分析

1. SMTA 序言部分主要内容与分析

SMTA 序言部分再次强调 ITPGR 条约，指出 ITPGR 之宗旨与

CBD之宗旨一致。[1] 但SMTA与前文所提及的GPL开源许可协议和BIOS相关协议不同,其在背景部分并没有作出过多的宣示,应是得益于ITPGR条约内容上的相对完整性。

2. SMTA对专有术语的界定与分析

SMTA第2条对协定中的相关术语进行了界定,包括"无限制提供""粮农植物遗传""遗传材料""多边系统""管理机构""正在培育的粮农植物遗传资源""产品""销售额""实现商业化"等。SMTA对"多边系统""遗传材料""粮农植物遗传"等术语的界定与ITPGR的规定几乎一致,前文已有论述。需要注意的是,与GPL开源许可协议以及BIOS相关开源许可协议相比,SMTA术语解释部分即对"产品""销售额""实现商业化"等作出了明确的规定。由此可见,SMTA要比软件领域开源许可协议或生物领域其他开源许可协议更为重视惠益分享的实现。

3. SMTA中权利义务条款主要内容与分析

SMTA第5条、第6条分别规定了粮农植物遗传资源提供方的主要权利与义务以及接受方的主要权利与义务。根据SMTA第5条的规定,粮农植物遗传资源提供方的主要权利义务包括:(1)对于粮农植物遗传材料应迅速提供获取机会,无须跟踪单份收集品,并应免费提供;如收取费用,则不得超过所涉最低成本。(2)应依照法律的要求,提供与粮农植物遗传资源相关的所有资料以及非机密性信息。(3)获取存在知识产权或相关权利保护的粮农植物遗传资源应符合相关法律的规定。(4)粮农植物遗传资源提供方应向管理机构定期

---

〔1〕 即为了农业与粮食安全的可持续发展而对粮农植物遗传资源进行保存、利用以及公平分享使用粮农植物遗传资源所带来的利益。ITPGR的缔约国在同意其对粮农植物遗传资源主权的基础上,也同意建立一个多边系统,既方便粮农植物遗传资源的获取,又可以公平地分享相关利益。

通报材料协议的情况。根据 SMTA 第 6 条的规定，粮农植物遗传资源接受方的主要权利、义务包括：(1)接受方对粮农植物遗传资源的使用或保存仅以粮食和农业的研究、育种和培训为目的；(2)专利非纠纷条款，即不得对接受到时形态的粮农植物遗传资源、或其遗传部分或成分的形态申请知识产权；(3)接受方提供粮农植物遗传资源也应符合第 5 条(b)项的规定；(4)后续接受方也应接受 SMTA 的要求；(5)当接受方接受正在培育的粮农植物遗传资源时应满足 SMTA 的相关要求；(6)接受方对粮农植物遗传资源的商业化，如果无限制提供则可以自愿付款，如果不是无限制提供则应进行惠益分享；(7)接受方对粮农植物遗传资源的相关研究信息应向多边系统公开。

4. SMTA 中其他条款的主要内容与分析

SMTA 中的其他条款还具体规定了适用的法律、争端的解决、担保与保证协议、附件一提供的材料清单和附件二惠益分享的付款率与付款方式等。其中，需要强调的是 SMTA 第 9.1 条[1]与 GPL 开源许可协议、BIOS 相关开源协议一样，对专有的材料的担保责任也进行了免除。同时，对比 GPL 开源许可协议以及 BIOS 相关开源协议，SMTA 的进步之处在于其在开源许可协议中即明确了惠益分享的付款率与付款方式，其中正常情况下，商业化粮农植物遗传资源货币性利益惠益分享的付款率为 1.1%，当粮农植物遗传资源为正在培育的粮农植物遗传资源或有其他特殊情况时，商业化粮农植物遗传

[1] 根据 SMTA 第 9.1 条规定，提供方对材料的安全性或名称不提供任何保证，对随材料提供的任何基本数据或其他数据的准确性或正确性也不提供任何保证。提供方也不对所提供材料的质量、活力或纯度(遗传或机械纯度)做出任何保证。材料的植物检疫状况只能按照所附的任何植物检疫协议书所述予以保证。在输入或释放遗传材料方面，接受方应承担所有责任，遵守接受方国家检疫和生物安全法规和规则。

资源货币性利益惠益分享的付款率为0.5%，但商业化粮农植物遗传资源货币性利益惠益分享的付款流向却为ITPGR管理机构。

（二）农民权开源模式的选择

前文已述，ITPGR所建立的粮农植物遗传资源多边模式本身并不适用于农民权客体，这是因为农民权客体多为原生境下的粮农植物遗传资源，而ITPGR粮农植物遗传资源多边模式中的粮农植物遗传资源却只包含缔约国实际管理和控制的粮农植物遗传资源以及处于公共领域的粮农植物遗传资源，即非原生境下的粮农植物遗传资源。ITPGR对农民权客体——原生境粮农植物遗传资源的排除既是尊重私权的表现，也是ITPGR粮农植物遗传资源多边系统的先天性缺憾。故而，对于粮农植物遗传资源的开源保护，我们既可以仿效GNU、CAMBIA等开源组织在粮农植物遗传资源上建立类似的GPL开源许可协议、BIOS开源协议等特殊的开源许可协议，开源管理者以及开源系统；同时，我们也可以将原生境下的粮农植物遗传资源纳入ITPGR粮农植物遗传资源多边模式之中以实现农民权。笔者主张，通过将原生境下的粮农植物遗传资源纳入ITPGR粮农植物遗传资源多边模式实现农民权，理由在于：

首先，将原生境下的粮农植物遗传资源纳入ITPGR粮农植物遗传资源多边模式可以节约农民权开源制度成本。前文已经具体分析了GNU软件开源模式下、CAMBIA开源模式，并通过分析以其所建立的GPL开源许可协议、BIOS相关开源许可协议等给农民权开源模式以及农民权开源许可协议的构建提供了可借鉴的内容与要点。诚然，我们可以以此为基构建农民权开源模式以保障农民权的实现。但仅仅是借鉴GNU、CAMBIA抑或ITPGR以及成型的开源模式去构建农民权开源模式，势必要付出巨大的制度成本，这包括但不限于农民权开源组织的建立、农民权开源系统的建立、农民权开源许可协议的设立等。如果将原生境粮农植物遗传资源的获取、利用与惠益分享限制在一国范围内,则由国家主导,在本国范围内构建专属于农民权的开源系统并非难事。当然,国家也可以选择仅对农民权进行立法保护,而不去构建农民权开源系统,但这样农民权的实现则成为一道难题。但是,在国际范围内构建专属于农民权的开源模式并不容易,因为并不存在相关的国际组织负有保护本属于一国立法私权的义务。因此,不妨将原生境下的粮农植物遗传资源纳入 ITPGR 的粮农植物遗传资源多边系统之中,在节约开源制度成本的基础上保障农民权中相关权利的实现。

其次,ITPGR 也鼓励将原生境下的粮农植物遗传资源纳入 ITPGR粮农植物遗传资源多边模式之中。ITPGR 在建立粮农植物遗传资源多边系统时,虽规定了粮农植物遗传资源多边系统的范围仅限于缔约方管理和控制以及处于公共领域内的附件一所列的粮农植物遗传资源,但是从 ITPGR 第 11.3 条以及第 11.4 条〔1〕相关规定亦可以看出 ITPGR 也倡议和鼓励将原生境下粮农植物遗传资源纳入粮农植物遗传资源多边系统中。ITPGR 第 11.3 条、第 11.4 条的规定,实际上在鼓励将原生境下粮农植物遗传资源纳入粮农植物遗传资源多边系统的同时,也表达出原生境粮农植物遗传资源未纳入粮农植物遗传资源多边系统存在的风险和后果。因此,与其在国际上

〔1〕根据 ITPGR 第 11.3 条规定,各缔约方还同意采取适当措施,鼓励在其管辖下持有附件一所列粮农植物遗传资源的自然人和法人将这些粮食和农业遗传资源纳入多边系统。根据 ITPGR 第 11.4 条规定,在本条约生效后两年内,本条约的管理机构应评估第 11.3 条提及的粮农植物遗传资源纳入多边系统的进展情况。在此评估以后,管理机构将决定是继续为第 11.3 条提及的、尚未将这些粮农植物遗传资源纳入多边系统的自然人和法人提供方便获取,还是采取其认为适当的其他措施。

对农民权另行建立开源模式，不如顺应 ITPGR 的要求与倡议，将原生境下的粮农植物遗传资源纳入 ITPGR 的粮农植物遗传资源多边系统之中，以保障农民权的实现。

最后，ITPGR 是 FAO 发起并由各个国家积极参与缔结的，ITPGR针对粮农植物遗传资源所建立的多边系统本身也具有法律强制力的保障。与重新建立农民权开源模式相比，将原生境下的粮农植物遗传资源纳入粮农植物遗传资源多边系统将为农民权的实现提供更好的法律保障。当然，无论是 GNU 下的 GPL 开源许可协议还是 CAMBIA 的 BIOS 协议，其都相当于一个特殊合同，本身也具有法律保障力，不同之处在于 ITPGR 粮农植物遗传资源多边系统各个国家皆是其参与主体，而 GNU 以及 CAMBIA 的参与主体则多为国际组织、相关软件或生物公司以及个体。因 ITPGR 国际条约具有特殊性，原生境下的粮农植物遗传资源即使被纳入其中，亦应由缔约国在统一收集或通过国内的开源模式收集之后，将其纳入 ITPGR 粮农植物遗传资源多边系统之中，尽管原产地中心和生物多样性中心的农民对其所持有的原生境粮农植物遗传资源享有农民权，但前文已述，国家可以代为行使社区群体的农民权，这也是保障农民权实现的特殊需要。因此，将原生境下的粮农植物遗传资源纳入 ITPGR 的粮农植物遗传资源多边系统之中，可以更好地实现农民权。

二、比较分析下粮农植物遗传资源多边系统中的开源困境

上文已述，可以将原生境粮农植物遗传资源纳入 ITPGR 粮农植物遗传资源多边系统以实现农民权的开源保护。但与 GPL 开源许可协议以及 BIOS 相关开源许可协议相比，粮农植物遗传资源多边系统的 SMTA 仍有需要进一步完善的地方。从前述 GPL 开源许可协议以及 BIOS 相关开源许可证的主要内容来看，ITPGR 粮农植物遗传

资源多边系统及 SMTA 至少存在以下问题与不足:

(一)ITPGR 粮农植物遗传资源多边系统范围的封闭性

ITPGR 第 1 条宗旨与第 2 条术语解释中,将粮农植物遗传资源界定为对粮食和农业具有实际与潜在价值的任何植物源材料。ITPGR的定义实质上是将所有的粮农植物遗传资源都涵盖在内。但 ITPGR 所建立的粮农植物遗传资源多边系统的适用范围却局限于 ITPGR 附件一所列明的归属于缔约国控制或处于公共领域的粮农植物遗传种质资源。[1] 其中,附件一的清单中仅包含 35 种作物和 29 种饲料。[2] 依照 ITPGR 第 11.1 条的规定,附件一所列的粮农植物遗传资源应以粮食安全和相互依存作为筛选标准,但是在 FAO 最初召开的关于作物清单的拟定会议中,对于"粮农安全"并未有统一而确切的界定,这便导致了在 ITPGR 会议谈判中,不同的国家对粮农植物遗传资源获取与惠益分享多边系统中的作物清单有不同的主张,部分国家对清单的建议超过了 300 种,而部分国家对清单的建议仅有 6 种。客观衡量标准尺度的缺失,致使对附件一粮农植物遗传资源范围的划定演变成为一场政治层面的争议,扩大或缩小附件一

---

[1] 根据 ITPGR 第 11.1 条规定,为促进粮农植物遗传资源的保存和可持续利用,以及公平合理分享因其利用而产生的利益,多边系统应包含附件一中按粮食安全和相互依存两个标准列出的粮农植物遗传资源。

[2] 多边系统中的 35 种作物包括:面包果、芦笋、燕麦、甜菜、芸苔类、木豆、鹰嘴豆、柑橘、椰子、主要天南星科作物、胡萝卜、山药、小米、草莓、向日葵、大麦、甘薯、草香豌豆、小扁豆、苹果、木薯、香蕉/大蕉、稻谷、御谷、菜豆、豌豆、黑麦、马铃薯、茄子、高粱、黑小麦、小麦、蚕豆/野豌豆、豇豆、玉米。多边系统中的 29 种饲料包括:华黄耆、洋刀豆、多变小冠花、岩黄耆属、山黧豆、截叶铁扫帚、莲、白羽扇豆、苜蓿属、白香草木樨、驴食草属、鸟足兰属、牧豆树属、三裂叶野葛、三叶草、须芒草、冰草、剪股颖属、大看麦娘、燕麦草、鸭茅、苇状羊茅、黑麦草、虉草属、梯牧草属、早熟禾属、危地马拉摩擦禾、滨藜、猪毛菜。

清单的范畴的衡量标准演化为以谈判者对惠益分享所持有的不断变化的期望与立场作为主要标准。[1] 在这样一种标准与动能的促使下，谈判者最终仅在上述35种作物和29种饲料上达成了一致。需要注意的是，附件一所列的清单中并不包含大豆、花生、亚麻、甘蔗、西红柿和多数热带饲草，以及玉米、马铃薯、菜豆、木薯育种者所使用的基因源中的某些物种。[2] 这意味着这些作物与饲草并不能纳入粮农植物遗传资源多边系统。而诸如花生、大豆、西红柿等农作物本身却是原产地与生物多样性中心的农民经常培育的作物品种。将上述品种排除在多边系统之外则会使农民权的部分客体无法通过粮农植物遗传资源多边系统得到保护和实现惠益分享，客观上造成农民权下部分原生境粮农植物遗传资源即使纳入粮农植物遗传资源多边系统亦不能得到有效地利用、保护与惠益分享，也阻碍了农民权的实现。其实，国际社会有关国家一直在呼吁与主张，对于ITPGR附件一所列的清单范围予以扩张。目前，有关欧洲国家，如荷兰，在向其他国家与地区提供粮农植物遗传资源时也并未按照ITPGR条约的相关要求，在超出ITPGR附件一范围的情况下向其他国家与地区提供相关粮农植物遗传资源。[3] 因此，如若意图通过粮农植物遗传资源多边系统促使农民权的实现，则ITPGR附件一所列清单作物与饲料的范围的扩张势在必行。

---

〔1〕 张小勇：《遗传资源国际法问题研究》，知识产权出版社2017年版，第220页。

〔2〕 [英]杰罗德·莫尔、[加]维托尔德·提莫斯基：《〈粮食和农业植物遗传资源国际条约〉解释性指南》，王富有译，中国政法大学出版社2011年版，第117页。

〔3〕 Michael Halewood & Kent Nnadozie, *Giving Priority to the Commons: The International Treaty on Plant Genetic Resources for Food and Agriculture*, in Geoff Tansey & Tasmin Rajotte, *The Future Control of Food: A Guide to International Negotiations and Rules on Intellectual Property, Biodiversity and Food Securit*, Earthscan, 2012.

(二)ITPGR粮农植物遗传资源多边系统便利获取使用方式上存在缺失

ITPGR第12.3条(a)项具体规定了从粮农植物遗传资源多边系统中获取相关粮农植物遗传资源的使用方式。[1] 在ITPGR第12.3条(a)项规定的具体方式中,粮食与农业研究利用与保护,主要是指大学、研究所等相关研究机构出于生物科研目的对在粮农植物遗传资源多边系统中获取的相关粮农植物遗传资源进行利用。例如,某ITPGR缔约国管辖范围内的高校科研机构出于研究粮农植物遗传资源多边系统中的某一苹果遗传资源上的糖分含量对糖尿病人的影响的目的,而要求获取多边系统中的该种苹果遗传资源,则粮农植物遗传资源多边系统应为其研究提供便利获取。粮食和农业育种利用与保护,主要指相关育种者出于培育植物新品种的需要,而对在粮农植物遗传资源多边系统中获取的相关粮农植物遗传资源进行利用。例如,某ITPGR缔约国管辖范围内的育种者研究出一种彩色大麦,但这种大麦却无法在干旱地区生长,因此育种者想对粮农植物遗传资源多边系统中具有抗旱性的大麦品种进行便利获取以完善自己所创设的彩色大麦品种,多边系统应为其提供便利获取。粮食和农业方面培训利用与保护,主要指出于培训目的使用粮农植物遗传资源多边系统中的种质资源,粮农植物遗传资源多边系统应为其提供便利

---

〔1〕 ITPGR第12.3条(a)项规定的粮农植物遗传资源多边系统获取相关粮农植物遗传资源的使用方式包括粮食与农业研究利用与保护、粮食与农业育种利用与保护、粮食与农业方面的培训利用与保护提供获取机会。并且,前述的利用方式中不包括化学、药用或其他非食用和(或)饲用工业用途。如系多用途(食用和非食用)作物,其对粮食安全的重要性作为是否将其纳入多边系统和可否提供便利获取机会的决定因素。

获取。需要注意的是，ITPGR 第 12.3 条(a)项中排除了化学、药用和其他非食用(饲用)工业用途的使用。

GPL 开源许可协议以及 BIOS 材料转让许可协议赋予用户较大的自由度使用开源系统中的相关软件和生物资源与技术。其中，接受 GPL 开源许可协议的相关人员可以自由生成、安装、运行、修改开源软件的源代码；接受 BIOS 材料转让协议的用户可以非专有地使用、许可、开发、技术改进、制造利用或商业化利用相关生物资源或生物技术。但接受 SMTA 的相关利益人，对粮农植物遗传资源的利用仅限于研究目的的使用、培育目的的使用、培训目的的使用。相较于 GNU 下的 GPL 开源许可协议以及 CAMBIA 下的 BIOS 材料转让协议，ITPGR 粮农植物遗传资源多边系统下的 SMTA 对粮农植物遗传资源获取与使用方式的限制则较为严格或存在缺失。同时，SMTA 还禁止药物研发使用粮农植物遗传资源、禁止化学制剂研发使用粮农植物遗传资源以及禁止非食用与养殖目的使用粮农植物遗传资源。SMTA 对这些使用行为的禁止应是因为这些使用行为与粮农植物遗传资源的可持续发展关系并不大。虽然，粮农植物遗传资源的药物研发、化学制剂研发以及非食用或养殖目的使用不能通过粮农植物遗传资源多边模式便利获取，但相关主体依然可以通过私下协议的方式进行。在 SMTA 所规定的便利获取粮农植物遗传资源方式中，农民以养殖为目的对粮农植物遗传资源种质的直接使用行为并没有被规定在其中。但农民以养殖为目的对粮农植物遗传资源种质的直接使用行为却深刻关系着粮农植物遗传资源的可持续发展。在农民权下，原产地与生物多样性中心的农民享有粮农植物遗传资源使用权，因此将原生境下的粮农植物遗传资源纳入粮农植物遗传资源多边系统，应当赋予农民对粮农植物遗传资源种质的直接使用权。当然，农民所享有的粮农植物遗传资源使用权仅针对其所拥有的粮农植物遗传资源，而不能针对整个粮农植物遗传资源多边系统中的粮农植物遗传资源，但是为了激励农民权主体将其所拥有的原生境粮农植物遗传资源纳入粮农植物遗传资源多边系统，ITPGR 与 SMTA 应对此有所考量。

（三）ITPGR 粮农植物遗传资源多边系统对知识产权申请限制过多

除了要对开源系统下获取者对源材料的知识产权申请进行限制外，在开源系统衍生产品的知识产权申请上，GNU 下的 GPL 开源许可协议以及 CAMBIA 下的 BIOS 相关材料转让协议都未进行限制。其中，GPL 开源许可协议本身是承认版权的，开源系统中的软件开发者亦可以将其开发的软件申请版权，只要不对开源系统中的其他人在使用或开发该软件时形成障碍即可。同时，即使由于 GPL 开源许可协议序言强调专利垄断权可能对软件发展造成一定的障碍，因而明确反对将 GNU 开源系统中的相关软件申请专利，但亦承认相关软件开发者申请专利的权利，只不过软件开发者所获得的专利在 GPL 开源许可协议下几乎是一项“空”权利。根据 GPL 开源许可协议第 11 条规定，如果被许可人对开源软件进行了专利垄断权的申请保护，且该软件作品的对应源代码并未向公众开发，则其必须公开软件对应的源代码、放弃专利权带来的所有利益并且以与 GPL 许可协议条款相一致的方式将其专利权许可协议延伸至下游接受方。BIOS 材料转让协议本身就为了保障其开源系统中的生物资源原材料具有申请知识产权的资格而为接受方设置了保密义务的限制的规定，但对生物源材料的开发、改进技术或衍生产品却并未限制知识产权申请，只要生物源材料的开发、改进技术或衍生产品的知识产权不成为开源系统中其他主体获取生物材料与技术的障碍即可。

对于知识产权申请的限制，SMTA 第 6.2 条承继了 ITPGR 第 12.3 条(d)项[1]的规定。由于 ITPGR 第 12.3 条(d)项的规定本身即存在一定的模糊性，因此 SMTA 对粮农植物遗传资源衍生产品则存在限制知识产权申请的嫌疑。其中，关于“不得提出任何知识产权或其他权利要求”以及“遗传部分或组成成分”都没有进一步明确的说明。有学者指出，根据 ITPGR 第 12.3 条(d)项不清晰的规定，对粮农植物遗传资源遗传部分或组成部分的改良种质或技术的知识产权也不得进行申请。[2] 从表面来看，SMTA 限制粮农植物遗传资源衍生产品的知识产权申请，对农民权主体而言似乎是有利的，但仔细推敲后发现并非如此。首先，SMTA 对粮农植物遗传资源衍生产品知识产权申请的限制使育种者或植物新品种所有者对粮农植物遗传资源多边系统望而却步。农民权主体将其所持有的原生境粮农植物遗传资源纳入粮农植物遗传资源多边系统的初衷是使该种原生境粮农植物遗传资源可以得到更好地开发或利用，并对其利用进行惠益分享，这便需要相关粮农植物遗传资源开发者的参与推动，但粮农植物遗传资源开发者的缺失将使这一愿望落空。其次，在一定程度上，农民权主体也具有成为粮农植物遗传资源开发者的可能，如果身份转换后的农民权主体的相关权利不能得到有效的保护，则其在一开始便有拒绝将其所持有的原生境粮农植物遗传资源纳入粮农植物遗传资源多边系统的可能。最后，即使粮农植物遗传资源多边系统赋

[1] 根据 ITPGR 第 12.3 条(d)项规定，接受方不应提出任何知识产权或其他权利要求，限制方便获取按本协定所提供的材料或以从多边系统收到的形态呈现的其遗传部分或组成部分。

[2] [英]杰罗德·莫尔、[加]维托尔德·提莫斯基:《〈粮食和农业植物遗传资源国际条约〉解释性指南》，王富有译，中国政法大学出版社 2011 年版，第 131 页。

予相关开发者对粮农植物遗传资源衍生产品申请知识产权垄断权的权利，也不会妨碍农民权的实现。根据 SMTA 的相关规定，即使粮农植物遗传资源衍生物上存在知识产权权利，亦不妨碍粮农植物遗传资源系统中的其他人对该种粮农植物遗传资源或相关技术的访问与使用；同时，农民权主体具有粮农植物遗传资源披露许可权，这本身也可以保障农民权主体在相关主体对粮农植物遗传资源衍生产品申请知识产权时，其自身的利益可以得到有效保护。

（四）ITPGR 粮农植物遗传资源多边系统惠益货币式分享方式落实困难

开源之目的不仅在于对相关资源进行最大化的合理利用，亦在于促进资源利益的最大化实现，因此，无论是 GPL 开源许可协议还是 BIOS 材料转让协议都对相关材料的惠益分享作出了一定的规定。其中，GPL 开源许可协议关于惠益分享的规定并不具体，只是规定了开源系统中软件开发者可以对软件进行商业利用；与 GPL 开源许可协议相比，BIOS 材料转让协议对惠益分享的规定则较为具体。根据 BIOS 材料转让协议规定，如果专有材料接受方通过专有材料商业化了一种产品，该产品或源自专有材料的研究工具，或源自专有材料的基因序列或化学标记，或源自专有材料的菌苗或药物靶标，并且专有材料提供方和同意专有材料委托条款之外的人不可获得，则专有材料接受方需向专有材料提供方和全球共享流感数据倡议组织提供固定比例的商业化产品在全球范围内的销售额。但是如果商业化产品对专有材料提供方没有限制或产品没有成本，并且对同意专有材料委托条款的其他人仅以成本价提供，专有材料接受方则不需要承担此义务。SMTA 对惠益分享的规定[1]与 BIOS 材料转让协议类似，皆规定了对开源系统中其他人无限制提供与有限制提供下的两种利益分享方式。但 SMTA 对商业化货币利益惠益分享的付款比率规定更为具体，正常情况下商业化使用粮农植物遗传资源的货币惠益分享付款比率为 1.1%，备选付款计划下针对正在培育的粮农植物遗传资源的货币惠益分享付款比率为 0.5%。但货币惠益分享的交付流向粮农植物遗传资源多边系统的管理机构。在原生境粮农植物遗传资源纳入粮农植物遗传资源多边系统后，如何保障货币惠益分享的最终流向为农民权主体，则是粮农植物遗传资源多边系统应当提前思考的问题。

三、农民权适用粮农植物遗传资源多边系统实现的路径

尽管农民权的实现可以借助 ITPGR 所建立的粮农植物遗传资源多边系统，但粮农植物遗传资源多边系统却具有范围封闭性、便利获取使用方式缺失、知识产权申请限制过多、惠益货币式分享方式落实困难的固有缺陷。因此，仍需从以下几方面进行努力，以完善粮农植物遗传资源多边系统，更好地实现农民权。

（一）扩大附件一范围，建立相关激励机制

上文已述，目前 ITPGR 附件一的范围并不能将部分原生境下的粮农植物遗传资源包含在内，但诸如大豆、花生、亚麻、甘蔗、西红柿等农产品，却与粮食安全与粮农植物遗传资源的依存性密切相关。

---

〔1〕 根据 SMTA 规定，接受方以相关粮农植物遗传资源进行产品商业化时，当该产品可以无限制地提供给他人进一步研究和育种时，则接受方自愿向管理机构付款；当产品不可以无限制地提供给他人进一步研究和育种时，则应当向管理机构支付产品商业化销售额的一定百分比。

因此，ITPGR 有必要对粮农植物遗传资源多边系统中粮农植物遗传资源的筛选标准进行重新考量。现有的筛选标准为粮食安全性与相互依存性，这二者不应当成为原生境粮农植物遗传资源纳入粮农植物遗传资源多边系统的障碍。为原生境粮农植物遗传资源创设纳入条件，重新筛选 ITPGR 附件一中粮农植物遗传资源的范围，应是 ITPGR粮农植物遗传资源多边系统接下来的重点工作之一。根据 ITPGR 第 11.2 条〔1〕与第 11.3 条〔2〕的相关规定，在 ITPGR 一开始的谈判过程中，多数缔约国出于便捷考量，本想将附件一列出的所有粮农植物遗传资源（包括原生境粮农植物遗传资源）都纳入多边系统范畴，但部分国家认为，他们只有权处理其管理和控制的粮农植物遗传资源，或属于公共领域的粮农植物遗传资源。除非相关粮农植物遗传资源持有者（包括农民权主体与育种者）自愿将其粮农植物遗传资源纳入多边系统的种质资源，不然就是对个人财产权利的剥夺。〔3〕 ITPGR 第 11.2 条、第 11.3 条的规定反映了对农民权的尊重，但这同时意味着，处于农民权范畴下的原生境粮农植物遗传资源本身并不能被强制适用于粮农植物遗传资源多边系统。这就需要 ITPGR 建立一定的激励机制，刺激原产地中心和生物多样性中心的社区将其控制的粮农植物遗传资源纳入粮农植物遗传资源多边系统之

〔1〕 ITPGR 第 11.2 条规定，根据第 11.1 条的规定，多边系统应包括受缔约方管理和控制以及公共持有的附件一列出的所有粮食和农业植物遗传资源。为了使多边系统尽可能地覆盖全面，各缔约方请所有其他持有附件一中列出的粮食和农业植物遗传资源的持有者将这些粮食和农业遗传资源纳入多边系统。

〔2〕 根据 ITPGR 第 11.3 条规定，各缔约方还同意采取适当措施，鼓励在其管辖下持有附件一所列粮食和农业植物遗传资源的自然人和法人将这些粮食和农业遗传资源纳入多边系统。

〔3〕 ［英］杰罗德·莫尔、［加］维托尔德·提莫斯基：《〈粮食和农业植物遗传资源国际条约〉解释性指南》，王富有译，中国政法大学出版社 2011 年版，第 119 页。

中。其实,只要 ITPGR 多边系统更为完善,如附件一所列粮农植物遗传资源范围更为周延,惠益分享的流向切实落实至农民,则将农民权控制下的原生境粮农植物遗传资源纳入粮农植物遗传资源多边系统是有利于农民权的。当然,为了进一步确保粮农植物遗传资源获取与惠益分享多边系统中相关粮农植物遗传资源范围的全面性,ITPGR 通过第 11.4 条设置了一定的审查性机制,即在 ITPGR 生效两年后,ITPGR 管理机构可以对第 11.3 条所提及的粮农植物遗传资源纳入多边系统的进展情况进行审查并作出评估。因为 ITPGR 第 12.2 条不仅赋予了缔约方获得多边系统中粮农植物遗传资源的便利,也为缔约方管辖范围内的自然人和法人提供了获取多边系统中粮农植物遗传资源的便利。但如果根据 ITPGR 第 11.3 条规定,管理机构在评估过程中认为相关利益主体不合格,则该利益主体无法再享受粮农植物遗传资源多边系统带来的便利与利益。虽然这种审查与评估主要是针对自然人和法人所持有的粮农植物遗传资源纳入粮农植物遗传资源多边系统的情况,但这在客观上对农民权相关客体纳入粮农植物遗传资源多边系统亦有一定的刺激作用。

(二)扩张遗传材料范畴,纳入农民直接使用

按照 ITPGR 的相关规定,目前粮农植物遗传资源衍生物并不适用于粮农植物遗传资源多边系统。其实,在遗传资源是否包含衍生物的问题上,《ABS 议定书》作出了一种妥协性的规定,即将对遗传资源衍生物的利用划归为遗传资源利用范畴,[1] 但这并非长久之计。前文已述,由于 DNA 在细胞核中的含量恒定、代谢稳定且 DNA

[1] 韦贵红:《遗传资源专利保护机制探析——兼评〈名古屋议定书〉的履行》,载《法律适用》2015 年第 2 期。

分子具有极强的自我复制性，因此 DNA 在现代生物技术中常被视为主要遗传物质。然而 DNA 中的信息并非全都是混为一体，不可区分的，只要处于基因以下都可以区分，在实验室条件下可以对那些小于基因的 DNA 片段进行交换，可以从某一物种中提取出 DNA 片段并可将其插入另一个物种中培育出新的品种，所以不仅是完整的染色体或单个基因以及较长的 DNA 片段，小于基因的 DNA 片段以及退化了的 DNA 等亦可以属于遗传功能单位的范畴。同时，RNA 也具有自我复制性，亦被视为遗传物质之一，在诸如病毒的结构中，RNA 甚至是超越 DNA 的重要遗传物质。ITPGR 在界定粮农植物遗传资源时使用的"containing"遗传功能单位这一表述，那么只要相关粮农植物遗传资源包含遗传功能单位，则无论是 DNA 或是含有遗传功能单位的生物化合物都应当属于粮农植物遗传资源的范畴。因此，ITPGR 下的粮农植物遗传资源应当包含粮农植物遗传资源衍生物，以更好地接纳农民权，保障原生境粮农植物遗传资源的利用与惠益分享。

虽然目前 ITPGR 及 SMAT 并未将农民以种质为目的对粮农植物遗传资源种质的直接使用纳入便利获取方式之中，ITPGR 也一直将农民直接使用便利获取方式的完善寄希望于 SMTA，但到目前为止，在 SMTA 的商定会议中，这一期盼一直被搁置。[1] 农民以种质为目的对粮农植物遗传资源种质的直接使用，由于粮农植物遗传资源多边系统便利获取方式的缺失势必会对原生境粮农植物遗传资源纳入粮农植物遗传资源多边系统带来制度障碍。FAO 将于 2021 年

---

〔1〕 FAO, *Report of the Second Meeting of the Contact Group for the drafting of the Standard Material Transfer Agreement*, (Aug. 25, 2020), http://www.fao.org/cgrfa/meetings/detail/zh/c/1118820/.

召开第十八届例会，这一问题应当再次提上议事日程，即应当再次议定 ITPGR 第 12.3 条(a)、(d)项以及 SMTA 第 6.2 条的内容。不仅应将粮农植物遗传资源扩张到衍生物，也应将农民以种质为目的对粮农植物遗传资源种质的直接使用纳入便利获取方式之中。

(三)摒弃知识产权限制，寻求条约协调支持

前文已述，除了在开源系统下获取者对原材料的知识产权申请存在限制外，在开源系统衍生产品的知识产权申请上，GNU 下的 GPL 开源许可协议以及 CAMBIA 下的 BIOS 相关材料转让协议都未作出限制。但是 ITPGR 第 12.3 条(d)项以及 SMTA 第 6.2 条的相关规定，却具有限制粮农植物遗传资源衍生产品申请知识产权的可能性。从表面来看，SMTA 限制粮农植物遗传资源衍生产品的知识产权申请对农民权主体而言似乎是有利的，但实质上并不利于将农民权纳入粮农植物遗传资源多边系统以及实现原生境粮农植物遗传资源之上的利用与惠益分享。同时，SMTA 对粮农植物遗传资源衍生产品知识产权申请的限制也与《TRIPS 协议》相关内容以及《国际植物新品种保护公约》的相关规定背道而驰。其实，即使粮农植物遗传资源多边系统赋予相关开发者对粮农植物遗传资源衍生产品申请知识产权垄断权的权利，根据 SMTA 的相关规定，既不会妨碍粮农植物遗传资源系统中的其他人对拥有知识产权保护的粮农植物遗传资源或相关技术的访问与使用，也不会妨碍农民权主体粮农植物遗传资源披露许可权的实现。应当作出的努力是，使各个国际条约，例如《TRIPS 协议》《国际植物新品种保护公约》承认农民权的知识产权属性，并将农民权作为育种者相关垄断权的在先权利。因此，粮农植物遗传资源多边系统应当从协调各个国际条约入手，强化农民权的在先权利属性，摒弃对粮农植物遗传资源衍生产品知识产权申请的

限制。具体而言,有以下两种途径:其一,根据《TRIPS 协议》第 27.3 条(b)项的相关规定,部分动植物资源并不属于可以申请专利的客体范围,这便为粮农植物遗传资源提供了一定的制度解释空间。其二,根据 UPOV(1991)第 15.2 条以及第 17.1 条的相关规定,各缔约方在合理的范围内,可以出于公共利益的目的对育种者权利进行限制,这就为农民权的纳入提供了斡旋的基础。总之,强化农民权的在先权利属性,摒弃对粮农植物遗传资源衍生产品知识产权申请的限制,才能更好地保护粮农植物遗传资源以及保证农民权的实现。

(四)建立国内开源组织,落实惠益货币分享

ITPGR 粮农植物遗传资源多边系统已经初具开源形态,然而 ITPGR 将农民权的立法任务赋予了各缔约国自行实现,并且 ITPGR 粮农植物遗传资源多边系统本身即不完全包含原生境下的粮农植物遗传资源。因此,即使未来将原生境下的粮农植物遗传资源纳入 ITPGR 粮农植物遗传资源多边系统,农民权开源模式的实现也有赖于各缔约国针对农民权所建立的国内开源系统与 ITPGR 粮农植物遗传资源多边系统的对接。目前,各缔约国已经在本国的范围内积极构建粮农植物遗传资源交换所。我国也正在努力搭建中国国家生物多样性信息交换所、生物遗传资源获取和惠益分享信息交换所等,但其内容远未达到开源的基本要求。[1] 因此,鉴于 ITPGR 对粮农植物遗传资源国家主权的强调,鉴于 ITPGR 对农民权的认可,并基于各缔约国在其管辖范围内粮农植物遗传资源信息交换所作出的前期努力,可以尝试在国家一级构建粮农植物遗传资源开源系统,以对接国

〔1〕 李一丁、秦天宝:《〈名古屋议定书〉履约动态分析及国内政策法律准备》,载《环境保护》2018 年第 23 期。

际上的 ITPGR 粮农植物遗传资源多边系统。

国家一级的粮农植物遗传资源开源系统可以以本国的粮农植物遗传信息交换所作为开源资源库,以 SMTA、BIOS 相关材料转让协议、GPL 开源许可协议为蓝本构建国内粮农植物遗传资源开源许可协议,并由国家政府相关机构、本国范围内相关生物科研机构,以及原产地与生物多样性中心的社区农民代表一同组成开源管理机构,构建国家一级的粮农植物遗传资源开源系统。在国家一级的粮农植物遗传资源开源系统中,社区农民代表具有资格参与与粮农植物遗传资源开发利用相关的决策事项、保护与粮农植物遗传资源相关的传统知识,并且对于因利用粮农植物遗传资源而流向 ITPGR 粮农植物遗传资源多边系统管理机构或基金的货币化惠益分享,通过国家一级的粮农植物遗传资源开源系统最终落实到原产地与生物多样性中心的社区农民上,以真正实现农民权。

结 语

面对日益猖獗的“生物剽窃”行为，在保护粮农植物遗传资源视阈下，通过对ITPGR所确立的农民权进行法律分析可以得出以下结论：第一，农民权应为广义知识产权体系下的新型知识产权专有权。学界对于农民权法律属性的争议，皆是出于更好地保护粮农植物遗传资源以及促进农民权的实现的目的，但农民权物权属性并不能保护粮农植物遗传资源信息，农民权特别权利属性缺乏成熟的权利体系架构，仅强调农民权的人权属性并不利于农民权的真正实现，因此将农民权视为新型知识产权专有权而划归为知识产权体系范畴不失为最佳策略。第二，农民权的权利客体应仅包含原生境保存下粮农植物遗传资源，且粮农植物遗传资源信息才是农民权的实质客体，只不过需要粮农植物遗传资源物进行承载。农民权的权利归属可以界定为社区集体。这与历史沉淀下粮农植物遗传资源形成过程中，社区集体世代农民群体的共同努力密不可分；同时，农民权社区集体的归属有利于保证粮农植物遗传资源利用上惠益分享的实现，也与 CBD 和 ITPGR 的相关规定相吻合。农民权的权利内容应至少包括粮农植物遗传资源使用权、排除权、事前知情同意权、来源披露权等，同时原产地与生物多样性中心的农民具有参与国家一级就粮农植物遗传资源保存及可持续利用事项决策的资格。第三，农民权可以依托 ITPGR 所建立的粮农植物遗传资源多边系统实现，但同时亦应当借鉴软件开源与生物开源领域的相关开源模式，扩大 ITPGR 附件一的范围，扩张遗传材料范畴，摒弃知识产权限制，建立与 ITPGR 对接的国内开源组织以弥补 ITPGR 粮农植物遗传资源多边系统的固有缺陷，以更好地保护粮农植物遗传资源，促进农民权的实现。

ITPGR 以开源模式保护粮农植物遗传资源的尝试，不仅为农民权的实现开辟了新的路径，同时也将启迪诸如其他遗传资源、民间文学艺术、传统知识等新型财产权利客体保护的新范式。当然，在粮农植物遗传资源保护以及农民权实现的研究中，囿于笔者知识所限，对其中涉及的相关生物技术以及开源技术的分析不臻完善，粮农植物遗传资源的完善保护以及农民权的实现还需学界甚至跨界同人共同努力。

参考文献

1. 中文专著译著类(作者姓名首字母排序)

[1][澳]彼得·德霍斯:《知识财产法哲学》,周林译,商务印书馆 2017 年版。

[2][美]E. 博登海默:《法理学——法哲学及其方法》,邓正来、姬敬武译,华夏出版社 1987 年版。

[3]陈灵芝:《中国生物多样性现状及其保护对策》,科学出版社 1993 年版。

[4]钭晓东等:《遗传资源知识产权法律问题研究》,法律出版社 2016 年版。

[5]戴陆园、游承俐主编:《土著知识与农业生物多样性》,科学出版社 2008 年版。

[6]冯晓青:《知识产权法利益平衡原理》,湖南人民出版社 2004 年版。

[7]冯晓青:《知识产权法哲学》,中国人民公安大学出版社 2003 年版。

[8][德]黑格尔:《法哲学原理》,范杨、张企泰译,专利文献出版社 1997 年版。

[9][英]霍布斯:《利维坦》,黎思复、黎廷弼译,商务印书

馆 1996 年版。

[10][英]杰罗德·莫尔、[加]维托尔德·提莫斯基:《〈粮食和农业植物遗传资源国际条约〉解释性指南》,王富有译,中国政法大学出版社 2011 年版。

[11][美]卡里佐萨主编:《生物多样性获取与惠益分享:履行〈生物多样性公约〉的经验》,薛达元、秦天宝等译,中国环境科学出版社 2006 年版。

[12][美]罗伯特·考特、[美]托马斯·尤伦:《法和经济学》,施少华等译,上海财经大学出版社 2002 年版。

[13][英]罗素:《人类的知识——其范围与限度》,张金言译,商务印书馆 1983 年版。

[14]李琛:《论知识产权法的体系化》,北京大学出版社 2005 年版。

[15]吕世伦、文正邦主编:《法哲学论》(第 5 版),中国人民大学出版社 2014 年版。

[16]刘春田主编:《知识产权法教程》,法律出版社 2011 年版。

[17]李明德:《美国知识产权法》,法律出版社 2003 年版。

[18]梁慧星主编:《从近代民法到现代民法》,中国法制出版社 2000 年版。

[19]刘月娥:《知识产权与技术创新》,知识产权出版社 2002 年版。

[20][美]理查德·波斯纳:《论剽窃》,沈明译,北京大学出版社 2010 年版。

[21][美]罗尔斯:《正义论》,何怀宏等译,中国社会科学出版社 1988 年版。

[22]吕淑琴、陈一痕编著:《知识产权法辞典》,上海辞书出版社 2018 年版。

[23][美]麦克尼利:《保护世界的生物多样性》,薛达元等译,中国环境科学出版社 1991 年版。

[24]孟勤国:《物权二元结构论——中国物权制度的理论重构》,人民法院出版社 2004 年版。

[25][英]迈克尔·莱斯诺夫等:《社会契约论》,刘训练、李丽红、张红梅译,江苏人民出版社 2005 年版。

[26]莫纪宏:《现代宪法的逻辑基础》,法律出版社 2001 年版。

[27][苏]涅尔谢相茨:《古希腊政治学说》,蔡拓译,商务印书馆 1991 年版。
[28][美]庞德:《通过法律的社会控制》,沈宗灵译,商务印书馆 1984 年版。
[29]浦莉:《遗传资源与相关传统知识的民法保护研究》,人民法院出版社 2009 年版。
[30]秦天宝:《遗传资源获取与惠益分享的法律问题研究》,武汉大学出版社 2006 年版。
[31]秦天宝编译:《国际与外国遗传资源法选编》,法律出版社 2005 年版。
[32]唐广良、董炳和:《知识产权的国际保护》,知识产权出版社 2002 年版。
[33][美]威廉·M. 兰德斯、[美]理查德·A. 波斯纳:《知识产权法的经济结构》,金海军译,北京大学出版社 2005 年版。
[34]吴汉东:《知识产权基本问题研究》,中国人民大学出版社 2005 年版。
[35]吴汉东主编:《知识产权法》(第 5 版),法律出版社 2014 年版。
[36]吴汉东:《知识产权多维度解读》,北京大学出版社 2008 年版。
[37]徐海根等主编:《〈生物多样性公约〉热点研究——外来物种入侵·生物安全·遗传资源》,科学出版社 2004 年版。
[38]薛达元等:《遗传资源、传统知识与知识产权》,中国环境科学出版社 2009 年版。
[39]薛达元主编:《中国生物遗传资源现状与保护》,中国环境科学出版社 2005 年版。
[40]薛达元、崔国斌:《遗传资源、传统知识与知识产权》,中国环境科学出版社 2009 年版。
[41]梅夏英:《财产权构造的基础分析》,人民法院出版社 2002 年版。
[42]杨明:《知识产权请求权研究——兼以反不正当竞争为考察对象》,北京大学出版社 2005 年版。
[43]严永和:《论传统知识的知识产权保护》,法律出版社 2006 年版。
[44][古希腊]亚里士多德:《尼可马各伦理学》,廖申白译,商务印书馆 2003 年版。

[45]张小勇:《遗传资源的获取和惠益分享与知识产权》,知识产权出版社 2007 年版。
[46]张小勇:《遗传资源国际法问题研究》,知识产权出版社 2017 年版。
[47]张海燕:《遗传资源知识产权保护法律问题研究》,法律出版社 2012 年版。
[48]张平、马骁:《共享智慧——开源软件知识产权问题解析》,北京大学出版社 2005 年版。
[49][日]中山信宏:《多媒体与著作权》,张玉端译,专利文献出版社 1997 年版。
[50]郑成思:《知识产权论》,法律出版社 2005 年版。
[51]郑成思:《世界贸易组织与贸易有关的知识产权》,中国人民大学出版社 1996 年版。
[52]周方:《传统知识法律保护研究》,知识产权出版社 2011 年版。
[53]朱红艳主编:《作物遗传育种》,重庆大学出版社 2016 年版。
[54]朱文奇:《现代国际刑法》,商务印书馆 2015 年版。
[55]中共中央文献研究室编:《十八大以来重要文献选编》(上),中央文献出版社 2014 年版。
[56]中共中央马克思恩格斯列宁斯大林著作编译局编译:《马克思恩格斯选集》(第 2 卷),人民出版社 1995 年版。

2. 中文论文类(作者姓名首字母排序)

[1]陈静芝:《农民权保护机制探析》,载《安徽农业科学》2012 年第 10 期。
[2]陈宗波:《论生物遗传资源数字序列信息的法律性质》,载《江西社会科学》2020 年第 2 期。
[3]曹利莎、李明星、丁江涛:《知识产权战略视角下我国农产品地理标志管理模式演进及其制度创新》,载《理论与改革》2012 年第 2 期。
[4]陈默:《FTA 框架下遗传资源及传统知识保护谈判与我国的应对策略》,

载《河南大学学报(社会科学版)》2014 年第 5 期。
[5]程宝良、高丽:《论生态价值的实质》,载《生态经济》2006 年第 4 期。
[6]董玉荣:《利益视域下遗传资源权利保护的路径研究》,载《知识产权》2018 年第 4 期。
[7]丁德昌:《农地发展权的法律属性与权利结构》,载《政治与法律》2020 年第 1 期。
[8]丁雪枫:《道义论、正义论、权利论——西方实践理性的一种变迁》,载《南京政治学院学报》2009 年第 4 期。
[9]付文佚、谭民:《生物遗传资源的国际保护》,载《昆明理工大学学报(社会科学版)》2005 年第 4 期。
[10]冯晓青:《信息产权理论与知识产权制度之正当性》,载《法律科学》2005 年第 4 期。
[11]冯晓青:《知识产权法的价值构造——知识产权法利益平衡机制研究》,载《中国法学》2007 年第 1 期。
[12]郭小聪:《论国家职能与政府职能》,载《中山大学学报(社会科学版)》1997 年第 2 期。
[13]郭道晖:《政治权利与人权观念》,载《法学》2003 年第 9 期。
[14]高景柱:《国家职能、国家能力与国家构建》,载《湖北社会科学》2011 年第 3 期。
[15]古祖雪:《论传统知识的可知识产权性》,载《厦门大学学报(哲学社会科学版)》2006 年第 2 期。
[16]黄汇:《解释与转型——知识产权去"智力化"的阐明》,载《知识产权》2007 年第 1 期。
[17]何平:《论遗传资源的财产属性和权利构造》,载《法学评论》2019 年第 2 期。
[18]何平、严永和:《遗传资源专有权与知识产权的协调保护》,载《江西社会科学》2017 年第 9 期。

[19]何平:《成本视角下的遗传资源财产权保护制度设计研究》,载《法学杂志》2018 年第 10 期。
[20]韩敏、俞金香:《我国农业遗传资源知识产权法律保护模式研究》,载《西部法学评论》2013 年第 1 期。
[21]胡安水:《生态价值的含义及其分类》,载《东岳论丛》2006 年第 2 期。
[22]胡婧:《印度传统医药知识产权保护对我国的启示》,载《中华中医药杂志》2016 年第 11 期。
[23]何敏:《知识产权客体新论》,载《中国法学》2014 年第 6 期。
[24]刘旭霞、胡小伟:《知识产权视野下农业遗传资源产权化进程分析》,载《知识产权》2009 年第 3 期。
[25]刘旭霞、张亚同:《论农业遗传资源权的保护》,载《知识产权》2016 年第 8 期。
[26]李保平、薛达元:《遗传资源数字序列信息在生物多样性保护中的应用及对惠益分享制度的影响》,载《生物多样性》2019 年第 12 期。
[27]罗泽真:《论生物遗传资源的知识产权保护》,载《林业经济问题》2007 年第 4 期。
[28]梁懿:《生物遗传资源的知识产权保护》,载《山西省政法管理干部学院学报》2007 年第 2 期。
[29]李一丁:《论我国遗传资源相关传统知识法律模式的选择》,载《贵州师范大学学报(社会科学版)》2016 年第 2 期。
[30]林燕梅、成功:《印度生物遗传资源及相关传统知识获取与惠益分享制度分析》,载《贵州社会科学》2014 年第 10 期。
[31]李一丁、秦天宝:《〈名古屋议定书〉履约动态分析及国内政策法律准备》,载《环境保护》2018 年第 23 期。
[32]刘承韪:《娱乐法的规范意蕴与体系构建》,载《政法论坛》2019 年第 4 期。
[33]李步云:《论人权的三种存在形态》,载《法学研究》1991 年第 4 期。

[34]李晓娟:《论地理标志保护中的农民权》,山西大学 2012 年硕士学位论文。

[35]李爱君:《数据权利属性与法律特征》,载《东方法学》2018 年第 3 期。

[36]刘旭霞、胡小伟:《知识产权视野下农业遗传资源产权化进程分析》,载《知识产权》2009 年第 3 期。

[37]罗晓霞:《遗传资源保护路径选择的理论基础》,载《南京农业大学学报(社会科学版)》2011 年第 3 期。

[38]梁心新、徐慧:《知识产权制度异化的国家博弈分析》,载《知识产权》2013 年第 9 期。

[39]马海生:《遗传资源保护与专利申请中遗传资源披露——兼评〈专利法修订草案〉中的相关条款》,载《知识产权》2007 年第 3 期。

[40]马忠法:《国际知识产权法律制度的演变、本质与中国应对》,载《社会科学辑刊》2017 年第 6 期。

[41]马俊驹、王彦:《公有制下国家所有权制度的变革和完善》,载《社会科学研究》2015 年第 4 期。

[42]马治国、朱建:《开放源代码软件通用公共许可证的法律性质》,载《科技进步与对策》2004 年第 11 期。

[43]南美花:《知识产权视角下的遗传资源保护政策分析》,载《中央民族大学学报(自然科学版)》2019 年第 4 期。

[44]彭学龙:《作品名称的多重功能与多元保护——兼评反不正当竞争法第 6 条第 3 项》,载《法学研究》2018 年第 5 期。

[45]彭颖:《论农民权及其实现》,中国政法大学 2007 年硕士学位论文。

[46]潘云华:《"社会契约论"的历史演变》,载《南京师大学报(社会科学版)》2003 年第 1 期。

[47]秦天宝:《生物遗传资源法律保护的多元路径》,载《江汉论坛》2014 年第 6 期。

[48]史学瀛、胡熙龙:《国际公约背景下我国农民权实现的对策分析》,载

《农业环境与发展》2012 年第 4 期。
[49]史学瀛、仪爱云:《遗传资源法律问题初探》,载《政法论丛》2005 年第 5 期。
[50]沈宗灵:《权利、义务、权力》,载《法学研究》1998 年第 3 期。
[51]田红星:《遗传资源领域的权利重构——环境权、知识产权与遗传资源信息权的博弈》,载《甘肃政法学院学报》2013 年第 2 期。
[52]吴汉东:《知识产权国际保护制度的变革和发展》,载《法学研究》2005 年第 3 期。
[53]吴汉东:《关于遗传资源客体属性与权利形态的民法学思考》,载《月旦民商法杂志》2006 年第 12 期。
[54]吴汉东:《关于知识产权私权属性的再认识——兼评"知识产权公权化"理论》,载《社会科学》2005 年第 10 期。
[55]王镥权、赵富伟、臧春鑫:《我国履行〈名古屋议定书〉的挑战与对策——兼谈对农业遗传资源获取和利用的影响》,载《农林经济管理学报》2017 年第 4 期。
[56]王太平、熊琦:《TRIPS 协定的立法动力学分析》,载《知识产权》2008 年第 1 期。
[57]王太平:《知识产权制度的未来》,载《法学研究》2011 年第 3 期。
[58]王健、梁正:《专利制度与奖励制度比较研究》,载《中国科技奖励》2007 年第 8 期。
[59]王勇:《国家管辖范围内遗传资源的法律属性》,载《政治与法律》2011 年第 1 期。
[60]王华芳:《遗传资源惠益分享合同研究》,载《河北法学》2008 年第 1 期。
[61]王富有等:《农民土地上的植物遗传资源所有权研究》,载《中国农学通报》2012 年第 2 期。
[62]韦贵红:《遗传资源专利保护机制探析——兼评〈名古屋议定书〉的履行》,载《法律适用》2015 年第 2 期。

[63]肖建华、郭雄伟:《转型期农民利益表达的障碍及对策研究》,载《中国农业大学学报(社会科学版)》2005年第1期。

[64]徐信贵:《遗传资源的权属问题研究》,载《四川理工学院学报(社会科学版)》2012年第3期。

[65]徐显明:《人权的体系与分类》,载《中国社会科学》2000年第6期。

[66]薛达元:《〈生物多样性公约〉新里程碑——〈名古屋ABS议定书〉(上)》,载《环境保护》2010年第23期。

[67]薛达元、郭泺:《论传统知识的概念与保护》,载《生物多样性》2009年第2期。

[68]薛达元:《生物多样性相关传统知识的保护与展望》,载《生物多样性》2019年第7期。

[69]谢海定:《国家所有的法律表达及其解释》,载《中国法学》2016年第2期。

[70]喻亚平:《后TRIPS时代植物新品种保护的中国路径》,载《中国科技论坛》2012年第3期。

[71]杨明:《浅析遗传资源权的制度构建》,载《华中科技大学学报(社会科学版)》2006年第1期。

[72]杨明:《传统知识的法律保护:模式选择与制度设计》,载《法商研究》2006年第1期。

[73]杨统旭、余蕾蕾:《农民权保护的障碍、原因及对策探析》,载《中国种业》2011年第2期。

[74]杨红朝:《遗传资源权视野下的我国农业遗传资源保护探究》,载《法学杂志》2020年第2期。

[75]严永和:《目前遗传资源和传统知识法律保护机制国际探索的成就与不足——评CBD事先知情同意机制和FAO农民权机制》,载《贵州大学学报(社会科学版)》2006年第3期。

[76]严永和:《"遗传资源利益分享权"的法律性质诠释》,载《知识产权》

2010 年第 5 期。

[77]严永和:《论传统知识知识产权保护的正当性——以人权为视角》,载《知识产权》2005 年第 2 期。

[78]严永和:《遗传资源财产权演进的历史逻辑》,载《甘肃政法学院学报》2013 年第 1 期。

[79]严永和:《遗传资源财产权法律逻辑诠释——以〈生物多样性公约〉为中心》,载《暨南学报(哲学社会科学版)》2010 年第 1 期。

[80]鄢显俊:《"自由软件"运动要追求什么样的"自由"?——斯多尔曼思想评述》,载《国外社会科学》2011 年第 2 期。

[81]姚维保、韦景竹:《中国生物多样性非原生境保护问题与对策研究》,载《科学管理研究》2006 年第 5 期。

[82]张炳生、陈丹丹:《论生物技术专利保护中的利益平衡原则》,载《浙江社会科学》2008 年第 6 期。

[83]张炳生:《论现代生物技术的可专利性主题》,载《法学》2008 年第 5 期。

[84]张晓都:《论与基因相关的发明和发现》,载《知识产权》2001 年第 6 期。

[85]张海燕:《遗传资源权权利主体的分析——基于遗传资源权复合式权利主体的构想》,载《政治与法律》2011 年第 2 期。

[86]张小勇:《我国遗传资源的获取和惠益分享立法研究》,载《法律科学》2007 年第 1 期。

[87]张小勇:《我国〈专利法〉认可遗传资源来源披露要求研究》,载《中国青年政治学院学报》2008 年第 5 期。

[88]张小勇:《遗传资源的获取和惠益分享与知识产权》,载《环球法律评论》2005 年第 6 期。

[89]张玉敏:《地理标志的性质和保护模式选择》,载《法学杂志》2007 年第 6 期。

[90]张平:《开源软件——知识产权制度的批判与兼容》,载《网络法律评论》2004 年第 2 期。

[91]张平、马骁:《开源软件对知识产权制度的批判与兼容(二)——开源软件许可证的比较研究》,载《科技与法律》2004 年第 2 期。
[92]张韬略:《开源软件的知识产权问题研究——制度诱因、规则架构及理论反思》,载《网络法律评论》2004 年第 2 期。
[93]张渊媛:《生物多样性相关传统知识的国际保护及中国应对策略》,载《生物多样性》2019 年第 7 期。
[94]詹映、朱雪忠:《国际法视野下的农民权问题初探》,载《法学》2003 年第 8 期。
[95]周林:《专家研讨"农业遗传资源权"》,载《科技与法律》2003 年第 4 期。
[96]周作斌、张云:《论知识产权与人权的冲突及协调——以植物新品种权与农民权关系为视角》,载《陕西行政学院学报》2012 年第 2 期。
[97]郑成思:《信息、知识产权与中国知识产权战略若干问题》,载《环球法律评论》2006 年第 3 期。
[98]郑成思、朱谢群:《信息与知识产权》,载《西南科技大学学报(哲学社会科学版)》2006 年第 1 期。
[99]朱雪忠:《基于遗传资源所产生的知识产权利益分享机制与中国的选择》,载《科技与法律》2003 年第 3 期。
[100]朱雪忠:《传统知识的法律保护初探》,载《华中师范大学学报(人文社会科学版)》2004 年第 3 期。
[101]郑万青:《种子战争背景下的传统资源权——介绍一种超越知识产权的新概念》,载《中国发明与专利》2008 年第 2 期。
[102]甄思圆、李海燕、刘扬:《国际传统知识保护模式分析及对我国中医药传统知识保护的启示》,载《中国中医药图书情报杂志》2018 年第 4 期。
[103]张伟涛:《论德沃金的道义权利理论及其社会学价值》,载《求索》2013 年第 12 期。
[104]赵迅:《弱势群体保护的社会契约分析》,载《政法论坛》2007 年第

4 期。

[105]祖祎祎:《发掘珍稀资源,传承优良种质——2019 年十大优异农作物种质资源保护与利用探析》,载《种子科技》2020 年第 15 期。

3. 外文文献类(作者姓名首字母排序)

[1]Ben Wisner Et Al. , *At Risk*: *Natural Hazards*, People's Vulnerability and Disasters, 178 (2d. ed. 2004).

[2] Chetan Gulati, *The "tragedy Of The Commons" In Plant Genetic Resources*: *The Need For A New International Regime Centered Around An International Biotechnology Patent Office*, 4 Yale Human Rights and Development Law Journal 63.

[3]Carlos M. Correa,*Biological resources and intellectual property rights*,European Intellectual Property Review,1992,14(5).

[4]Corra,*Options for the Implementation of Farmer's Rights at the National Lever*,http://agris. fao. org/agris – search/search. do? recordID = GB2013202366.

[5] Chidi Oguamanam, *Agro – biodiversity and food security*: *Biotechnology and Traditional Agricultural Practices at the Periphery of International Intellectual Property Regime Complex*, 2007 Michigan State Law Review 215.

[6]GS Lunney Jr,The *Death of Coryright*:*Digital Technology*,*Private Copying*,*and the Digital Millennium Copyeight Act*,87 Virginia Law Review 813.

[7] Gregory Rose, *International Law Of Sustainable Agriculture In The 21st Century*: *The International Treaty On Plant Genetic Resources For Food And Agriculture*, 15 Georgetown International Environmental Law Review 583.

[8] Jim Chem, *Biodiversity and Biotechnology: A Misunderstood Relation*, 2005 Michigan State Law Review 51.

[9] Keith Aoki, Malthus, *Mendel, and Monsanto: Intellectual Property and the Law and Politics of Global Food Supply: an Introduction*, 19 Journal of Environmental Law & Litigation 397.

[10] Keith Aoki, "*Free Seeds, not Free Beer*": *Participatory Plant Breeding, Open Source Seeds, and Acknowledging User Innovation and Agriculture*, 77 Fordham Law Review 2275.

[11] Lauren Winter, *Cultivating Farmers' Rights: Reconciling Food Security, Indigenous Agriculture, and Trips*, 43 Vanderbilt Journal of Transnational Law 223.

[12] Murray Lee Eiland, *Patenting Traditional Medicine*, 9 Journal of the Patent and Trademark Office Society 45.

[13] Mark D. Janis, *Pantent System Reform: Patent Abolitionism*, 17 Berkeley Technology Law Journal 899.

[14] Paul J. Heald, *The Rhetoric of Biopiracy*, 11 Cardozo Journal of International and Comparative Law 519.

[15] Rebecca M. Bratspies, *The New Discovery Doctrine: Some Thoughts on Property Rights and Traditional Knowledge*, 31 American Indian Law Review 315.

[16] Ryann Beck, *Farmers' Rights and Open Source Licensing*, 1 Arizona Journal of Environmental Law & Policy 167.

[17] Sally E. Bunning & Catherine L. M. Hill, *Farmers rights in the conservation and use of plant genetic resources: A Gender Perspective*. http://www.fao.org/3/x0255e/x0255e00.htm.

[18] Tansey G and Rajotte T, *The Future Control Of Food: Aguide To International Negotiations And Rules On Intellectual Property, Biodiversity And*

Food Security, Routledge, 2008.

[19] Ximena Flores Palacios, *Contribution to the Estimation of Countries/ Interdependence in the Area of Plant Genetic Resources*, *Background Study Paper No. 7*, *Rev. 1*, in FAO (Aug. 14, 2020), https://agris.fao.org/agris-search/search.do?recordID=XF1998080691.

图书在版编目(CIP)数据

粮农植物遗传资源保护视阈下农民权的法律分析 / 乔宜梦著. -- 北京 : 法律出版社, 2021
(宁波大学东海文库)
ISBN 978 - 7 - 5197 - 5716 - 8

Ⅰ. ①粮… Ⅱ. ①乔… Ⅲ. ①农民 - 权利 - 研究 - 中国 Ⅳ. ①D922.74

中国版本图书馆 CIP 数据核字(2021)第 119342 号

粮农植物遗传资源保护视阈下农民权的法律分析
LIANGNONG ZHIWU YICHUAN ZIYUAN BAOHU SHIYU XIA NONGMINQUAN DE FALÜ FENXI

乔宜梦 著

策划编辑 李 群
责任编辑 李 群 陈 熙
装帧设计 汪奇峰

出版发行 法律出版社
编辑统筹 法规出版分社
责任校对 张红蕊
责任印制 张建伟
经　　销 新华书店

开本 A5
印张 7.5 **字数** 184 千
版本 2021 年 7 月第 1 版
印次 2021 年 7 月第 1 次印刷
印刷 北京虎彩文化传播有限公司

地址:北京市丰台区莲花池西里 7 号(100073)
网址:www.lawpress.com.cn
投稿邮箱:info@lawpress.com.cn
举报盗版邮箱:jbwq@lawpress.com.cn
销售电话:010 - 83938349
客服电话:010 - 83938350
咨询电话:010 - 63939796

书号:ISBN 978 - 7 - 5197 - 5716 - 8
定价:46.00 元
凡购买本社图书,如有印装错误,我社负责退换。电话:010 - 83938349